O ~~ERRO~~ DE
KELSEN

O GEN | Grupo Editorial Nacional – maior plataforma editorial brasileira no segmento científico, técnico e profissional – publica conteúdos nas áreas de concursos, ciências jurídicas, humanas, exatas, da saúde e sociais aplicadas, além de prover serviços direcionados à educação continuada.

As editoras que integram o GEN, das mais respeitadas no mercado editorial, construíram catálogos inigualáveis, com obras decisivas para a formação acadêmica e o aperfeiçoamento de várias gerações de profissionais e estudantes, tendo se tornado sinônimo de qualidade e seriedade.

A missão do GEN e dos núcleos de conteúdo que o compõem é prover a melhor informação científica e distribuí-la de maneira flexível e conveniente, a preços justos, gerando benefícios e servindo a autores, docentes, livreiros, funcionários, colaboradores e acionistas.

Nosso comportamento ético incondicional e nossa responsabilidade social e ambiental são reforçados pela natureza educacional de nossa atividade e dão sustentabilidade ao crescimento contínuo e à rentabilidade do grupo.

ALVARO DE AZEVEDO GONZAGA

O ~~ERRO~~ DE
KELSEN

■ O autor deste livro e a editora empenharam seus melhores esforços para assegurar que as informações e os procedimentos apresentados no texto estejam em acordo com os padrões aceitos à época da publicação, e todos os dados foram atualizados pelo autor até a data de fechamento do livro. Entretanto, tendo em conta a evolução das ciências, as atualizações legislativas, as mudanças regulamentares governamentais e o constante fluxo de novas informações sobre os temas que constam do livro, recomendamos enfaticamente que os leitores consultem sempre outras fontes fidedignas, de modo a se certificarem de que as informações contidas no texto estão corretas e de que não houve alterações nas recomendações ou na legislação regulamentadora.

■ Fechamento desta edição: 06.03.2020

■ O Autor e a editora se empenharam para citar adequadamente e dar o devido crédito a todos os detentores de direitos autorais de qualquer material utilizado neste livro, dispondo-se a possíveis acertos posteriores caso, inadvertida e involuntariamente, a identificação de algum deles tenha sido omitida.

■ **Atendimento ao cliente:** (11) 5080-0751 | faleconosco@grupogen.com.br

■ Direitos exclusivos para a língua portuguesa
Copyright © 2020 *by*
Editora Forense Universitária Ltda.
Uma editora integrante do GEN | Grupo Editorial Nacional
Travessa do Ouvidor, 11 – Térreo e 6º andar
Rio de Janeiro – RJ – 20040-040
www.grupogen.com.br

■ Reservados todos os direitos. É proibida a duplicação ou reprodução deste volume, no todo ou em parte, em quaisquer formas ou por quaisquer meios (eletrônico, mecânico, gravação, fotocópia, distribuição pela Internet ou outros), sem permissão, por escrito, da Editora Forense Ltda.

■ Capa: Aurélio Corrêa

■ **CIP – BRASIL. CATALOGAÇÃO NA FONTE.**
SINDICATO NACIONAL DOS EDITORES DE LIVROS, RJ.

G65e
Gonzaga, Alvaro de Azevedo

O erro de Kelsen: o prisioneiro da caverna platônica / Alvaro de Azevedo Gonzaga. Rio de Janeiro: Forense Universitária, 2020.

Inclui bibliografia
ISBN 978-85-309-8808-1

1. Kelsen, Hans, 1881-1973. 2. Direito – Filosofia. I. Título.

20-63060 CDU: 340.12

Meri Gleice Rodrigues de Souza – Bibliotecária CRB-7/6439

*Dedico este livro às pessoas
nas quais posso sintetizar meu amor:
meus pais, Francisco e Shirley,
meu filho, Alexandre Gonzaga,
e minha poesia, Gisele.*

SOBRE O AUTOR

Alvaro de Azevedo Gonzaga

Livre-docente em Filosofia do Direito pela PUC/SP. Pós-doutor pela Faculdade de Direito da Universidade Clássica de Lisboa e pela Universidade de Coimbra. Doutor, mestre e graduado em Direito pela PUC/SP. Graduado em Filosofia pela Universidade de São Paulo - USP. Professor concursado da Faculdade de Direito da PUC/SP, tanto na graduação como na pós-graduação stricto sensu. Coordenador da OAB e Professor de Ética Profissional no Curso Forum. Membro do Instituto Euro-Americano de Derecho Constitucional, na condição de membro internacional. Ex-presidente do Instituto de Pesquisa, Formação e Difusão em Políticas Públicas e Sociais. Coordenador, autor e coautor de inúmeras obras e artigos. Advogado e Coordenador Pedagógico do Escritório Modelo Dom Paulo Evaristo Arns da PUC-SP.

PREFÁCIO

Cláudio De Cicco
Professor da Faculdade de Direito da PUC-SP
e professor aposentado da USP (Largo São Francisco)

Platão e Kelsen.

Existem dois autores mais díspares?

Platão, situado na Grécia antiga (427 a.C.-347 a.C.), três séculos antes de Cristo; Hans Kelsen (1881-1973), homem dos séculos XIX e XX.

Platão, o mais importante dos idealistas, que inspirou Santo Agostinho, São Boaventura e muito depois teve seu discípulo confesso em Georg W. F. Hegel (1770-1831); Kelsen, o mais conhecido dos formalistas.

O grego, autor de uma Teologia; o tcheco, alguém que nega caráter científico à Moral...

Por que, então, se atreveu o jovem Professor de Filosofia do Direito Alvaro Luiz Travassos de Azevedo Gonzaga a reuni-los numa tese de livre-docência na Pontifícia Universidade Católica de São Paulo (PUC-SP), que agora aqui se apresenta em forma de livro?

Acontece que o primeiro passo foi dado pelo próprio Kelsen quando escreveu seu livro *A ilusão da Justiça* (*Die Illusion der Gerechtigkeit*), disponível no Brasil pela Editora Martins Fontes desde 1995.

Não faltou quem dissesse tratar-se de obra menor, quase de um "dilettante", de nenhum modo comparável à sua obra máxima, *Teoria pura do Direito*, nem à conhecida *Teoria geral do Direito e do Estado*.

Permitam-me discordar dessa assertiva.

Não consigo ver essa obra kelseniana senão como um trabalho absolutamente necessário. Tão necessário que, diria, até obrigatório, para quem pretendeu, como o mestre de Viena, reduzir o estudo do Direito à temática da validade formal das normas.

Sim, porque, se o Direito é o estudo científico das leis vigentes e nada mais que isso, desaparece a ideia aceita desde Ulpiano, no direito romano, de que *"Jus est ars boni et aequi, justi ac injusti scientia"* ("O Direito é a arte do bom e do justo, a ciência do justo e do injusto").

Era, pois, epistemologicamente, necessário mostrar que a justiça não existe ou que é uma ilusão, uma produção subjetiva da imaginação, talvez uma necessidade psicológica, mas nunca uma realidade objetiva, capaz de abordagem científica.

Hans Kelsen, um dos homens mais cultos de sua geração, sabia que estava pisando em areia movediça, pois a qualquer momento poderia surgir um opositor de sua desafiadora proposta de uma teoria pura do Direito, que citasse o grande Platão, cuja obra mais conhecida, até pelos jovens que ainda não ingressaram na Universidade, é o diálogo *A república*, em grego *"Politea"*, sendo o subtítulo *Sobre a Justiça*.

Então o fundador da Academia escreveu tantas palavras, fundamentou com tantos argumentos uma ilusão?

A verdade é que Kelsen tinha que refutar Platão, sob pena de ruir toda a sua obra, tão divulgada nos meios jurídicos das primeiras décadas do século passado e retomada tantas vezes depois, até chegar aos nossos dias, em que, para muitos juristas, Kelsen é o "Filósofo do Direito", sua escala de normas é a "Teoria Geral do Direito" e tudo o mais é idealismo, divagação, algo indigno da seriedade do estudo jurídico.

Embora o autor tenha sempre se declarado um democrata, é certo que a "teoria pura" serviu para fundamentar juridicamente regimes que não tiveram nenhuma preocupação maior com a justeza de suas leis, mais interessados em sua validade formal.

Não por acaso surgiram autores que, por suas posições, lembram Kelsen, na União Soviética, como Pedro Stuchka (1865-1932).

Paradoxalmente, foi com o golpe de 1964 e com a ascensão ao poder dos tecnocratas, durante os vinte anos da ditadura militar no Brasil, que Kelsen mais se divulgou em nossos cursos de Direito, como o autor para se estudar e seguir, desde o primeiro ano do bacharelado em Introdução ao Estudo do Direito até as Dissertações e Teses de Doutorado, em quase todos os ramos da árvore jurídica, além dos diversos cursos de Filosofia do Direito e Teoria Geral do Direito.

E tudo isso com notória repercussão sobre uma ideia de justiça, no desempenho de suas funções jurídicas por parte de juízes, promotores e advogados.

Esboçaram-se reações, muito bem alicerçadas, contra o que se passou a denominar "positivismo jurídico" kelseniano, como a Teoria Tridimensional do Direito de Miguel Reale, no Brasil; o Método do Direito Natural Clássico de Michel Villey, na França; a Nova Retórica de Chaïm Perelman, na Bélgica. Mas nem de longe tiveram tais obras a divulgação e a repercussão que ameaçasse o prestígio de Hans Kelsen nas Faculdades de Direito...

Entra em liça então um jovem bacharel em Direito pela Faculdade Paulista de Direito da PUC de São Paulo, Alvaro de Azevedo Gonzaga, meu aluno em 2000, meu monitor em Teoria Geral do Estado de 2001 até 2004, que escolheu para tema de sua Dissertação de Mestrado "A Justiça em Platão", trazendo rico cabedal de conhecimento filosófico, auferido no curso de Filosofia Pura na Universidade de São Paulo.

Tive a honra e o prazer de ser seu orientador. Obtido o título de mestre, convidei-o para ser meu assistente nas aulas do curso de pós-graduação em Filosofia do Direito na mesma PUC-SP.

Encarregado da avaliação dos seminários e debates dos mestrandos, entrou cada vez mais em contato com Kelsen, Bobbio e outros juspositivistas, mais ou menos alinhados com o mestre de Viena e depois Berkeley.

No seu doutorado, voltou Alvaro a Platão, estudando o segundo momento do pensamento do mestre ateniense sobre o Direito, na bem fundamentada tese sobre a necessidade da coercibilidade no Diálogo das Leis.

Foi então convidado e permaneceu em Coimbra e Lisboa de 2012 a 2014, concluindo seus pós-doutorados, sobre a ideia de um Direito Natural em Portugal e no Brasil.

De volta ao Brasil, aceitou meu convite para me auxiliar no doutorado, no curso de pós-graduação na PUC-SP, no qual começou a comparar o conceito platônico de justiça com a crítica que Kelsen lhe fazia, apodando-a de uma ilusão.

Consultou-me sobre a oportunidade de uma tese, fazendo uma crítica da crítica. Animei-o a prosseguir, com as devidas cautelas, por se tratar de autores consagrados.

Estudou, então, meu caríssimo amigo Professor Alvaro de Azevedo Gonzaga, com toda isenção, a referida obra do autor tcheco, inseriu-a no conjunto de sua obra e só então se sentiu preparado para denunciá-la a partir das bases do pensamento jusfilosófico do próprio Platão, que conhecia muito bem.

Como se pode verificar pela bibliografia consultada, foi uma vasta e profunda indagação até colocar por escrito suas conclusões.

O resultado foi sua tese de livre-docência, que defendeu brilhantemente, em 2017, na mesma Universidade, reproduzida no presente livro.

Ao final da leitura, ao leitor caberá dizer se ficou convencido ou não com sua argumentação, mas tenho certeza de que, no futuro, lendo Kelsen, adotará prudente reserva quanto a algumas de suas colocações.

São Paulo, 22 de agosto de 2019.

APRESENTAÇÃO
TERRA DE GIGANTES: PLATÃO CONTRA KELSEN

Celso Fernandes Campilongo
Professor das Faculdades de Direito da PUC-SP e da USP

A tese de livre-docência do Professor Alvaro Luiz Travassos de Azevedo Gonzaga, originalmente intitulada "Uma crítica à *Ilusão da Justiça* de Hans Kelsen", propõe desafio grandioso: leitura deliberadamente platônica e crítica dos escritos de Kelsen sobre Platão. Confronto de gigantes ou luta de titãs? Pouco importa: diante de autores clássicos, sugere-se respeito mútuo, sob pena, tomando-se por mote o título de livro, de cometimento de injustiças.

Alvaro Gonzaga toma partido. Defende Platão. Posição legítima e corajosa do jovem professor da PUC-SP. Nos últimos anos, poucos docentes se arriscaram por defender teses de livre-docência em Filosofia do Direito na PUC-SP. Menos ainda no lindo campo de Filosofia Antiga, no estudo de clássico do porte de Platão e na perspectiva assumidamente jusnaturalista, como faz o autor. O suficiente para receber os maiores encômios.

Gonzaga acusa Kelsen de fazer leitura desfocada de Platão. Kelsen, na opinião do autor, não teria compreendido adequadamente o momento histórico, os objetivos e pressupostos teóricos e a visão de mundo típica da filosofia platônica. Teria incorrido no equívoco de ler Platão com as lentes e os cacoetes da modernidade. A simplicidade da noção positivista do Direito teria, em nova alegoria ao mito, aprisionado Kelsen à caverna, por correntes de que o autor de Praga não faria a menor questão de se desvencilhar. Aqui há um risco: com chave de leitura invertida, não estaria o Professor Alvaro Gonzaga exposto ao mesmo engano que atribui a Kelsen, ou seja, ler o positivismo jurídico kelseniano sem atentar para os propósitos de Kelsen? Fica aqui a provocação – ao autor e ao leitor desta obra maravilhosa – que a postura filosófica e o contraditório democrático elegantemente defendidos pelo Professor Alvaro Gonzaga acolherão de bom grado!

O confronto entre antigos e modernos possui diversas facetas: a democracia dos antigos contraposta à dos modernos; a Constituição antiga contraposta à moderna; a cidade antiga e a moderna. Caminhar com segurança e cautela entre esses binários não é nada trivial. O passado é sempre uma invenção do presente, assim como o futuro também se constrói no presente. Por isso se diz que o presente é resultado da unidade da diferença entre o passado e o futuro. Se é arriscado falar no presente sobre obra escrita há cinquenta anos, que dizer de clássicos redigidos há quase 2.500 anos!

Entre estrutura social e semântica existe correlação que apenas ensaia o oferecimento de explicações históricas e sociológicas de longo alcance. Amor, justiça, lei e direito, para além das questões vernaculares, são expressões que, muito provavelmente, sofreram enormes variações de sentido ao longo do tempo. Essa é uma das bases implícitas na crítica que Alvaro Gonzaga formula a Kelsen. Quando Platão ou Kelsen falam sobre "justiça", têm em mente o mesmo conceito?

Pensemos por um momento em categoria tão importante para o pensamento jurídico e político moderno como o "dever ser". Basta dizer que o "dever ser" está na base do pensamento kelseniano. Trata-se de noção impensável antes de aquisições evolutivas que se estabilizaram socialmente apenas no século XVII. Só a partir dessa época criaram-se as condições para que um "dever ser" fosse pensado como algo diverso daquilo que, de fato, é. Estamos habituados, na modernidade, com a ideia do diverso, do contingente, do inédito, de uma maneira que os antigos nunca não estiveram. Não por deficiência de razão, natureza ou ciência, mas por não estarem dadas as condições sociais que tornaram viável a ideia moderna do "possível".

Agora, pensemos o quanto a introdução de uma diferença como essa reformula, na semântica de uma estrutura social radicalmente modificada, não só o conceito de justiça, mas, também, as noções de verdade, realidade e "logos". São esses os delicados e complexos problemas de filosofia jurídica que Alvaro Azevedo, habilmente, descortina ao leitor.

APRESENTAÇÃO | **XV**

O livro apresenta, em linguagem clara e refinada, as principais ideias de Platão sobre a justiça. Depois disso, tenta demonstrar como Kelsen incorre em sérios equívocos interpretativos em sua obra *A ilusão da Justiça*. Compara-se, a título de confrontação e demonstração, a interpretação de Kelsen à leitura detalhada da obra *As Leis*, de Platão. O autor conclui que Kelsen tem enorme dificuldade para entender e dialogar com Platão. Dizem os biógrafos de Kelsen que, durante algum tempo, ele e seu amigo Freud se reuniam, nas tardes vienenses de domingo, para ler e discutir Filosofia Antiga. Se Alvaro Gonzaga estiver correto em suas críticas, talvez Freud ajudasse a entender os deslizes de seu amigo de então!

Alvaro Gonzaga escreveu obra esmerada, séria e polêmica, sem dúvida. Justamente por essas virtudes, este livro merecerá atenção de todos os que se ocupam de Filosofia do Direito.

São Paulo, 11 de agosto de 2019.

SUMÁRIO

INTRODUÇÃO 1

CAPÍTULO 1 – PLATÃO: DA JUSTIÇA NA JUVENTUDE DE PROTÁGORAS À MATURIDADE DO ATENIENSE EM *AS LEIS*... 5

   1.1   Estudar e escrever sobre Platão.. 5

   1.2   Do pensamento socrático até a antecedência de *As Leis* 14

   1.3   Os textos platônicos 15

   1.4   Platão em seu tempo 24

   1.5   Considerações sobre a obra *As Leis* 31

CAPÍTULO 2 – KELSEN, UM LEITOR DE PLATÃO 37

   2.1   Alguns leitores de Platão 37

   2.2   Considerações kelsenianas sobre o justo para Platão em *A ilusão da Justiça*... 40

CAPÍTULO 3 – A MATURIDADE PLATÔNICA EM *AS LEIS* 87

   3.1   Considerações iniciais 87

   3.2   Os XII Livros de *As Leis*: uma rememoração............................... 88

CAPÍTULO 4 – O ERRO DE KELSEN 163

   4.1   As pretensões do positivismo jurídico de Kelsen no quadro do projeto filosófico da modernidade e seus limites 163

   4.2   A alegoria do jurista agrilhoado: o complexo de Estocolmo do operador do Direito... 169

4.3 Kelsen: notas sobre os indevidamente desconsiderados pressupostos e propósitos do pensamento de Platão.. 177

CONCLUSÃO.. 197

REFERÊNCIAS 201

POSFÁCIO 217

INTRODUÇÃO

"Toda a filosofia ocidental não passa de notas de rodapé das páginas de Platão"[1].

O livro que se apresenta sai do lugar comum de estudar as obras habitualmente citadas e criticadas de Platão e Kelsen. Aqui, verificamos que, embora existam diversos estudos sobre o pensamento platônico, nenhum deles fundou-se em criticar, ou até mesmo negar, a Teoria da Justiça de Platão para fundamentar uma "teoria pura do direito" como Hans Kelsen fez.

A epígrafe desta introdução, reconhecidamente, pode até ser um exagero, mas não podemos nos olvidar da importância de Platão no pensamento ocidental. Em virtude disso, é necessário resgatar a memória do pensamento platônico. Esse filósofo muitas vezes é preterido em face de outros que nada mais fazem do que partir de suas premissas. Com isso, estudos sobre Platão são pouco desenvolvidos, e quando o são, habitualmente pouco se fala sobre a grande última obra da sua maturidade, *As Leis*. Habitualmente, fixam-se apenas análises em sua *A República*, livro que merece destaque, mas não exclusividade.

Para isso, aqui demonstramos que a doutrina platônica de justiça, desenvolvida em várias obras e consolidada, e no plano sensível, em *As Leis*, merece ser compreendida em sua construção maior. Não se deve misturar elementos de uma obra na outra, desconsiderando todo o

---

[1] Cit. por KUNZMAN; BURKARD & WIEDMANN. *Atlas de la Philosophie*. Trad. francesa de DESANTI, DROIT *et al*. Paris: Librairie Générale Française, 1993. p. 39.

2 | O ERRO DE KELSEN · *Álvaro de Azevedo Gonzaga*

constructo proposto por Platão, que parte de uma concepção da unidade das virtudes socráticas para então conceber a virtude de forma separada e sem coercibilidade, e então, ao final, conceber que a coercibilidade deve ser elemento marcante de *As Leis*. Pensamos que *A ilusão da Justiça* não observa essa construção, além de partir de elementos erigidos na forma de análise moderna que constrói uma nova concepção de "Ser" e "Dever Ser", bem como de *nomos* e *physis*.

Posto isso, e a fim de uma melhor compreensão dos temas a serem desenvolvidos, dividimos esta obra em quatro capítulos.

O primeiro capítulo consiste em uma revisita autoral ao pensamento platônico com o necessário posicionamento de suas obras. Para isso, selecionamos uma obra de cada fase platônica afeta à sua construção de Teoria da Justiça. Analisamos a unidade das virtudes em *Protágoras*, obra da fase conhecida como socrática, refutativa, bem como sua separabilidade das virtudes em uma organização social em *A República*, que busca uma sociedade justa com cada cidadão exercendo seu papel social.

O segundo capítulo versa sobre uma análise descritiva e exploratória crítica à proposta de leitura do pensamento platônico feito por Hans Kelsen em sua *A ilusão da Justiça*. Logo na abertura do capítulo, mostramos como Kelsen pertence a uma tradição de comentadores do pensamento platônico e que sua leitura não deixa de ter importância, em especial para a construção das teorias do direito contemporâneo. Entendemos que, para dar sustentação à sua Teoria Pura do Direito, Hans Kelsen visa desconstruir a perspectiva do justo platônico, a fim de mostrar que não existem unidade nem critério de decidibilidade em sua construção bibliográfica. Tal apontamento nos causa espanto, uma vez que, em uma leitura metonímica de Hans Kelsen, este permite-se rever sua Teoria Pura do Direito[2], mas não autoriza, em sua leitura, uma compreensão de um Platão que revê suas posições.

De forma dialética, o terceiro capítulo busca uma análise descritiva dos doze livros de *As Leis*, obra que foi elaborada depois de uma experiência biográfica, e seu consequente amadurecimento teórico trouxe a necessária coercibilidade a fim de garantir o justo nessa obra. Nesse capítulo, apontamos suas indicações sobre a necessária organização das normas no campo da área criminal, civil e até mesmo comercial. A exposição dos diversos temas abordados por Platão em *As Leis*, aqui, tem também o escopo de tornar

---

[2] A primeira versão de *A teoria pura do direito* foi publicada em 1934. A versão final foi escrita nos últimos anos de vida de Kelsen, quando este vivia nos Estados Unidos e ensinava na Universidade da Califórnia, em Berkeley.

INTRODUÇÃO | 3

evidente o quanto a leitura promovida por Kelsen em *A ilusão da Justiça* é insuficiente no sentido de ignorar o contributo da obra para a filosofia jurídica, moral e política.

O quarto capítulo apresenta os anacronismos das leituras kelsenianas do pensamento de justo platônico. Buscou-se, nesse capítulo, reafirmar como Kelsen produz um desengendramento do justo platônico em sua obra. De uma crítica à impossibilidade de se ler um pensador antigo com os olhos modernos, chegamos à conclusão de que Kelsen desconsiderou indevidamente alguns pressupostos e propósitos do pensamento de Platão. Isso mostra que, se lermos Kelsen no exercício inverso, com os olhares da Antiguidade, o jurista moderno seria um dos homens na caverna platônica e que viveria ficções postas por projeções normativas em um universo que, fora da caverna, comporta o justo, que foi tão negado pelo jurista agrilhoado, gerando neste uma espécie de "Complexo de Estocolmo" com relação ao seu algoz, chamado "norma".

Por fim, expusemos nossas conclusões, reafirmando que a leitura de Kelsen à obra de Platão é um erro ou, no mínimo, uma ilusão a Teoria deste último.

Capítulo 1

PLATÃO: DA JUSTIÇA NA JUVENTUDE DE PROTÁGORAS À MATURIDADE DO ATENIENSE EM *AS LEIS*

Essa importância ressalta ainda mais se considerarmos que enquanto na República a base do Estado é a educação perfeita, sendo praticamente supérflua a legislação, nas Leis a legislação é a base[1].

1.1
Estudar e escrever sobre Platão

Escrever sobre Platão é colocar-se em contato com uma tradição de pensamento em seu nascedouro: a tradição ocidental do pensamento. Tal tarefa nunca foi fácil e se dificulta vez a vez pela soma crescente de monografias e textos diversos que são dedicados a ela. Não obstante as dificuldades, empreende-se a empreitada platônica, pois, ao que se presume, o filósofo grego ainda nos tem algo a dizer. É um duplo movimento que se exige, portanto é necessário compreender o diálogo do irmão de Gláucon e Adimanto com seu tempo e, depois, considerando que os resultados desse diálogo possuem um valor universal, respostas aos pro-

---

[1] DALLARI, D. de A. Prefácio da obra *As Leis*. 2. ed. São Paulo: Edipro, 2010.

blemas genéricos do homem em comunidade, transportar esses problemas para nossa época e debater a maturidade do filósofo com a maturidade de algum polemizador hodierno de sua obra: Hans Kelsen.

Quais seriam, então, os traços específicos desse nascedouro da tradição ocidental do pensamento? O objetivo aqui é tratar da filosofia política e jurídica. Daí a constatação surge de plano: o mundo grego já não se refere ao mesmo objeto político que o nosso. O mundo grego é o mundo da *Pólis*. Os objetivos dos primeiros desbravadores desse território do pensamento eram descobrir como fundar uma *pólis* e como viver nela da melhor maneira possível. Não só isso. Mesmo algum tempo antes de Platão pensar em realizar a penetrante análise moral da *pólis* de sua época, alguns conterrâneos seus já sabiam que cidadãos desvirtuosos poderiam apenas fundar *pólis* desvirtuosas, em uma relação íntima entre cidadão e *pólis*. Para eles, como diz Sinclair:

> "[...] uma sociedade civilizada repousa sobre três fundamentos: a manutenção de um nível de vida suficiente, a moralidade do povo (ήθος), e as instituições políticas ou uma constituição (πολιτεια)"[2].

Por isso normalmente se afirma que não há distinção entre economia, ética e política na antiga *pólis* grega. "Nós temos tendência a separar o estudo em três: Economia, Ética e Política, mas os filósofos gregos os observam em conjunto", prossegue Sinclair. O pensamento político grego diferencia-se do pensamento político moderno desde aí e é importante matizar algumas de suas características marcantes:

> "[...] em primeiro lugar, uma tendência francamente prática, em segundo lugar, uma pesquisa constante de um estado ideal e perfeito. O pensamento político moderno se afasta desta primeira orientação, tende a se separar da política ativa e se chamar teoria política. Ela se ocupa bastante do Estado como tal [...] e se coloca questões tais quais 'o que é um Estado?'. Este não é o tipo de questão que um grego toma como ponto de saída. À medida que o tempo decorre, ele se põe a meditar sobre a obra das gerações passadas e começa a pôr questões tais quais: 'Qual a origem do Estado' e 'Qual é seu objetivo?', mas os problemas que se punham ao pensamento político mantinham-se essencialmente práticos. As questões que retornavam frequentemente eram: 'Qual é a melhor forma de Estado, a melhor extensão,

---

2   SINCLAIR, T. A. *Histoire de la pensée politique grecque*. Paris: Payot, 1953. p. 9. Tradução nossa do trecho: "[...] une societé civilisée repose sur trois fondements: le maintien d'un niveau de vie suffisant, la moralité du peuple (ήθος), et des institutions politiques ou une constitution (πολιτεια)".

PLATÃO: O ATENIENSE EM *AS LEIS* | 7

a melhor situação? Qual o gênero de governo ou constituição é o melhor? Quais homens devem deter a autoridade e qual deve ser seu número? Quem deve ser cidadão e como deve-se regulamentar sua conduta e sua admissão?'. Nós reencontramos constantemente esta oposição entre governantes e governados [...] e entre a Elite e a Massa, e não nossa oposição habitual entre Estado e indivíduo. Opor a πόλις e os πολίτης seria um absurdo como se quiséssemos opor a galinha e o ovo"[3].

Os gregos utilizavam a palavra *pólis* para designar aquilo que nossas noções modernas de "cidade" e "Estado" indicam. E suas decorrências πολίτης e πολίτιχός significavam, por sua vez, o habitante de uma *pólis* e os negócios praticados dentro de uma *pólis*, respectivamente. Eram quatro as marcas fundamentais da *pólis* grega:

1) Sua extensão deveria ser grande o suficiente para possuir gestão própria, mas não tão extensa, pois os seus habitantes deveriam conhecer uns aos outros.

2) Ela deveria ser autárquica. Em grego, a palavra "autarquía", αὐτάρχεια, que terá uma longa vida nos ramos do direito público, significava tão somente independência econômica. Dizer que a *pólis* deveria ser autárquica significava ao mesmo tempo afirmar que ela deveria ser grande o suficiente para alimentar toda a sua

---

3   SINCLAIR, T. A. *Histoire de la pensée politique grecque*. Paris: Payot, 1953. p. 12. Tradução nossa do trecho: "[...] en premier lieu, une recherche constante nettement pratique, en second lieu, une recherche constante d'un état idéal et parfait. La pensée politique moderne s'écarte de cette prémiere orientation, tend à se séparer de la politique active et à s'apeller théorie politique. Elle s'occupe beaucoup de l'État en tant que tel [...] elle se pose des questions telles que 'qu'est-ce que l'État?'. Ceci n'est point le type de question qu'un Grec prendrait comme point de départ. À mesure que le temps s'écoula, il se mit à méditer sur l'oeuvre des générations passées et commença à poser des questions telles que: 'Quelle est l'origine de l'État?' et 'Quel est son but?', mais les problèmes demeuraient avant tout essentiellement pratiques. Les questions qui revenaient constamment étaient: 'Quelle est la meilleure sorte d'état, la meilleure étendue, la meilleure situation? Quel genre de gouvernement ou de constitution est le meilleur? Quels hommes doivent détenir l'autorité et quel doit être leur nomvre? Qui doit être citoyen et comment faut-il réglementer leur conduit et leur admission?' Nous rencontrons constamment l'opposition entre gouvernants et gouvernés [...] et entre l'Élite et la masse, et non pas notre opposition habituelle entre l'État et l'individu. Opposer la πόλις et les πολίτης serait un peu absurde comme si l'on voulait opposer la poule et l'oeuf".

população, o que podia ser difícil em uma região eminentemente árida e montanhosa como a Hélade.

3) Ela devia possuir independência política, que se escrevia *autonomía*, ou em grego αυτοηομία, e significa que uma verdadeira *pólis* não deveria se submeter aos mandamentos de nenhuma outra cidade, nem a outros mestres, nem a potências estrangeiras que não fossem além da sua própria lei, do seu próprio *nomos*.

4) "A cidade não é um território, ela é um grupo de homens, pouco numerosos, organizados em torno de um centro, o coração da cidade."[4]

Durante muito tempo se afirmou que havia entre os gregos um sacrifício do particular ao Estado. Nada poderia ser tão equivocado. Segundo Barker:

"O sentido do valor do indivíduo foi [...] elemento primordial no desenvolvimento do pensamento político helênico. Este sentido se manifestava no conceito prático de livre cidadania, dentro da comunidade autogovernada – conceito que é a essência da cidade-estado grega [...] O que quer que se diga sobre o sacrifício do indivíduo ao Estado na política ou na teoria gregas, o fato é que na Grécia o homem estava menos sujeito a este sacrifício do que em qualquer outra parte do mundo antigo"[5].

As leis eram as responsáveis pela consistência de cada uma das *poleis*. Elas eram incumbidas de garantir a sensação de autonomia presente em cada *pólis*. Compostas por decisões conjuntas de homens iguais na esfera pública, formavam a substância das decisões fundamentais do imaginário político das *poleis* gregas.

Um dado fundamental, por outro lado, pode dificultar o aclaramento que se tenta realizar: a *pólis* não existiu como instituição singular, mas somente como múltipla realidade. Normalmente a ela se adiciona um qualificativo: a *pólis* dos atenienses, a *pólis* dos tebanos, a *pólis dos espartanos*... Se isso dificulta a caracterização de um modelo específico, um tipo-ideal de *pólis*, ao menos fornece a vantagem de trazer à tona com mais facilidade a pergunta fundamental da política grega antiga: qual o melhor regime? Afinal,

"[a] necessidade de conceber um ideal era sentida com vivacidade devido justamente à variedade do real. O Estado ideal serviria como padrão pelo

---

4 ELLUL, J. *Histoire des institutions*. Paris: PUF, 1955. p. 106.

5 BARKER, E. *Teoria política grega*. Brasília: Ed. da UnB, 1978. p. 14.

PLATÃO: O ATENIENSE EM *AS LEIS* | 9

qual os estados existentes poderiam ser compreendidos e classificados. E esta busca de um ideal surgia naturalmente porque os diferentes estados apresentavam não apenas diferenças 'constitucionais' – no sentido moderno do termo –, mas diferenças profundas, fundamentais, de caráter e finalidade moral"[6].

Depois de tratar genericamente da *pólis*, deve-se aqui dar um passo além. Platão, afinal, não foi o filho dileto de uma *pólis* qualquer, mas sim da *pólis* ateniense. É justamente essa *pólis* que, em dois acontecimentos marcantes, imprimirá no coração do jovem – até então propenso a uma carreira política – o desgosto próprio da desilusão. A experiência dos trinta tiranos e a morte de seu mestre Sócrates marcaram profundamente a vida do filósofo. Assim escreveu Platão na Carta Sétima:

> "No tempo de minha juventude, eu efetivamente provei do mesmo sentimento que muitos outros (jovens cidadãos). Tão logo seria eu tornado meu mestre, imaginava-me, eu me ocuparia sem mais tardar dos negócios da cidade. Ora, esta era a situação na qual encontrava os negócios da cidade". (324 B-C.)

Porém, sobreveio a ele a experiência dos Trinta. Sinteticamente, visto não ser o tema fulcral desta obra, chama-se "Os Trinta" os trinta conselheiros a quem foi confiada a tarefa de estabelecer uma nova constituição depois da derrubada da democracia exigida pelos espartanos em 404 a.C. após a batalha de Egospótamos. Esses trinta conselheiros,

> "protegidos pela presença de Lisandro, fizeram reinar o terror em Atenas, perseguindo os democratas, matando sem julgamentos seus adversários e atacando os metecos suspeitos de simpatias pela democracia, como os dois filhos do rico fabricante de armas Céfalo, Lísias e Polemarco"[7].

Juntou-se a essa experiência a condenação posterior de Sócrates à cicuta, proferida em virtude da acusação de não reconhecer os deuses tradicionais, de promover novas divindades e de corromper a juventude. Platão é filho da época da decadência da *pólis* democrática ateniense.

O que significa ser filho da época da decadência da *pólis* democrática dos atenienses? Em primeiro lugar, deve-se lembrar que o que hoje denomi-

---

6   BARKER, E. *Teoria política grega*. Brasília: Ed. da UnB, 1978. p. 16.

7   MOSSÉ, C. *Dicionário da civilização grega*. Rio de Janeiro: Zahar, 2004. p. 279.

10 | O ERRO DE KELSEN · *Alvaro de Azevedo Gonzaga*

namos *pólis* democrática era chamado simplesmente de *isonomia*. Ela era entendida como uma forma de organização política na qual os cidadãos viviam conjuntamente em situação de igualdade, sem distinção entre governantes e governados. A igualdade da *pólis* era um atributo dela, e não dos homens. Estes eram investidos nessa igualdade pela cidadania, não pelo nascimento, pela natureza, em grego dita *pyúsis*. Daí o porquê de Hannah Arendt afirmar que "Liberdade, como fenômeno político, foi contemporânea das cidades-Estados gregas"[8], e continua:

> "Desde Heródoto, ela foi entendida como uma forma de organização política em que os cidadãos viviam juntos em condições de não mando, sem uma distinção entre governantes e governados. Essa noção de não mando era expressa pela palavra *isonomia*, cuja característica mais importante, entre as formas de governo enumeradas pelos antigos, era a de que a noção de mando (a 'arquia', de κρατεῖν, em monarquia e oligarquia, ou a 'cracia', de ἄρχειγ, em democracia) estava inteiramente ausente dela. A *pólis* era suposta ser uma isonomia, não uma democracia. A palavra *democracia*, que significava então o governo da maioria, foi cunhada originalmente por aqueles que se opunham à isonomia, e que pretendiam dizer: o que vocês chamam de não mando é, na verdade, apenas uma outra espécie de poder; é a pior forma de governo, o domínio pelo *demos*.
>
> [...]
>
> A isonomia assegurava ισότης, a igualdade, não porque todos os homens tivessem nascido, ou tivessem sido criados iguais, mas, ao contrário, porque os homens eram, por natureza (φύσει), desiguais, e necessitavam de uma instituição artificial, a *pólis*, a qual, em razão de seu νόμος, os tornaria iguais.
>
> [...]
>
> A igualdade da *pólis* grega, sua isonomia, era um atributo da *pólis* e não dos homens, os quais eram investidos nessa igualdade pela cidadania e não em virtude do nascimento. Nem a igualdade, nem a liberdade eram entendidas como uma qualidade inerente à Natureza humana, nenhuma delas eram φύσει, doadas pela natureza e se desenvolvendo por si mesmas; elas eram νόμω, isto é, convencionais e artificiais, produtos do esforço humano e das qualidades do mundo feito pelos homens".

Até então submetida ao império rigoroso do *nomos*, elemento que caracterizava a liberdade dos gregos em face da liberdade dos bárbaros, haverá uma grave disjunção e relativização do *nomos*, geradora da grave e radical crise entre *nomos* e *physis*, entre Lei e Natureza que testemunhará o final do

---

[8]   ARENDT, H. *Entre o passado e o futuro*. São Paulo: Perspectiva, 1990. p. 24.

PLATÃO: O ATENIENSE EM *AS LEIS* | 11

século de ouro ateniense. Decorrente da laicização crescente do pensamento grego, as leis da *pólis*, até então consideradas sob o manto das divindades e, então libertadoras, passaram a ser consideradas de proveniência unicamente humana, gerando uma imensa crise de crenças e uma instabilidade constante na *pólis* ateniense.

Como escreve Sinclair[9],

"[...] se os gregos da liberação saudavam o *Nomos* como sua carta, garantindo sua liberdade contra o arbítrio de um déspota e a vida social desordenada que este impunha; uma nova geração crescia e começava a perceber que o *Nomos* podia ser uma tirania, uma série de costumes e convenções impostas aos homens que poderiam não desejar sempre se conformar a ele".

Essa discussão entre *physis* e *nomos* povoará o imaginário público grego durante muito tempo. Já em Heródoto (III, 38), o estudo das leis e dos costumes de diversos países tinha enfraquecido a noção de *nomos* como instrumento de liberdade e de proveniência divina. Porém, o desafio que se imporia e floresceria com os sofistas era o seguinte: "Se a lei difere tanto segundo os lugares, se o que é proibido aqui é autorizado e mesmo encorajado lá, Heráclito devia seriamente ter-se enganado dizendo: 'todas as leis humanas são alimentadas por somente uma única lei divina'"[10]. Os sofistas, a partir disso, começariam a afirmar que a única característica universal que se distribuiria por todos os povos é que os homens nascem e morrem, a *physis* torna-se o referencial e enfraquece a noção de *nomos*.

A antítese entre *physis* e *nomos*, ao que se supõe foi levantada pela primeira vez por Archélaos, apelidado de ὁ φυσιχός, ho phúsikós. Esse filósofo se interessava com maior afinco pela biologia, pelo nascimento, crescimento e declínio das coisas que ele associava aos princípios do calor e do frio. Em suas pesquisas sobre o homem, parece que não encontrou traço algum do bem e do mal. Destarte, não existiriam na natureza, mas somente nos cos-

---

[9]   SINCLAIR, T. A. *Histoire de la pensée politique grecque*. Paris: Payot, 1953. p. 64. Tradução nossa do trecho: "si les grecs de la libération saluaient le Nomos comme leur charte, garantissant leur liberté contre l'arbitraire d'un despote et la vie sociale désordonnée que cela imposait; une nouvelle génération montait et commençait à s'apercevoir que le Nomos pouvait lui-même être une tyrannie, une série de coutumes et de conventions imposées à des hommes qui pouvaient ne pas désirer toujours s'y conformer".

[10]   BARKER, E. *Teoria política grega*. Brasília: Ed. UnB, 1978. p. 54.

tumes ou nas convenções dos homens[11]. Se não existe traço algum do bem e do mal na natureza, se as leis são puramente convencionais e nenhuma delas possui um "lastro" qualquer em nada eterno, imperecível, imutável, o que impediria que um filho pudesse ter o direito de bater em seus pais? Esta é a hipótese de Pheidippides em "As Nuvens" do poeta Aristófanes. Tomado em linhas mais gerais, corre-se o risco de um imoralismo que poderia levar mesmo à destruição da *pólis* ateniense.

Diante desse quadro, quatro orientações distintas podem ser assumidas pelo pensamento da Lei na Grécia:

1) A primeira orientação faz a *physis* depender unicamente da *nómos*, e a *nómos* depender dos deuses. Ou seja, aquilo que se cria naturalmente, que cresce, a natureza, passa a depender somente das convenções divinas. É nesse sentido que se retorna ao dito de Hesíodo, quer dizer, a qualificar como lei a doação divina da justiça (*diké*) ao homem. Essa posição implicava uma dificuldade extrema: a laicização crescente e a vinculação da lei à *pólis*, tornando-se impróprio qualificar de *nómos* um procedimento natural, sob o risco de qualificar pelo mesmo termo distintas "naturezas".

2) A segunda orientação consistiria em dissociar *nómos* de *physis*, isto é, *nómos* do processo de evolução, tornando-as separadamente dependentes de uma potência superior. Nesse sentido, cantando as leis, Sófocles fará seu coro dizer: "Elas são sublimes, elas nascem no mais alto ponto do céu; o Olimpo é seu único pai, não a *physis* dos mortais. Nunca o esquecimento as observará dormir; nelas existe um deus poderoso que não as envelhece"[12].

Essa ideia é popularmente conhecida como Leis não escritas, leis que deveriam ligar todos os homens independentemente das variações locais das *nómoi*, das leis. Essa ideia terá um grande futuro, seja no pensamento aristotélico, seja no pensamento da jurisprudência romana, seja na fundamentação dos direitos humanos.

3) A terceira orientação é considerar as *nómoi* feitas unicamente pelo homem. Isso requer acreditar que as leis humanas não derivam de um processo criador autônomo, apenas que é próprio dos homens

---

[11] Cf. SINCLAIR, T. A. *Histoire de la pensée politique grecque*. Paris: Payot, 1953; BARKER, E. *Teoria política grega*. Brasília: Ed. da UnB, 1978.

[12] Sófocles *apud* SINCLAIR, T. A. *Histoire de la pensée politique grecque*. Paris: Payot, 1953. p. 56.

PLATÃO: O ATENIENSE EM *AS LEIS* | 13

ordenar suas vidas segundo *nómoi* feitas por eles mesmos. Uma opção convencionalista.

Esta orientação seria a escolhida pelos sofistas e, de alguma maneira, pelos adeptos do positivismo moderno. Kelsen, objeto de investigação desta obra, poderia enquadrar-se aqui, salvaguardando o inevitável anacronismo. Nesta alternativa, o que acaba por ser inevitável, segundo Platão, é o imoralismo decorrente da separação entre a consideração do justo, do bem e da norma. Um imenso exemplo disso se dá nas comédias de Aristófanes em que toda a ordem natural é subvertida unicamente por ditames humanos, gerando situações extremamente, cômicas como aquela em que um filho se vê legitimado normativamente a agredir o seu próprio pai. A desvinculação entre norma e justiça é a porta aberta para o relativismo moral e as mais aterradoras realidades[13].

4) A última orientação é tornar a *physis* a juíza da bondade ou da vileza. Isso dependia das observações da ciência grega, que julgava poder conhecer nas coisas um estado bom ou justo e outro corrompido. Os escritos médicos, por exemplo, falavam constantemente de *dikaía physis* como o estado normal e são do corpo humano. Ocorreu, então, o início de uma descrição segundo estados normais ou corrompidos da *nómos* e da conduta humana. Ações justas seriam aquelas conforme a natureza, porque elas são de acordo com a natureza. A investigação platônica, adicionando uma imensa sutileza a esta investigação, ao debruçar-se sobre a pesquisa dos *eidos* imutáveis, enquadrar-se-ia nesta alternativa.

Um problema de grande monta surge: as leis pelas quais os homens regulam suas condutas não têm valor por derivarem da ordem natural; isso porque não existem traços nas coisas humanas de algo que possa ser dito *tà phúsiká*, mas apenas *tà nominá*, ou seja, nada que possa ser dito natural, mas apenas convencional. Assim, a *nómos* e a *physis* passam a se opor diretamente uma à outra. O que não parece derivar da *physis* só pode existir por convenção humana.

Se, no entanto, as convenções humanas são apenas convenções – frequentemente convenções produzidas por parvos que produzem leis ímpias –, por que deveríamos segui-las? Eis a questão que Platão perseguirá no seu intento de formação de uma *paideia* na República ou da reflexão sobre as leis, em sua obra de mesmo nome.

---

[13] Cf. ROMILLY, J. de. *La loi dans la pensée grecque*. Paris: Les Belles Lettres, 2002. p. 109.

Segundo Jacqueline de Romilly[14]:

"O pensamento de Platão tem sua fonte nesta crise da lei.

Evidentemente, o grande mal aos seus olhos era este imoralismo do qual os sofistas tinham sido, direta ou indiretamente, os promotores. E ele devia, após a experiência que tinha feito por duas vezes, combatê-lo com todas as suas forças. Mas ele só podia combatê-lo fazendo um longo desvio, inventando uma nova razão de viver, uma nova justiça, uma nova cidade.

[...]

Através da obra de Platão, todo um itinerário intelectual, que, começando com a lei, se conclui igualmente com ela, não sem a ter, em diversos pontos diversos, condenado com uma rara audácia e exaltado magnificamente".

Sabendo agora das questões que Platão desejava responder e qual a imersão dele em sua época, pode-se com maior segurança iniciar a discussão do seu pensamento. Vejamos inicialmente como se costumam dividir as fases de seu pensamento.

1.2

Do pensamento socrático até a antecedência de *As Leis*

A maioria dos estudiosos platônicos[15], ainda que assuma vez ou outra as dificuldades de tal procedimento, costuma dividir os diálogos platônicos em três fases.

A primeira é designada fase socrática. Nela, Sócrates é a figura principal dos diálogos, e as ideias que consagrariam Platão ainda não estão completamente discernidas. Esses diálogos, em sua maioria aporéticos, giram em torno de questões morais. Cite-se como destaque o diálogo *Protágoras*, obra que classifica a justiça sob a ótica socrática da unidade das virtudes, e que pode ser classificada como a justiça *latíssimo sensu*.

---

[14] ROMILLY, J. de. *La loi dans la pensée grecque*. Paris: Les Belles Lettres, 2002. p. 182. Tradução nossa do trecho: "La pensée de Platon prend donc sa source dans cette crise de la loi. Évidemment, le grand mal à ses yeux était cet immoralisme dont les sophistes avaient été directement ou indirectement, les promoteurs [...] au traves de l'oeuvre de Platon, tout un itinéraire intellectuel, qui, commençant avec la loi, s'achève également avec elle, non sans l'avoir, à des points de vue divers, condamnée avec une rare audace et exaltée au plus haut point".

[15] Cf. TRABATTONI, F. *Platão*. São Paulo: Annablume, 2010. p. 23-25.

PLATÃO: O ATENIENSE EM *AS LEIS* | 15

Em sua fase média, Platão constrói o que se nomeou "doutrina das ideias". O filósofo ateniense elabora sua teoria da ciência, nessa fase mediana, aplicando o conhecimento apenas ao que não muda, ao sempre permanente. Isto é, a ciência diz respeito a uma unidade que ultrapassa a particularidade dos particulares, que são sempre mutáveis. Daí que Platão realiza a distinção entre corpo e alma; o corpo não é passível de conhecimento, pois está no âmbito das sensações, podendo apenas participar do conceito como sua particularização, nunca como o próprio conceito. Por sua vez, a alma é imutável, está nos pensáveis, de tal maneira que é acessada unicamente pelo intangível. A alma é o real. Dentre as obras dessa fase, podemos citar: *A República* (Livro II ao X), *Hípias Maior*, *O Banquete*, *Menon* e *Fedro*.

Na terceira e última fase de sua obra, provavelmente proveniente de críticas à doutrina das ideias, Platão começa a se questionar sobre alguns apontamentos feitos em obras anteriores. Em especial, podemos citar a inexistência de coercibilidade de sua teoria da justiça, que o faria recorrer a um mito, no Livro X de *A República*, para garantir as ações justas. Entre essas obras, cite-se *As Leis*, *O Político*, *Teeteto*, *Timeu*, *Sofista*, entre outras. O que nos importa é que Platão, diante dos dilemas da justiça percebidos na obra *A República*, tentará resolvê-los em *As Leis*. O que ele fará será adotar a mesma estrutura social de *A República*, entretanto positivando leis, dando a elas coercibilidade, produzindo uma organização social para que os cidadãos possam participar de maneira plena da *pólis*. Ele organiza uma justiça *stricto sensu*[16].

1.3

Os textos platônicos

Resta-nos, por fim, fazer uma breve apresentação dos textos platônicos da primeira e segunda fases para chegarmos até *As Leis*. Lembrando que o objetivo não é esgotar o assunto nem mesmo tratá-lo em minúcias, iremos apenas apontar as linhas mestras que levam do Platão do *Protágoras* ao Platão de *As Leis*, em outras palavras compreender o rebaixamento teórico que Platão faz para atingir a sensível daquilo que estava disposto no plano inteligível. Cabe-nos apresentar em breves momentos a teoria da justiça em *Protágoras* como figura típica da primeira fase da obra platônica, chegar

---

[16] Para aprofundamento, cf. nosso doutoramento: GONZAGA, A. de A. *O direito natural de Platão na República e sua positivação nas Leis*. 2011. 174 folhas. Tese (Doutorado) – Pontifícia Universidade Católica de São Paulo. São Paulo, 2011.

16 | O ERRO DE KELSEN · Alvaro de Azevedo Gonzaga

ao problema e à solução da justiça em *A República* e tentar compreender o porquê da necessidade de escrever uma terceira obra, denominada *As Leis*.

O diálogo *Protágoras*, uma das mais belas obras de Platão, trata de um encontro entre Sócrates e o célebre sofista Protágoras, em que estes disputam sobre questões como a Justiça e a separabilidade ou unidade das virtudes cardinais, quais sejam: Justiça, Coragem, Temperança, Sabedoria e Piedade (Prudência). Lembremos que nos diálogos de juventude as virtudes são em número de cinco, enquanto nos escritos da segunda fase as virtudes de excelência passam a ser consideradas quatro: a piedade ou prudência passa a não ser considerada distinta da justiça, mas sim uma extensão dela.

Inicia-se com o anúncio de Hipócrates. Protágoras havia chegado à *pólis* ateniense e tem seus dotes oratórios enaltecidos pelo anunciante. Antes de partirem juntos ao encontro de Protágoras, Sócrates aproveita para criticar os sofistas, dizendo que não se deveria oferecer dinheiro senão àqueles que são peritos em algo. Em que arte seria perito Protágoras? Hipócrates responde "na arte de ensinar a falar bem" (312-D). Segue-se um debate, e Sócrates expõe sua definição de sofistas, em 313-C: são mercadores, ou traficantes de vitualhas para alimentar a alma, e devemos alimentar nossa alma de conhecimento verdadeiro e não de mercadorias ignoradas de sua utilidade.

Depois disso, Sócrates e Hipócrates se dirigem à casa de Cálias, filho de Hipônico, onde se encontra Protágoras. Na ocasião, estavam presentes Sócrates, Protágoras, Hipócrates, Cálias, Pródico, Hípias, Crítias e Alcebíades.

A disputa se inicia quando Sócrates questiona sobre o que Protágoras ensinaria ao jovem Hipócrates. Este responde que ensinaria ao jovem a virtude da arte da política (*politikè téchne*), destinada a produzir bons cidadãos. Sócrates opõe duas objeções que dizem respeito à possibilidade de qualquer instrução nessa matéria: a primeira assevera que, por exemplo, em um assunto sobre construção naval, ninguém consegue obter a atenção da *Ecclésia* se não possuir conhecimento técnico do objeto discutido; em compensação, em assuntos de governo, todos são ouvidos com uma disposição que implica a inexistência de um conhecimento técnico da política. Em segundo lugar, diz Sócrates que, pela própria experiência de Atenas, os governantes não são capazes de comunicar nem aos próprios filhos o que sabem.

Protágoras, baseando-se na premissa de que a arte política equivale à virtude, retruca que aquela não é qualidade de quaisquer indivíduos particulares, mas pertence ao patrimônio comum dos homens. Para isso, narra o mito de Prometeu e Epimeteu, em 320C[17]. Segundo Protágoras, no estágio

---

[17] Protágoras narra que houve um tempo em que só havia deuses e não existiam criaturas mortais. Quando o destino determinou o momento para que as criaturas mor-

PLATÃO: O ATENIENSE EM *AS LEIS* | 17

natural primitivo os homens não conheciam a arte política, ainda que conhecessem a linguagem e a religião, chegando a ser dizimados por bestas e outros animais selvagens por falta de associação política. A vontade da autopreservação os fez se organizarem em *pólis*; porém, sem a arte política, suas *pólis* vieram a ser dizimadas por dissensões internas.

Quanto ao restante do diálogo, permitimo-nos retomar as linhas de desenvolvimento trazidas em nossa tese de doutorado. Quer dizer, nesse contexto predatório, no qual os homens desorganizados politicamente precisavam de uma organização, Zeus interfere e ordena que Hermes leve "aos homens o pudor e a justiça como princípio ordenador das cidades e laço de aproximação entre os homens" (322c). Indagado por Hermes sobre o modo de distribuição da justiça e do pudor, conta Protágoras que Zeus afirma categoricamente que a distribuição deve ser equânime para todos os homens, pois as cidades não subsistirão "se o pudor e a justiça forem privilégios de poucos como se dá com as demais artes", e assevera, em 322d, que "todo homem incapaz de pudor e de justiça sofrerá a pena capital, por ser considerado flagelo da sociedade".

Depois da exposição do Mito de Prometeu e Epitemeu, Sócrates elogia a bela oratória de Protágoras. Sócrates, então, afirma que as virtudes são as seguintes: Justiça, Coragem, Temperança, Piedade e Sabedoria. Com isso, indaga a Protágoras se a virtude é completa, vindo a ser partes dela a justiça, a temperança, a coragem, a piedade e a sabedoria, ou se todas essas qualidades

---

tais fossem criadas, os deuses plasmaram nas entranhas da terra, utilizando-se de uma mistura de ferro e de fogo, e no momento certo de tirá-los da terra para a luz. Prometeu e Epitemeu foram incumbidos de conferir as qualidades adequadas para cada criatura. Epitemeu pediu a Prometeu que deixasse a seu cargo a distribuição das qualidades, cabendo a Prometeu a revisão final das distribuições. Assim, Epitemeu distribuiu as qualidades entre os seres de acordo com o critério da compensação, exemplo aos que tinham velocidade seriam fracos; aos fortes, lentidão. Além disso, todos os seres se alimentariam de fontes diversas, pois desse modo haveria a manutenção da preservação. Depois de dotar todos de qualidades, apenas a geração do homem não havia sido dotada de nenhuma qualidade. Com os animais providos do necessário para serem levados da terra para a luz e a geração dos homens despida de qualidades, Prometeu, a fim de assegurar a salvação dos homens, roubou de Hefeso e de Atena a sabedoria das artes e o fogo e os deu aos homens. Por ter penetrado na morada de Atena e Hefeso, e ter roubado o fogo dos deuses para os homens Prometeu foi severamente castigado. Cf. PUGLIESI, Márcio. *Mitologia greco-romana*: arquétipos dos deuses e heróis. 2. ed. São Paulo: Madras, 2005. p. 109-110: "Júpiter, ainda desejoso de punir Prometeu, ordenou a Mercúrio que o conduzisse ao monte Cáucaso e que lá o acorrentasse. Assim, foi feito, e o deus ordenou a uma águia, filha de Tífon e de Equidna, que devorasse eternamente o fígado do demiurgo dos homens".

são apenas nomes diferentes de uma única unidade, e pergunta se as virtudes são separáveis ou se devem sempre ser vistas juntas em uma unidade.

Protágoras acredita que as virtudes podem existir juntas, mas que podem ser separadas. Sócrates não comunga dessa ideia e crê que todas as virtudes cardinais são encontradas juntas.

Para dar robustez à sua proposta, Sócrates apresenta quatro argumentos, sendo um deles rebatido por Protágoras: O primeiro argumento, contido entre os parágrafos 330b-7 e 332a-1, tem por base provar que a Justiça e a Piedade são uma coisa só; o segundo argumento está contido entre os parágrafos 332a e 333b, no qual Sócrates se propõe a provar que a sabedoria é igual à temperança ou a moderação; o terceiro argumento, rebatido por Protágoras e contido entre os parágrafos 350a e 351a, visa provar que Coragem é igual à Sabedoria; o quarto argumento, pois o terceiro foi desmontado por Protágoras, contido entre os parágrafos 351b e 360d, tem por base provar que Sabedoria e Coragem são uma coisa só.

Sobre a concepção de que não há separabilidade das virtudes, temos duas interpretações: a tese da bicondicionalidade ou da reciprocidade e a tese da unidade ou da identidade.

A reciprocidade ou bicondicionalidade, defendida por diversos comentadores, como Vlastos, consiste na distinção das virtudes, porém na condição de ter todas ou nenhuma. Em outras palavras, as virtudes são distintas, mas quem tem uma tem todas. Por seu turno, a tese da unidade ou da identidade significa que as virtudes (a justiça, a coragem, a temperança, a piedade e a sabedoria) são nomes diferentes para uma mesma coisa, qual seja a Virtude. Assim, chamar um homem de justo significa chamá-lo de Virtuoso ou de sábio.

Tal tese, seja da bicondicionalidade ou da unidade das virtudes, traz-nos uma ideia ampla do conceito de justiça, e é em virtude disso que consideramos uma definição universal, moral *latíssimo sensu* de Justiça na doutrina platônica.

A obra *A República*, representante máxima da segunda fase de seu pensamento, diferencia-se do diálogo *Protágoras*. Nela, Sócrates já não é mais refutativo ou elêntico, mas também é propositivo, fazendo-se porta-voz da doutrina platônica da Justiça. Ele abandona sua teoria intelectualista da unidade das virtudes e apresenta a teoria da tripartição da alma, que aceita a *akrasia*, ou seja, o conflito interno entre as partes.

Texto já percorrido em nosso mestrado e doutorado, indicaremos apenas alguns nexos interpretativos importantes antes de passarmos à análise dos Mitos de Giges e de Er como pontos de transição em relação à coercibilidade em Platão.

PLATÃO: O ATENIENSE EM *AS LEIS* | **19**

Leo Strauss, comentando *A República*, dizia que devemos compreender os discursos das personagens de Platão à luz de suas ações. E essas ações são, primordialmente, a composição e a ação do diálogo: com quem Sócrates dialoga, qual a idade de seus interlocutores, quais são suas características... Nessa toada, escreve:

> "Talvez Sócrates não tenha, primordialmente, a intenção de ensinar uma doutrina, mas senão de educar os seres humanos – torná-los melhores, mais justos ou doces, mais conhecedores dos seus limites... O diálogo platônico é fundado sobre uma falsidade fundamental, uma bela ou tornada bela falsidade: a recusa do acaso"[18].

Por essa razão é tão importante saber que, nesse diálogo que se desenrola na casa de um rico meteco, Céfalo, na presença de cinco atenienses, quatro metecos e um famoso professor de retórica, estamos na presença da velha Atenas em decadência. Sócrates e seus dois principais interlocutores, Gláucon e Adimanto, mostram-se muito preocupados com esse declínio e desejam restaurar a sanidade política de Atenas.

Importa lembrar que a obra denominada *A República*, derivada da tradução latina, escrevia-se em grego *Politeia*. Esse termo, um neologismo, tornou-se corrente na época de Platão, impondo-se correntemente no decorrer do século V a.C., contra outros termos de significados próximos, por exemplo, *katastasis*, *taxis* e *nomos*, os dois primeiros significando algo mais próximo a "constituição" e o terceiro "leis" ou "costumes". O que importa é que essa palavra é formada a partir de *politês* (cidadão) e sua primeira forma conhecida se encontra em Heródoto, em sua *História* (IX, 34), com o sentido de cidadania ou de direitos cívicos. "A mudança de significado desta palavra reflete sem dúvida a tomada de consciência, favorecida pelo advento do regime democrático, do caráter politicamente crucial da pertença ao corpo dos 'cidadãos', os únicos legitimados para exercer o poder."[19]

Segundo Strauss, Platão compôs uma obra em que a cidade do bom regime é impossível; coincide com a interpretação segundo a qual a construção

---

[18] STRAUSS, L. *La cité et l'homme*. Paris: Le livre de Poche, p. 166. Tradução nossa do trecho: "Peut-être Socrate n'a-t-il pas principalement l'intention d'enseigner une doctrine, mais plutôt d'éduquer des êtres humains – les rendre meilleures, plus justes ou plus doux, plus avertis de leurs limites".

[19] LAKS, A. Platão. In: RENAUT, Alain. *História da filosofia política*. Lisboa: Instituto Piaget, p. 67.

da cidade ideal seria uma fachada para uma obra de educação política; isto é, esse escrito platônico, que permite ver que a cidade, construída conforme os desejos mais elevados do homem, não é possível, faz-nos encontrar a natureza das coisas políticas por meio do diálogo com dois jovens idealistas. *A República*, portanto, seria um diálogo de educação política que ensinaria a impossibilidade de um arranjo político ideal.

A discussão que se segue do Livro I, que alguns consideram um tratado particular, muito próximo ao *Górgias*, denominado *Trasímaco*, coloca em evidência a natureza da Justiça como a boa harmonia da alma. Porém, algo que não fica estabelecido é a natureza verdadeira ou original da alma. Daí, parece que o próprio Livro X termina com uma situação análoga ao final do Livro I, em que Sócrates prova a imortalidade da alma sem ter descoberto a natureza dela. Por isso, o paralelo entre a cidade e a alma, premissa da doutrina da alma enunciada na República, é contestável; afinal, a República faz abstração do corpo (por exemplo, 454 c-e e 462 c-d) e do desejo (por exemplo, na passagem do Livro III em que distingue o desejo do belo e a justiça), e em virtude disso, segundo Strauss, faz abstração da própria alma e da natureza. Com efeito, essa abstração é extremamente necessária se se deseja louvar a Justiça como devotamento completo ao bem comum de uma cidade como digna de escolha por si mesma. Tal devotamento é necessário em razão da exigência da Justiça como arte, pois, de um lado, é atribuída a todo cidadão o que é bom para sua alma, e, de outro, determina o bem comum da cidade. Essa exigência decorre já desde o primeiro livro com a discussão sobre a Justiça com Trasímaco, e a solução que Sócrates tentará será, digamos, vinculada a essa discussão: a solução para essa dupla exigência seria que o bem comum da cidade fosse idêntico ao bem de todos os indivíduos, ou que se harmonizasse com esse bem.

O problema é que, ao fazer isso, se cria um problema de parcialidade na exposição do que é a Justiça. A natureza da Justiça depende da natureza da cidade. O propósito transpolítico de *A República*, qual seja a naturalização da cidade, só pode ser atingido compreendendo o que é a cidade e os seus limites. Pois bem, chegamos ao que havíamos comentado no primeiro parágrafo deste breve texto: o diálogo platônico *A República* mostra o que é a Justiça não ao expor o melhor regime possível, porém ao apresentar a natureza das coisas políticas que se referem à natureza da cidade. Daí, Strauss encerra seu texto sobre *A República*: "Sócrates mostra na República qual caráter a cidade deveria ter para satisfazer as necessidades mais elevadas dos homens. Ao nos permitir ver que a cidade, construída conforme esta exigência, não é possível, ele nos permite enxergar os limites essenciais da cidade, a natureza"[20]. A cidade é impossível, mas o aprendizado político dos dois jovens não o foi.

---

[20] STRAUSS, L. *La cité et l'homme*. Paris: Le livre de Poche, p. 302.

PLATÃO: O ATENIENSE EM *AS LEIS* | 21

Isso pode ser ainda corroborado pela demarcação radical, nas Leis, entre uma "cidade primeira", identificada em larga medida com a cidade justa da República, e uma cidade de "segunda ordem", contraposta à perfeição da primeira (739a5; 739b3e5; 875d3). A primeira cidade se destinaria aos deuses, enquanto a outra seria designada aos homens[21].

Esse movimento constitui uma nova relação de complementaridade entre "constituição" e "lei", não mais redutível a uma complementaridade simplesmente formal. A Lei, que não marcava presente como coercibilidade, agora é coercitiva e formadora. Por isso, diz-se que as leis são atravessadas por uma dupla orientação: uma consideração do irracional no homem e a possibilidade de uma convergência, senão espontânea, ao menos estimulada, entre o elemento racional e o irracional no homem. Daí a importância primordial que assume a educação pela lei e da pedagogia nessa obra.

O movimento a partir dos mitos de Giges[22] ao mito de Er[23] em *A República* já deixava claro que a punição da alma era mais importante que a

---

[21] LAKS, A. Platão. In: RENAUT, Alain. *História da filosofia política*. Lisboa: Instituto Piaget.

[22] Conforme já pudemos lembrar em nossa tese de doutorado, Giges era um pastor a serviço do rei da Lídia. Em razão de um grande temporal que acompanhou um tremor de terra, o solo se abriu, formando-se uma fenda no lugar em que ele levara a pastar o seu rebanho. Ao ver isso, entrou na abertura e viu entre outras maravilhas um cavalo de bronze, oco e com portas em seus flancos. Ao abrir uma dessas portas, Giges viu o esqueleto de um gigante, inteiramente despido, que deixava apenas um anel de ouro numa das mãos à vista. Giges retirou o anel e voltou para a superfície. Na reunião habitual dos pastores, para apresentar o relatório mensal do estado do rebanho ao rei, compareceu também Giges com o anel no dedo. Sentado no meio dos outros pastores, ele virou a pedra do anel para a palma da mão. Imediatamente se tornou invisível aos que ali estavam para a reunião, mas ouvia e via todos que ali estavam. Quando volvia novamente a pedra do anel para o outro lado, voltava a ser visível. Com esse instrumento, trabalhou para ser um dos mensageiros para o rei. Chegado à corte, seduziu a rainha e com a sua ajuda matou o rei, apoderou-se do trono, casando-se com ela e assumindo o poder. Com a apresentação do mito ora exposto, Glauco assevera para Platão que, na hipótese de haver dois anéis iguais a esse, sendo um deles usado pelo homem justo e o outro pelo injusto, ninguém, absolutamente, segundo tudo indica, revelaria resistência para conservar-se fiel à justiça. Na verdade, entende Glauco, ao narrar esse mito, que ninguém é justo por livre-iniciativa, mas por coação.

[23] Sobre o mito de Er, cf. GONZAGA, A. de A. *O direito natural de Platão na República e sua positivação nas Leis*. 174 folhas. 2011. Tese (Doutorado) – Pontifícia Universidade Católica de São Paulo. São Paulo, 2011.

punição do corpo. A razão disso é que, se em sua teoria da ciência só é possível conhecer e definir o que nunca muda, o corpo não é objeto do conhe-

---

"No Livro X de *A República* (614b a 621b), Platão rejeita a tese de Glauco disposta a partir do *Mito de Giges* com a narrativa do *Mito de Er*. Na narrativa deste mito, Platão visa a demonstrar que é preciso praticar a justiça para fortalecer a alma; entende que, caso não pratiquemos na vida atos justos, seremos castigados pelos deuses futuramente. Relatamos brevemente esse mito:

Er, filho de Armênio, morreu em combate. No décimo dia, quando eram recolhidos os corpos em começo de putrefação, verificou-se que o de Er encontrava-se em perfeito estado. Ao ser colocado na pira fúnebre, Er reviveu e contou o que viu no outro mundo. Disse que quando sua alma saiu do corpo, partiu com a companhia de muitas outras pessoas e foram parar em um lugar maravilhoso com duas fendas na terra e duas fendas no céu, ambas contíguas. Entre essas duas fendas, estavam sentados alguns juízes que anunciavam a sentença. Os justos deveriam caminhar para a direita, rumo ao céu, com suas sentenças estampadas no peito, os injustos encaminhavam-se para a esquerda, ladeira abaixo, sendo que, também, levavam nas costas o relato de quanto haviam praticado.

Quando Er se aproximou dos juízes, estes lhe disseram que ele havia sido escolhido como mensageiro para os homens e lhe recomendaram ouvir e observar tudo que se passasse à sua volta.

Er notou que as almas depois de julgadas, dirigiam-se para uma das aberturas do céu ou da terra. Das outras duas fendas saíam de contínuo novas almas. As que subiam da terra apareciam exaustas e empoeiradas, as que desciam do céu estavam limpas e alegres.

Em levas ininterruptas, todas as almas pareciam chegar de uma longa viagem. Se reuniam no prado, onde acampavam como num festival; as que se conheciam, cumprimentavam-se. Tanto os que estavam no céu como os que estavam na terra perguntavam o que havia se passado nos distintos lugares onde eles não estavam. Os relatos recíprocos davam conta de que na terra as almas que lá estavam sofreram muito, lágrimas e gemidos davam o tom dos relatos. Por seu turno, no céu as almas relatavam suas vivências celestes, de inconcebível beleza.

Pelas faltas cometidas contra alguém, as almas eram castigadas, por ordem e individualmente. A duração da punição era o décuplo do crime cometido. Deste modo, quem fosse criminoso de muitas mortes ou houvesse traído cidades ou exércitos e os reduzisse a escravidão, ou fosse cúmplice de alguma malfeitoria do mesmo gênero, para cada crime teria de sofrer dez vezes mais. Por outro lado, os que só espalharam benefícios e viveram de forma justa, eram recompensados na mesma proporção. Os principais tiranos que passaram pela história antiga, Er narra que a maioria não se encontrava nem no céu nem no inferno.

Sendo assim, o Mito de Er, disposto no último Livro da República, mostra que é necessário ser justo, pois, caso não seja, será punido em sua alma.

Esse mito refutará o posicionamento de Glauco quando expõe o Mito de Giges. Para Platão não será possível comprar os deuses, caso cometa atos injustos na vida. Além disso, aqueles que não seguirem o caminho certo serão punidos em vidas futuras".

PLATÃO: O ATENIENSE EM *AS LEIS* | 23

cimento, pois é um obstáculo para o conhecimento do real. A alma seria, então, superior ao corpo, e somente nela se poderia alcançar as definições e os conceitos do que quer que seja. Tal é a razão de Platão justificar sua cidade ideal, a primeira cidade, por meio do mito de Er, pois este explica a punição do justo e do injusto com a alma de Er.

Algo que salta aos olhos com a solução platônica pelo mito de Er é a ausência de coercibilidade no sentido de retorquir imediatamente o ato injusto praticado, ou seja, que necessariamente exista uma organização para a punição do corpo daquele que é injusto. Afinal, o mito de Er exige para a abstenção do ato injusto a crença nas divindades e, ainda, a espera pela punição *post-mortem*. Nenhuma delas serve de garantia para o ato justo em vida.

Entendemos, por isso, que *A República* e *As Leis* não abordam o mesmo objeto, mas temas diferentes da filosofia política. *A República* busca pensar, especulativamente, no plano inteligível, as relações de Justiça e a natureza da cidade, criando limites, mas não leis para sua existência; *As Leis*, em complemento, respondem a isso, dando forma à melhor ordem possível no plano sensível. Nesse sentido, Winton e Garnsey: "O contraste com *A República* é óbvio. Enquanto essa obra ignorava detalhes constitucionais, *As Leis* expõe-nos com exaustiva minúcia [...][24]".

Em *As Leis*, Platão oferece um regime baseado no direito constitucional cuja função é tentar substituir, na medida do possível, o melhor regime, aquele de *A República*. Como o próprio nome da obra indica, propõe-se que, no lugar do filósofo, coloque-se um ordenamento jurídico.

É evidente que há perda em algum grau nessa passagem, e como diz Leo Strauss apenas uma versão diluída da ordem política que corresponde estritamente ao direito natural pode ser de fato esperada[25]. E, segundo Thomas L. Pangle:

"*A República* ensina sobre política mediante o exame da natureza da justiça, que parece ser o objetivo da vida política, e mostrando ao mesmo tempo que a plena realização da justiça é impossível na política. Dessa forma, *A República* circunscreve e, no mesmo passo, define as limitações de política. Assim, a discussão central de *A República* é o prelúdio essencial, mas apenas

---

24 WINTON, R. I. & GARNSEY, P. Teoria política. In: FINLEY, M. *O legado da Grécia*: uma nova avaliação. Brasília: Ed. da UnB, 1998.

25 STRAUSS, L. On natural law. In: *Platonic political philosophy*. Chicago: The University of Chicago Press, s/d. p. 139.

o prelúdio, a um estudo sobre o que pode ser alcançado através da ação política nas melhores circunstâncias"[26].

As *Leis* são exatamente uma proposta de apurar o que a filosofia pode atingir, em sentido positivo, na prática política ou na política real. Tanto é que nesse diálogo os interlocutores, todos homens experientes, estão em vias de efetivamente fundar uma nova cidade.

1.4
Platão em seu tempo

Todo aquele que já se debruçou sobre a obra de qualquer filósofo grego da Antiguidade, em especial da Atenas clássica, deparou-se com um imenso problema. Todos eles, em maior ou menor medida, parecem ser fruto do caldo cultural propiciador do surgimento de um pensamento abstrato que visa chegar ao fundo das coisas, ao "o que é" de tudo o que é, que entrará para a história com o nome de filosofia[27]. A fim de não criarmos anacronismos históricos do pensador ao seu tempo, propomos, ainda que breve, uma análise do momento histórico vivido por este.

Platão, em especial, filho dileto da Atenas clássica, traduziu a grande contradição do espírito ateniense, nos fins do século V a.C. Filho de Aríston e Perictione, de origem nobre, Arístocles nasceu em 7 de maio de 427 a.C., segundo Diógenes Laércio, e faleceu em 348-7 a.C. Foi por possuir ombros largos que Arístocles irá ser apelidado de Platão, apelido que o consagrará na história (427 a.C. e 348-7 a.C.). Platão nasceu, portanto, um ano depois da morte de Péricles e faleceu dez anos antes da batalha da Queroneia, na qual Filipe da Macedônia irá consagrar sua conquista do mundo grego. Será o início do período denominado Helenístico.

---

[26] PANGLE, T. Interpretative essay. In: *The Laws of Plato*. Chicago: The University of Chicago Press, 1988. p. 377. Tradução nossa do trecho: "The Republic teaches about politics by examining the nature of justice, which appears to be the goal of political life, and by showing that the full realization of justice is impossible in politics. In this way the Republic circumscribes and defines the limitations of politics. Thus the central discussion in the Republic is the essential prelude, but only the prelude, to a study of what can be achieved through political action in the best circumstances".

[27] Em Heródoto, encontramos a primeira menção de uma atividade "filosófica". Cf. HERODOTO, I, 30.

PLATÃO: O ATENIENSE EM *AS LEIS* | 25

Antes de empreendermos uma breve divisão didática dos períodos históricos da Grécia Antiga, cravemos fundo as nossas fundações: é impossível compreender Platão sem entender como se tornou possível o surgimento de Arístocles, o Platão:

"O contexto de desenvolvimento da filosofia platônica esteve marcado pela contradição entre o período áureo da cultura humanista e racionalista e o início da decadência do período helenístico. Foi a fase em que o 'espírito grego', numa expressão hegeliana, começou a viver a angústia da decadência. A grandeza Grega, particularmente ateniense, passou do esplendor comercial às crises e subordinações econômicas; da invenção da democracia ao fracasso dos regimes e constituições que culminaram com as dominações estrangeiras; da incomparável produção técnica e artística para uma era de incertezas e transições. A filosofia também se transformou e mudou de sentido e papel diante das novas realidades. O futuro grego tornou-se obscuro e pouco promissor após o século IV a.C. O agravamento dos conflitos entre as cidades, culminando com a guerra do Peloponeso, a corrupção, os desmandos e as crises sociais, com certeza deixaram seus efeitos nos debates e reflexões dos filósofos desse tempo"[28].

É imperioso reconstruirmos, ainda que brevemente, o contexto histórico de Platão no Estado Grego; e, de início, precisamos indicar a divisão tradicional dos períodos da história grega para focar naquela que mais nos interessa.

Divide-se a história da Grécia Antiga em cinco períodos principais[29]:

1) Período Pré-Homérico (séc. XX a.C. ao séc. XII a.C.), no qual houve a formação da cultura creto-micênica e a imigração de povos indo-europeus para a Grécia;

2) Período Homérico (séc. XII a.C. ao séc. VII a.C.), período em que começa a evolução política da Grécia com a fixação dos indo-europeus, divisão das comunidades em *genos* (famílias coletivas constituídas por um grande número de pessoas sob a liderança de um patriarca), depois em *fratrias* (reunião de alguns *genos* para

---

[28] PEREIRA FILHO, G. *Uma filosofia da história em Platão*: o percurso histórico da cidade platônica de *As Leis*. 2. ed. São Paulo: Paulus, 2010. p. 57.

[29] Para uma descrição mais pormenorizada, cf. nossa tese de doutorado: GONZAGA, A. de A. *O direito natural de Platão na República e sua positivação nas Leis*. 2011. 174 folhas. Tese (Doutorado) – Pontifícia Universidade Católica de São Paulo. São Paulo, 2011.

26 | O ERRO DE KELSEN · *Alvaro de Azevedo Gonzaga*

enfrentar um inimigo comum), em sequência surgem as *phylai* (reunião de *Fratrias* comandadas pelo filobasileu, o comandante do exército), para *demos* (união de várias tribos) e, por fim, *pólis*.

3) Período Arcaico (séc. VIII a.C. ao séc. VI a.C.), época na qual a *pólis* se firma.

4) Período Clássico, correspondente ao apogeu grego (séc. V a.C. ao séc. IV a.C.), época que coincide com o auge da democracia, posteriormente sua decadência, e a existência de Sócrates e Platão.

5) Período Helenístico (séc. IV a.C. ao séc. III a.C.), caracterizado pela fusão da cultura grega com a oriental.

O que é importante retermos é o processo pelo qual se constitui a democracia e o pensamento filosófico grego na cidade de Atenas do século V a.C. e, posteriormente, as razões que levaram essa cidade a questionar suas instituições democráticas, concomitantemente ao surgimento de um questionamento profundo do sentido da vida humana e do lugar reservado à política nesta vida, levado a cabo, em especial, por Platão.

Ainda que os atenienses se dissessem *autoctones*, documentos recentes tendem a mostrar que a região da Ática já era habitada antes da chegada dos gregos à península balcânica, isto é, ao que parece, a Ática se apresentava como um aglomerado de pequenos principados, guerreando entre si, reunidos em comunidades em torno de um santuário comum[30].

Por mais que a tradição mítica conserve a história da famosa *tétrakomia* de Maratona, em que Teseu teria reunido o sinoicismo, da Ática, é quase impossível confirmar tal história. O que é certo: por volta do final do século VIII a.C., Atenas já era uma *pólis* única, dominada por uma aristocracia guerreira, dona da terra e do poder político, dotada dos sacerdotes que determinavam o direito e a justiça para todos os moradores da região.

Aqueles que não eram membros dessa aristocracia guerreira constituíam vínculos de clientela com ela, associada nas *fratrias* ao culto de um ancestral comum da família, por vezes, mas raras vezes, consultados em assembleias sobre assuntos comuns a todos. Entre a aristocracia e os seus clientes, havia uma massa de indivíduos livres que podiam adquirir uma *panoplia,* uma espécie de armamento, e servir numa falange de hoplitas, que, a partir do meio do século VII a.C., serão a principal força militar da cidade.

---

[30] MOSSÉ, C. *Athènes*: histoire d'une democratie. Paris: Seuil, 1971. p. 13.

PLATÃO: O ATENIENSE EM *AS LEIS* | 27

Perceba-se que até então a *pólis* de Atenas tinha uma marcha de desenvolvimento sem grande importância ou distinção em face das outras *pólis* gregas do período. Será nas últimas décadas do século VII que Atenas ingressará com toda a sua grandeza na história.

As transformações causadas pela constituição da armada de hoplitas aumentaram a quantidade de homens que poderiam portar armas, e assim estes "puderam desejar que o direito do *genos* fosse substituído por uma lei conhecida por todos e capaz de acabar com as *vendettas* que opunham entre elas as famílias aristocráticas"[31]. A transformação causada pela constituição dos hoplitas

"[...] ilustra de maneira surpreendente uma atitude psicológica que não se manifesta somente no domínio da guerra, mas que, em todos os planos da vida social, marca uma viragem decisiva na história da *Polis*. Chega um momento em que a cidade rejeita as atitudes tradicionais da aristocracia tendentes a exaltar o prestígio, a reforçar o poder dos indivíduos e dos *gene*, a elevá-los acima do comum. São assim condenados como descomedimento, como *hybris* – do mesmo modo que o furor guerreiro e a busca no combate de uma glória puramente particular – a ostentação da riqueza, o luxo das vestimentas, a suntuosidade dos funerais, as manifestações excessivas da dor em caso de luto, um comportamento muito ostensivo das mulheres, ou o comportamento demasiado seguro, demasiado audacioso da juventude nobre"[32].

O Código de Drácon, nesse contexto, constituiu a primeira tentativa de instituição de um direito comum, não familiar, para refrear as guerras e vinganças entre famílias. Entretanto, nada nos prova que Drácon tenha efetivamente produzido um código de leis escritas nos moldes de nossos códigos contemporâneos, muito menos uma constituição, apenas que, instituindo leis duras, o legislador tentou refrear a violência entre os clãs familiares, sem mexer na estrutura política aristocrática, muito menos tendo diminuído a dominação social das antigas famílias.

De toda forma, vale dizer que a redação das leis era uma reivindicação já antiga. Podemos recordar que desde o século VIII a escrita já parece ser uma técnica de amplo uso, difundida pública e livremente, e que, ao lado da recitação decorada de Homero e Hesíodo, irá constituir o elemento basilar da educação grega, da *paideia*. A redação legislativa possibilitou a passagem

---

31 MOSSÉ, C. *Athènes*: histoire d'une démocratie. Paris: Seuil, 1971. p. 14.

32 VERNANT, J.-P. *As origens do pensamento grego*. São Paulo: Difel, 1986. p. 45.

28 | O ERRO DE KELSEN · *Alvaro de Azevedo Gonzaga*

da autoridade privada dos *basileis*, aqueles até então encarregados de dizer o direito, para se tornar bem comum, uma regra aplicada a todos indiscriminadamente, isto é, aplicada a todos da mesma maneira.

Vejamos como se exprime Jean-Pierre Vernant,

> "No mundo de Hesíodo, anterior ao regime da Cidade, a *diké* atuava ainda em dois planos, como dividida entre o céu e a terra: para o pequeno cultivador beócio, a *diké* é, neste mundo, uma decisão de fato dependente da arbitrariedade dos reis 'comedores de presentes'; no céu, é uma divindade soberana, inacessível. Ao contrário, pela publicidade que lhe confere a escrita, a *diké*, sem deixar de aparecer como um valor ideal, vai poder encarnar-se num plano propriamente humano, realizar-se na lei, regra comum a todos mas superior a todos, norma racional, sujeita à discussão e modificável por decreto, mas que nem por isso deixa de exprimir uma ordem concebida como sagrada"[33].

A situação conflituosa da *pólis* ateniense, então, restava não resolvida; e, pior, tendia a se aprofundar. Dois grandes problemas se impunham com uma força hercúlea: muitos camponeses viam-se em situação de dependência dos grandes proprietários de terra, devendo-lhes um sexto do que produziam; também havia um endividamento crescente dos camponeses, levando, inclusive, à possibilidade de reduzi-los à escravidão por dívida.

Sólon foi eleito Arconte, o supremo magistrado de Atenas, em 594 a.C. Pertencente à Aristocracia, porém uma aristocracia marginal, ele parecia, no entanto, estar consciente dos riscos que representava uma certa agitação camponesa. Ela poderia levar ao estabelecimento de uma Tirania, como sempre parece ter ocorrido no mundo antigo quando da confluência de uma movimentação popular. Daí,

> "Sólon domou a dinâmica brutal de apropriação, o impulso de acúmulo de terra, as dívidas e a escravidão potencial entre os atenienses, e mostrou a eles como Atenas podia ter a esperança de conceber-se e manter-se unida como comunidade enquanto o mundo mudava ao seu redor. O que não esteve a seu alcance foi estabelecer um mecanismo político pelo qual os atenienses pudessem agir juntos para realizar essa esperança"[34].

Depois da realização de suas reformas, Sólon retira-se da vida política. Suas aventuras de viagem podem ser lidas na obra de Heródoto. Porém, por

---

[33] VERNANT, J.-P. *As origens do pensamento grego*. São Paulo: Difel, 1986. p. 36-37.

[34] DUNN, J. *A história da democracia*. São Paulo: Unifesp, 2016. p. 51.

mais interessantes que sejam essas histórias, a partida de Sólon da cidade de Atenas ocasionou a retomada das lutas de facções entre os *genos* aristocráticos e mesmo dois anos de uma imensa desorganização política na qual não se conseguiu nem designar um Arconte Epónimo. Essa imensa agitação antes de ser solucionada pelas reformas efetivamente democráticas de Clístenes, verão antes disso o surgimento da figura do tirano Písistrato e seus filhos, os Pisístratidas.

O que importa para nós é que foi no ano de 507 a.C. que Clístenes "trouxe a Atenas o que os atenienses a seu tempo viriam a chamar de democracia"[35]. Clístenes era também um nobre eupátrida, o que já nos serve como indício de que, se a democracia advém das lutas entre ricos proprietários de terra e famílias mais ou menos empobrecidas, ela surge por uma espécie de conciliação política, por uma reorganização geográfica e social, por mudanças nas instituições de Atenas, a fim de dotar de uma única identidade política e um sistema de autogoverno todos os cidadãos dessa *pólis*.

O que Clístenes fez?

"O que Clístenes fez, como Sólon fizera antes dele, foi reorganizar a geografia social e as instituições de Atenas para resolver um conjunto de problemas imediatos e erguer uma estrutura estável para Atenas como comunidade em torno daquela resolução tentada. Para isso, ele precisava ganhar poder em primeiro lugar; e a democracia, como se demonstrou, era tanto o meio inicial de fazê-lo como, posteriormente, consequência de tê-lo feito. O que havia de diferente em sua solução residia no fato de a estrutura por ele estabelecida ser, desde o início, uma forma de organizar a escolha política conduzindo-a para fora do grupo dos bem-nascidos e relativamente ricos e consignando-a, clara e decididamente, a todo *demos* ateniense"[36].

Como já indicamos em nosso doutoramento, as reformas empreendidas por Clístenes reestruturaram Atenas geograficamente em dez tribos, em vez das quatro anteriores, rompendo com a tradição político-familiar. Cada uma dessas tribos reuniria as três *trittyes*, isto é, uma região costeira, uma região próxima ao mar e a região propriamente da cidade e seus arredores. A *Boulé*, um conselho composto de membros sorteados, foi reorganizada para comportar quinhentos membros, sendo cinquenta de cada *phylai*. Seus membros se revezariam no comando do conselho. Ao arcontado foi acrescentado um

---

[35]   DUNN, J. *A História da democracia*. São Paulo: Unifesp, 2016. p. 52.
[36]   DUNN, J. *A História da democracia*. São Paulo: Unifesp, 2016.

30 | O ERRO DE KELSEN · *Alvaro de Azevedo Gonzaga*

membro, tendo assim dez membros; e, finalmente, a *Ecclésia* contaria agora com seis mil representantes.

Naturalmente essa democracia tinha seus limites. Por exemplo, "a dependência de escravos, a exclusão das mulheres, o despudorado etnocentrismo", que excluía os *metecos* de quase todas as decisões fundamentais da vida política de Atenas. Entretanto, ela teve sucesso, pois "organizou o poder da forma essencialmente certa, estabelecendo-o, nesses termos, sobre os fundamentos corretos e distribuindo-o da maneira adequada".[37]

Chegamos ao ponto em que nos basta para descrever a experiência de crítica platônica da democracia ateniense. Ela se dará na confluência do período dourado do século V a.C., o século de Péricles, que inicia com a belíssima oração fúnebre na obra de Tucídides e termina com a derrota ateniense, em virtude da desmedida e ambição dessa *pólis*.

Assim se exprime Acácio Vaz de Lima,

"[...] A Democracia ateniense costuma ser vista como um arquétipo dos regimes democráticos em geral... Também na democracia de Atenas houve uma prática de falcatruas eleitorais; também nela, o povo foi vitimado pela astúcia dos demagogos e dos oportunistas. Aqui, como alhures, há uma sensível diferença entre o modelo e a 'práxis'.

Contra as mazelas da democracia ateniense se insurgia Platão; bem como os seguidores do partido 'laconizante', que viam em Esparta um modelo a ser seguido"[38].

Será a desmedida e a ambição da *Pólis* ateniense que, de alguma forma, culminará na desilusão de alguns de seus cidadãos mais exemplares. Irão apontar a ignorância reinante e a desvirtuação dos costumes como sintomas, se não da democracia em geral, ao menos do momento democrático vivido pela *pólis* ateniense.

Eis aqui o sentido profundo da investigação moral empreendida por Sócrates em face de seus cidadãos. Seu método maiêutico não significava

---

[37] DUNN, J. *A história da democracia*. São Paulo: Unifesp, 2016. p. 59.

[38] LIMA FILHO, A. V. de. *O poder na Antiguidade*. São Paulo: Ícone, 1999. p. 108. Citamos não para concordar no todo, pois pensamos haver algumas incorreções tanto no que diz respeito à atribuição de um pensamento "modelar" à democracia ateniense que se aplicaria à realidade quanto à utilização da palavra "*práxis*" como sinônimo de prática, que não acreditamos constituir tradução correta. O que nos importa é a impressão geral da decadência da democracia ateniense, que irá culminar na crítica platônica à *pólis* de Atenas.

PLATÃO: O ATENIENSE EM *AS LEIS* | **31**

nada mais do que sair do plano das opiniões confusas de seus concidadãos, ao menos lhes mostrando que não sabiam do que falavam.

Segundo conta Francis Wolff,

> "Sócrates, segundo ele, pretendia ter herdado essa arte da interrogação de sua mãe parteira. Ora, dizia ele, de acordo com os costumes religiosos, só as mulheres que não podem mais parir é que podem fazer bons partos, quer dizer, conforme o caso, conduzir o parto a bom termo suavizando as dores, ou fazer abortar. 'Minha arte maiêutica tem as mesmas atribuições gerais. A diferença é que se aplica aos homens, e não às mulheres, e é as almas que auxilia no trabalho de parto não aos corpos"[39].

Foi esse esfacelamento da democracia ateniense que levou, inclusive, à morte de Sócrates, que fez Platão abandonar a crença na democracia como era apresentada em Atenas como a melhor forma de governo. Nem conseguia acreditar que as leis positivadas nessa época tinham sido justas, motivo pelo qual, como veremos brevemente, apresenta sua proposta de direito natural na República, que se confirma e deve ser positivado nas Leis.

1.5
Considerações sobre a obra *As Leis*

Depois de tantas desilusões diante dos regimes que conheceu, tanto na democracia da época quanto nas tiranias, Platão permaneceu fiel e leal ao seu propósito que concebia a missão filosófica, entendendo ser da competência do filósofo contribuir para a construção da justiça nas cidades.

Diante dos diversos problemas que Platão verifica ao longo de sua trajetória, não há outra saída senão a que apresenta em *A República*, qual seja a de um centralismo filosófico (reis filósofos). Embora mantenha o centralismo filosófico ora citado, a obra *A República* cede lugar, no que tange ao aperfeiçoamento legislativo, a um novo projeto com a obra *As Leis*.

Consideramos que tal obra coroa seu pensamento e posiciona-o na perspectiva sensível, não o transformando em mero idealista, que não consegue fixar suas ideias em bases sólidas e aplicáveis.

---

[39] WOLFF, F. *Sócrates*. São Paulo: Brasiliense 1987. p. 54-55.

Diz Eric Voegelin:

"O Plano de uma segunda melhor *pólis* parece implicar uma tradição do 'ideal' de ditadura de rei-filósofo para o 'ideal' de um governo pela lei com o consentimento constitucional do povo. Nesse caso, precisamos desemaranhar toda uma série de equívocos. Em primeiro lugar, as leis a que o povo deve dar seu consentimento não são simplesmente qualquer lei que agrade ao povo, nem são elas feitas pelo povo. Elas continuam a ser as leis do rei-filósofo, as leis que Platão deu à *pólis*. Quaisquer outras leis, que talvez pudessem ser mais do agrado do povo, não caracterizaram a segunda melhor *pólis*, ou mesmo a terceira ou quarta: elas não caracterizam nenhuma *pólis* que pudesse ser considerada uma incorporação da realidade da ideia. O 'governo constitucional', sem consideração para com o espírito das leis, não é realidade para Platão, mas corrupção da realidade"[40-41].

Obra de indispensável leitura para compreender o pensamento platônico, mas pouco estudada e comentada, *As Leis* consiste em um trabalho reconhecido postumamente, escrita nos últimos anos de sua vida, podendo ser considerada a obra que põe fim ao seu percurso de diálogos. Extensa e composta por XII Livros, pode-se dizer que é o trabalho de maior fôlego do pensador em comento. "A tese fundamental de *As Leis* que é a lei condicionada a razão; sendo a lei é a personificação humana da divina Razão que governa o universo."[42]

Sobre a autenticidade, isto é, se a obra foi escrita ou não por Platão, damos como questão superada, nos dizeres de Pereira Filho:

"As controvérsias sobre a não autenticidade e o caráter inacabado de *As Leis*, se estendem desde a primeira edição da obra, ainda na antiguidade, atribuída a Felipe de Opunte, na tradução de Diógenes Laércio, até ao século XIX. Hoje parece superado esse debate, reconhecendo-se a autenticidade de *As Leis*, ainda que como um diálogo inacabado (seja pela morte do autor ou por sua interrupção por questões não conhecidas), embora ainda permaneça uma linha interpretativa que prefira reconhecer ali, uma obra coletiva dos discípulos da Academia, com a participação do próprio Felipe de Opunte, responsáveis também pela redação do *Epinomis*"[43].

---

[40] VOEGELIN, E. *Ordem e história*: Platão e Aristóteles. Trad. Cecília Camargo Bartalotti. São Paulo: Loyola, 2009. v. 3. p. 276.

[41] Trazer uma participação popular plural, por exemplo, não significa que Platão muda por completo sua teoria.

[42] WINTON, R. I. & GARNSEY, P. Teoria política. In: FINLEY, M. *O legado da Grécia*: uma nova avaliação. Brasília: Ed. da UnB, 1998. p. 61.

[43] PEREIRA FILHO, G. *Uma filosofia da história em Platão*: o percurso histórico da cidade platônica de *As Leis*. 2. ed. São Paulo: Paulus, 2010. p. 149.

PLATÃO: O ATENIENSE EM *AS LEIS* | 33

Para compreender mais globalmente esse estudo platônico, é preciso atravessar a leitura de todos os seus diálogos[44]. Para nosso objeto de análise cabe atenção especial na relação e na mudança de posição da obra *A República* para a obra *As Leis*, pois, em seu projeto político, Platão tem em *A República* seu primeiro pensar, que se completa com *As Leis*, como veremos. Ensina Gilda Naécia Barros que:

> "O projeto político de *A República* completa-se com o de *As Leis*, permitindo a conjugação de ambos uma ideia do que Platão entendia por Paideia superior e o que deveria ser a formação geral do cidadão médio"[45].

Como vimos, na República, o governante, por suas próprias virtudes e pela justificação metafísica de coercibilidade, praticamente não se ocupa da legitimação de uma legislação própria, o que já se inverte na obra *As Leis*, quando o governante, ao legislar, deve colocar-se entre Deus e o homem, e buscar o consentimento dos governados a fim de propor uma legislação justa.

Realmente, um dos grandes problemas da efetivação da cidade de *A República*, o surgimento de um verdadeiro filósofo-rei na história é improvável. Além disso, por mais de uma vez Platão anotou que dificilmente a reunião absoluta de poder em um ser humano não acarretaria sua usurpação e, portanto, injustiça[46]. Tanto é assim que, lembremos, ele trata o verdadeiro filósofo quase como um deus[47]. Vejam-se a esse respeito algumas das passagens da obra:

> "Uns são filósofos, Gláucon, disse eu, e outros não ... Embora a discussão tenha durado muito, foi a custo que ficou evidente quem são uns e quem são os outros [...] as qualidades que convêm a eles são: coragem, magnanimidade, facilidade para aprender, memória [...] Uma natureza tal que conte com todos os pré-requisitos que são exigidos de quem vai ser um filósofo perfeito surge poucas vezes entre os homens e em pequeno número [...] Que a multidão seja filósofa, disse eu, é impossível"[48].

---

[44] CHÂTELET, F. *El nacimiento de la historia*. Trad. César Suarez Bacelar. Madri: Siglo XXI de España Editores, 1985. p. 213.

[45] BARROS, G. N. M. de. *Platão, Rousseau e o estado total apud* DALLARI, D. de A. *As Leis*. 2. ed. São Paulo: Edipro, 2010. Prefácio.

[46] Cf. PLATÃO. *As Leis*. 2. ed. Trad. Edson Bini. Prefácio de Dalmo Dallari. São Paulo: Edipro, 2010. 713d.

[47] Cf. PLATÃO. *A República*, 500d.

[48] PLATÃO. *A República*, 484a-494a.

"Pensa nisto! É provável que tenhas poucos filósofos... As qualidades da natureza que dissemos que eles deviam ter poucas vezes coexistem num mesmo espaço e, na maioria das vezes, ficam dispersas."[49]

Nesse sentido, a *politeia* platônica de *A República*, conquanto desejável e possível por ser conforme à natureza, é extremamente improvável. Não fosse pela dificuldade da existência de um verdadeiro filósofo, essa cidade seria também improvável pela dificuldade que o sábio enfrentaria para convencer a sociedade a livremente lhe obedecer, pela sua sabedoria[50].

Com efeito, acerca de *As Leis*, alguns comentadores equivocadamente asseveram que a obra em comento consiste apenas em um tratado sobre a "jurisprudência". Falha quem afirma isso, pois a tradução do termo *"Nomoi"* por *"Leis"* não pode ser interpretada como a palavra é vista na teoria jurídica moderna. Isso se dá em razão da difícil tarefa de transferir de um quadro de signos para outro algo tão rico como o vocábulo grego, em especial o termo *"Nomoi"*.

"O *nomos* de Platão, no entanto, está profundamente inserido no mito da natureza e tem uma amplitude de significado que inclui a ordem cósmica, os ritos dos festivais e as formas musicais. O pressuposto de que as leis são um tratado sobre 'jurisprudência' ignora essa variedade de sentidos e, inevitavelmente, destrói essência do pensamento de Platão"[51].

No mesmo sentido observa Edson Bini:

"Platão abarca não apenas o domínio estritamente jurídico, como também as áreas correlatas da política, da ética e mesmo da psicologia, da gnosiologia, da ontologia, além daquelas da matemática, da religião e da mitologia"[52].

A bem dizer, é marcante a amplitude semântica das *Nomoi*, e não por acaso, uma vez que Platão no fundo estava tentando fornecer subsídios completos para a fundação de uma nova cidade, e o pano de fundo disso era a

---

[49] PLATÃO. *A República*, 503b.

[50] Cf. STRAUSS, L. *Direito natural e história*. Lisboa: Edições 70, 2009. p. 122.

[51] VOEGELIN, E. *Ordem e história*: Platão e Aristóteles. Trad. Cecília Camargo Bartalotti. São Paulo: Loyola, 2009. v. 3. p. 275.

[52] Nota do tradutor Edson Bini. PLATÃO. *As Leis*. 2. ed. Trad. Edson Bini. Prefácio de Dalmo Dallari. São Paulo: Edipro, 2010.

PLATÃO: O ATENIENSE EM *AS LEIS* | 35

substituição dos fundamentos de uma sociedade baseada sobretudo na poesia religiosa de Homero. O teórico italiano Franco Trabattoni nos dá uma boa medida das diversas facetas envolvidas nessa tarefa, contando-nos sobre a gama de assuntos de que dava conta a poesia homérica, e que, então, ficarão a cargo das *Nomoi* que Platão pretende conceber em *As Leis*:

> "Os poemas homéricos constituíam para os gregos não somente um texto básico para a aquisição dos primeiros conhecimentos linguísticos, mas também representavam a principal fonte religiosa, jurídica e moral. Dessa situação nasce uma cultura que alguns estudiosos chamam de 'épico-homérica', na qual constantemente eram exaltados os cultos à coragem, à força, à honra; elogiavam-se os empenhos patrióticos, o respeito aos anciãos, a cordialidade em relação aos hóspedes e amigos; mas também a capacidade de se fazer respeitar, de punir os inimigos, e por intermédio de suas próprias atitudes obter poder e prestígio na sociedade. Esse modelo cultural era legitimado pelo comportamento dos próprios deuses olímpicos, que não faziam nada diferente do que os homens, o que oferecia uma cômoda justificação para as ações dos homens: paixões como a luxúria, a ira, a cobiça eram comuns também aos deuses de Homero, e por isso poderiam ser entendidos como aspectos lícitos e característicos da natureza humana"[53].

Para nossos estudos, portanto, não perderemos de vista a riqueza da obra e o que o termo *"nomoi"* significa; entretanto, nosso esforço se volverá efetivamente para as questões relacionadas à jurisprudência e à proposta política da segunda melhor cidade na obra *As Leis*.

Em nossa narrativa, contudo, em vez de imediatamente discorrermos sobre a proposta platônica na obra *As Leis*, entendemos importante uma interrupção de nosso texto, para que possamos descrever a crítica de Hans Kelsen em sua *A ilusão da Justiça*, para, consequentemente, envolvermos sua proposta crítica entre as duas fases platônicas com sua última obra proposta.

---

[53] TRABATTONI, F. *Platão*. São Paulo: Annablume, 2010. p. 36-37.

Capítulo 2

KELSEN, UM LEITOR DE PLATÃO

2.1
Alguns leitores de Platão

Antes de ingressarmos na obra de Kelsen sobre sua crítica a justiça, em especial a platônica, é preciso apontar algo inconteste. Nada de trivial há nisso, pois, como diz David Foster Wallace, "as realidades mais óbvias, onipresentes e fundamentais são com frequência as mais difíceis de ver e conversar a respeito"[1]. Lembrar daquilo que é óbvio e problematizá-lo é uma das tarefas típicas da filosofia.

Nesse caso, o que nos importa registrar de óbvio é que Kelsen é apenas mais um leitor de Platão, ou seja, alguém que se inscreve em uma longa tradição ou, para usar uma palavra neutra, em uma lista de leitores de Platão. Para destacarmos somente aqueles leitores da obra político-jurídica de Platão, comecemos anotando que essa lista começa já com Aristóteles, seu discípulo por cerca de vinte anos na Academia, que na *Política* teceu importantes comentários sobre *A República* e *As Leis* e ainda se inspirou em alguns dos temas dispostos por Platão.

---

[1] WALLACE, D. F. *Ficando longe do fato de já estar meio que longe de tudo*. São Paulo: Companhia das Letras, 2010. p. 637.

38 | O ERRO DE KELSEN · *Alvaro de Azevedo Gonzaga*

No século II, temos Cícero, que faz obra de título, no português, semelhante à de Platão, a *República*. No século V, temos Proclo Licio, um platônico que reafirma o pensamento do filósofo em suas obras *A República, Timeu, Alcibíades, Parmênides* e *Crátilo*.

Ao fim da idade antiga e iniciando a idade média, não podemos deixar de citar Santo Agostinho, que em sua obra *Cidade de Deus*[2] opera em uma perspectiva dualista nos moldes do pensamento platônico de forma reconhecida.

Avançando na Idade Média e no Renascimento, merecem menção as interpretações do filósofo francês do século XII Bernardo de Chartres (cerca de 1130-1160), o filósofo cristão Pedro Abelardo (1079-1142), o romano Egídio Romano (1243-1316), o italiano e tradutor da obra *A República* Uberto Decembrio (1350-1427), o Constantinoplano Manuele Crisolora (1350-1415), Pier Candido (1399-1477), Leonardo Bruni (1370-1444), Marsilio Ficino (1433-1499) e Jean Bodin (1530-1596)[3].

Modernamente, dois grandes leitores de Platão que serão eles próprios grandes filósofos são Kant[4] e Hegel[5]. No campo da história da filosofia, merecem destaque Eduard Zeller[6], George Grote[7] e Theodor Gomperz[8] com sua obra *Griechische Denker*, de 1896. Robert Von Pöhlmann[9] com *Geschichte des Antiken Sozialismus und Kommunismus*, de 1893, e Paul Natorp[10] com *Plato's Staat und Die Idee der Sozialpädagogik*, de 1895, apresentam versões de um Platão "socialista".

---

[2] AGOSTINHO. *A cidade de deus*. 4. ed. Lisboa: Fundação Calouste Gulbenkian, 2011.

[3] Cf. VEGETTI, M. *Um paradigma no céu*: Platão político, de Aristóteles ao século XX. São Paulo: Annablume, 2010. p. 43-66.

[4] KANT, I. *Crítica da razão pura*. 8. ed. Lisboa: Fundação Calouste Gulbenkian, 2013.

[5] HEGEL, G. W. F. *Lições de história da filosofia*. Lisboa: Porto Editora, 1995.

[6] ZELLER, E. *Platonische Studien*. Ulan Press, 2011.

[7] GROTE, G. *History of Greece*. Cambridge: Cambridge University Press – Print On, 2010.

[8] GOMPERZ, T. *Griechische Denker*. Verlag: Walter de Gruyter, Berlin und Leipzig, 1925.

[9] PÖHLMANN, R. Von. *Geschichte des Antiken Sozialismus und Kommunismus*. Adamant Media Corporation, 2002.

[10] NATORP, P. *Plato's Staat und Die Idee der Sozialpädagogik*. Berlin: C. Heymann, 1895.

Na Alemanha do início do século XX, destacam-se três intérpretes de linha humanista: Ulrich Von Wilamowitz[11], Werner Jaeger[12] e Julius Stenzel[13]. Há, na primeira metade desse século também, sabe-se, uma usurpação de Platão pela doutrina nazista[14].

No mesmo período histórico, a França, a Itália e a Inglaterra também foram pródigas em importantes estudiosos do nosso filósofo grego. Citem-se os maiores intérpretes desse período: Auguste Diès[15], Luigi Stefanini[16], Marino Gentile[17], Bertrand Russell[18] e Francis Macdonald Cornford[19]. Sobre Marino Gentile, registre-se que ele enquadra Kelsen como um dos intérpretes nazis de Platão.

É particularmente relevante para a visão do senso comum que atualmente as pessoas – e mesmo filósofos não especialistas em filosofia antiga – têm sobre Platão a perspectiva do filósofo grego como um engenheiro social totalitário e utópico defendida por Karl Popper[20], no primeiro volume de sua obra *The Open Society ans Its Enemies*: The Spell of Plato, publicado em 1944.

Por fim, destaquemos alguns dos mais importantes intérpretes do século XX que tentam, por assim dizer, defender Platão das críticas efetuadas por Popper. Um Platão liberal-democrata aparece nas obras de Charles Griswold[21] e Gregory Vlastos[22]. Um Platão utópico, diferentemente, é defendido por Hans Georg Gadamer[23].

---

[11] WILAMOWITZ, U. Von. *Platon*. Berlin: Weidmann, 1919.

[12] JAEGER, W. *Paideia*: a formação do homem grego. São Paulo: Martins Fontes, 2003.

[13] STENZEL, J. *Platon der Erzieher*. Leipzig: Felix Meiner, 1928.

[14] Conferir, por exemplo: HILDEBRANDT, K. *Platão*: a luta do espírito pela potência, de 1933, e BANNES, J. *Platons Staat und Hitlers Kampf*, também de 1933.

[15] DIÈS, A. Introduction a Platon. In: *La République*. Paris: Les Belles Lettres, 1932.

[16] STEFANINI, L. *Platone*. Padova: Cedam, 1935.

[17] GENTILE, M. *La Politica di Platone*. Padova: Cedam, 1939.

[18] RUSSELL, B. *The Practice and Theory of Bolshevism*. The Echo Library, 1980.

[19] CORNFORD, F. M. Plato's Commonwealth. In: *The Unwritten Philosophy and Other Essays*. Cambridge: The Cambridge University Press, 1967.

[20] POPPER, K. *The Open Society and Its Enemies*. London: Taylor & Francis, 2011.

[21] GRISWOLD, C. Le Libéralisme Platonicien. In: *Contre Platon*: le platonisme renversé. Paris: Vrin, 1995.

[22] VLASTOS, G. *Socratic studies*. Cambridge: The Cambridge University Press, 1994.

[23] GADAMER, H. G. *Ideia do bem entre Platão e Aristóteles*. São Paulo: Martins Fontes, 2010.

40 | **O ERRO DE KELSEN** · *Alvaro de Azevedo Gonzaga*

Leo Strauss[24] foi quem introduziu a visão de um Platão irônico, perspectiva levada adiante por, por exemplo, Allan Bloom[25] e Stanley Rosen[26]. Há até, mencione-se, quem tente despolitizar, em diferentes sentidos, a obra de Platão: Eric Vöegelin[27] e Julia Annas[28].

Todos os comentadores aqui destacados têm sua importância para a constante recuperação da memória e tradição platônica, seja pela crítica, seja pela idealização, seja pela tentativa de retratá-lo da maneira mais fiel possível. A seguir, analisaremos de forma mais detida as considerações de Kelsen acerca do pensamento platônico.

2.2
Considerações kelsenianas sobre o justo para Platão em *A ilusão da Justiça*

É momento, então, de considerar as observações de Hans Kelsen a respeito da Justiça, em especial a platônica, na obra *A ilusão da Justiça*.

Obra póstuma[29], *A ilusão da Justiça*[30], datada de 1985 (à exceção do seu primeiro livro, já anteriormente publicado, em 1933), expressa o acabamento da visão de Kelsen sobre o pensamento de Platão. Entende tal filósofo como a mais importante personalidade intelectual que procurou compreender a justiça, para, ao final, como veremos, concluir que em verdade o que Platão nos oferece é uma "ilusão da justiça" – daí o título eleito para a obra.

O texto apresenta-se dividido, do ponto de vista mais amplo, em uma introdução, acerca do dualismo platônico, e três livros: sobre o amor, a verdade e a justiça platônica.

No primeiro capítulo do livro, "O dualismo do Bem e do Mal", Kelsen coloca Jesus de Nazaré e Platão como ícones – e no mesmo patamar de importância histórica – no que concerne à temática da justiça: o primeiro

---

24 STRAUSS, L. *The city and man*. Chicago: The University of Chicago Press, 1964.

25 BLOOM, A. Interpretative essay. In: *The Republic of Plato*. 2. ed. New York: Basic Books, 1991.

26 ROSEN, S. *Plato's Republic*: a study. New Haven: Yale University Press, 2005.

27 VÖEGELIN, E. *Ordem e história*: Platão e Aristóteles. São Paulo: Loyola, 2009. v. III.

28 ANNAS, J. *Platonic ethics*: old and new. Cornell University Press, 1999.

29 Kelsen morreu em 19 de abril de 1973.

30 KELSEN, H. *A ilusão da justiça*. São Paulo: Martins Fontes, 2008.

KELSEN, UM LEITOR DE PLATÃO | 41

destacando-se pelos exemplos práticos de sua vida e o último pela doutrina decorrente da especulação filosófica.

Destaque-se que a filosofia de Platão é em essência uma grandiosa reflexão "ética, impregnada de ardor religioso e fantasia poética, acerca do Bem e seu oposto, o Mal". É assim que, afirma Kelsen, "a filosofia platônica encontra-se sob o signo de um dualismo radical"[31].

De fato, há uma duplicidade de mundos no pensamento platônico: o primeiro deles – e de algum modo superior, para Platão – é o do Ser, da Forma, da Ideia, da Realidade, da unidade, no qual não se fala em tempo e em espaço; o segundo, por seu turno, é o mundo do espaço e do tempo, das aparências, do vir a ser, do não ser, da matéria, da multiplicidade. O conhecimento (*episteme*) é algo do primeiro mundo; as opiniões (*doxa*), do último[32].

Kelsen sintetiza todos esses pares de oposições em uma dupla que, a seu ver, organiza e sintetiza todo o dualismo multiforme de Platão: a oposição entre o Além divino e supraterreno e o Aqui humano e terreno – composição que em seu sentido original e última instância, diz o jurista de Praga, é uma expressão do antagonismo entre Bem e Mal.

Para visualizar o exposto, Kelsen remonta a obra máxima de Platão, *A República*, na qual a existência terrena da alma é comparada ao deus marinho cuja feição originária revela-se desconfigurada em razão de as conchas, algas e pedras terem se anexado firmemente a ele: essa é, outrossim, a existência terrena da alma, âmbito no qual esta sofre a consequência de diversos males. Dito de outro modo, no mundo terreno a verdadeira essência da alma – aparentada que é "ao divino, ao imortal e ao que eternamente é"[33] – resta eclipsada pelo acréscimo de terra e de pedra que se apegam a ela.

Do ponto de vista antropológico, mostra Platão, especialmente no *Fédon*, esse dualismo cosmológico está inscrito na oposição entre alma e corpo. A alma está associada às noções de invisível, de não perceptível pelos sentidos, de uno, daquilo que permanece eternamente igual a si próprio, de divino,

---

[31] KELSEN, H. *A ilusão da justiça*. São Paulo: Martins Fontes, 2008. p. 2.

[32] Importante observar que "o ser" e o "não ser", em Platão, não possuem um caráter de total oposição. O não ser não necessariamente é o oposto do ser, apenas algo diverso. Em Sofistas 256d-259b, evidencia-se isso quando se depreende que o Ser é múltiplo, porque muitas são as coisas que são, e o Não Ser é uma multidão indefinida, pois indefinido será o número de coisas que não são cada uma das que são. Em outras palavras, o conhecimento é sempre verdadeiro, já a opinião (verdadeira ou falsa) pode não ser falsa sendo verdadeira.

[33] KELSEN, H. *A ilusão da justiça*. São Paulo: Martins Fontes, 2008. p. 3.

42 | O ERRO DE KELSEN · *Alvaro de Azevedo Gonzaga*

de imortal; o corpo, por seu turno, está associado às noções de humano, de mortal, de multiforme, de sensível, daquilo que nunca permanece o mesmo.

Se a alma em si pode conhecer o Bem, por ser essencialmente boa e capaz do conhecimento racional, é certo que isso não se pode dar enquanto ela estiver atada a um corpo: nesse ínterim ela sempre está como que tolhida, sendo arrastada por este na "direção daquilo que jamais permanece idêntico a si próprio"[34]. Nesse estado, a própria alma é afundada na hesitação, "titubeando como se estivesse embriagada"[35].

Ora, se o ser bom se identifica com conhecer o Bem, com a inteligência do Bem, o Mal em Platão aparece identificado com o fato de a alma estar conectada a um corpo. Assim é que o filósofo, por exemplo, é aquele que tem o corpo na mais baixa conta possível – ainda que não seja possível dele se livrar na condição humana.

Com efeito, com esse destaque dado ao Bem e ao Mal, vê-se que tais oposições confluem todas, no limite, para o sentido fundamental do pensamento platônico, que é o sentido ético. Diz Kelsen: "O dualismo ético do Bem e do Mal é, por assim dizer, o mais interior dos anéis, circundado pelos dualismos epistemológico e ontológico que nele se emaranham e dele brotam"[36].

O problema genético que encaminha a famosa doutrina das ideias de Platão – sempre contraposta às coisas perceptíveis pelos sentidos – não é outro que o problema socrático sobre a essência do moralmente bom: "a questão que indaga sobre o que, verdadeiramente, é bom ou ruim (mau) nas coisas e, particularmente, nas ações humanas"[37].

Esse é um ponto particularmente interessante para o direito, pois tem-se que o juízo moral de valor, por exprimir um valor objetivo, pode definir se um comportamento está ou não de acordo com o que deve ser. A ideia – no sentido rigoroso que Platão empresta ao termo – possui um caráter normativo.

Para além disso, importa notar que, se para Platão o Bem absoluto parece ser a estrela-guia, a meta, isso desde diversas facetas, tal escopo não se coloca – nem sequer é concebível – sem referência ao Mal. É verdade que

---

[34] KELSEN, H. *A ilusão da justiça*. São Paulo: Martins Fontes, 2008. p. 5.

[35] KELSEN, H. *A ilusão da justiça*. São Paulo: Martins Fontes, 2008. p. 6.

[36] KELSEN, H. *A ilusão da justiça*. São Paulo: Martins Fontes, 2008. p. 7.

[37] KELSEN, H. *A ilusão da justiça*. São Paulo: Martins Fontes, 2008. p. 7.

para o Bem volta-se não só o pensamento, principalmente o querer do filósofo, a quem Kelsen atribui a alcunha de "eticista". Mais do que uma doutrina do Bem, a filosofia de Platão é uma especulação acerca do Bem e do Mal. Conjugando a doutrina com o que considera ser a personalidade de Platão, Kelsen diz:

> "Sua postura parece a de um homem que teme o Mal, o Mal que tem dentro de si, o Mal do qual se considera capaz. É a postura de um homem de exagerada sensibilidade moral, em que o anseio por pureza e a vontade do ideal são particularmente intensos, e daí a consciência sempre viva da enorme distância entre sua realidade e o ideal"[38].

Nas obras de maturidade, inclusive, Platão passa a admitir não só o mal das percepções do mundo sensível, mas mesmo uma ideia do Mal. Para tanto, modifica um pouco sua concepção de alma, que passa a ser compreendida, desde *A República*, como algo com impulso tanto para o Bem como para o Mal. Finalmente, em *As Leis*, admite-se a existência de pelo menos duas almas no mundo: uma a exercer o Bem e outra a desempenhar o sentido oposto, ou seja, o Mal.

Em "O dualismo na filosofia grega", segundo Capítulo do livro, Kelsen procura mostrar como na tradição grega que antecedeu Platão já se encontrava presente o debate relativo ao dualismo. Aliás, diz ele, todos os sistemas religiosos exibem um caráter dualista mais ou menos evidente. Cita-se como primeiro paradigma desse tipo de pensamento a doutrina Ormuz-Ariman de Zaratustra, dando a conhecer que, mesmo que Platão tenha evitado falar da existência de um deus mau, ou um antideus, havia o reconhecimento da força dessa possibilidade.

O grande exemplo disso, não obstante, está naquela que é tida como a mais antiga especulação teológica dos gregos que conhecemos: a *Teogonia*, de Hesíodo. Essa obra retrata o conflito entre os mais jovens deuses, capitaneados por Zeus, e os deuses mais antigos, os deuses titânicos – e todo o cenário e as qualidades da luta delineiam inequivocamente uma oposição entre o Bem e o Mal. Tanto é assim que a batalha termina com a vitória dos deuses olímpicos e o lançamento dos titãs na escuridão do Tártaro.

Encontra-se tal tendência mesmo na filosofia natural que antecedeu o pensamento socrático-platônico: Tales de Mileto, Anaximandro, Anaxímenes e outros tantos buscam identificar um "princípio fundamental a partir do qual

---

[38] KELSEN, H. *A ilusão da justiça*. São Paulo: Martins Fontes, 2008. p. 11.

O mundo possa ser explicado como uno, e têm em mente algo que governa o mundo como um monarca absoluto"[39].

É na doutrina órfico-pitagórica, entretanto, que Platão bebe diretamente para construir seu pensamento de oposição, por assim dizer. Já esse pensamento propugna a oposição entre uma alma unificada – adstrita às noções de divino e supraterreno – e um corpo maculado.

Em alguma medida, diz Kelsen, a filosofia social de Platão encontra também esse par de opostos na comunidade, vendo no filósofo a incorporação do Bem – por sua sabedoria – e na massa do povo o contrário disso – por sua ignorância. Por isso, analisa-se, os filósofos estariam qualificados para a dominação, exsurgindo-se a oposição política entre dominadores e dominados. Em *A República* isso também se reproduz: trata-se de um estado de duas classes, no qual, no interior da classe dominante dos vigilantes, os filósofos dão as diretrizes gerais para a dominação do outro – a outra classe: os trabalhadores, aqueles a quem hoje denominaríamos sociedade civil.

Kelsen trata de mostrar como, da vertente ética e normativa, o dualismo originário entre Bem e Mal informa-se por uma reflexão cujo desiderato é fazer do Mal simplesmente a negação do Bem, no Capítulo 3, "A absolutização do dualismo". Não está em jogo um debate voltado para a epistemologia da realidade em si – assim sendo, busca-se relativizar o Mal na máxima medida possível.

A história do pensamento grego revela como com o desenvolvimento do conhecimento da natureza, opostos absolutos, passando-se a admitir patamares medianos, transições graduais. Em uma palavra, funda-se a ideia de "evolução". Diz Kelsen: "Há aí uma mudança decisiva: também o Mal, e não apenas o Bem, é reconhecido como algo que é, como real, e a realidade empírica não apenas como má, mas como boa também, como uma mescla de Bem e Mal"[40].

Platão teve consciência disso, visto que haveria um problema de anulação na concepção absolutista, por assim dizer, que o antecedeu: neste mundo, não poderia haver nada próximo ao Bem, dado que o mundo empírico, da aparência, do vir a ser encontra-se desligado do Ser. De outra feita, tampouco poderia haver neste mundo o Mal, pois, como toda realidade empírica, não lhe caberia nada de Ser verdadeiro, no sentido substantivo da palavra.

---

[39] KELSEN, H. *A ilusão da justiça*. São Paulo: Martins Fontes, 2008. p. 20.

[40] KELSEN, H. *A ilusão da justiça*. São Paulo: Martins Fontes, 2008. p. 35.

KELSEN, UM LEITOR DE PLATÃO | 45

Na linha das observações supra, Kelsen vê no pensamento de Platão um verdadeiro esforço de relativização do dualismo entre Bem e Mal. Identifica em *A República*, por exemplo, e nesse sentido a passagem em que "as coisas no Aqui do mundo sensível são caracterizadas como 'cópias' ou 'sombras' das 'coisas lá de cima', isto é, das ideias", como se observa no Capítulo 4, "A relativização do dualismo"[41].

Nas balizas desse quadro referencial, então, para falar, por exemplo, da justiça, é preciso assinalar que não há como a encontrar em si na realidade empírica. Nesse âmbito, contudo, ainda que se esteja sob a marca da opinião (e distante, pois, do conhecimento verdadeiro), é possível encontrar o justo em "um estágio intermediário entre o absolutamente Justo – que é o Ser pleno – e o absolutamente Injusto – o pleno Não ser"[42]. Aqui nos parece que Kelsen apropria-se do conteúdo platônico de conhecimento verdadeiro para poder criticar o justo; entretanto, ignora o caráter de não oposição entre o ser e o não ser ao traçar o dualismo entre justo e injusto.

O Capítulo 5 tem o escopo principal de marcar aquilo que, para Kelsen, é o principal movente da filosofia de Platão: sua própria personalidade e vida, sendo ele descrito não como um pensador contemplativo e frio, cuja atenção está voltada exclusivamente para observar e descobrir o movimento do desenvolvimento interior e exterior dos homens; pelo contrário, anota Kelsen, Platão foi um homem cuja alma era agitada "pelos mais poderosos afetos"[43], tendo, pois, sua trajetória sido profundamente determinada pela paixão do amor, pelo Eros. Chega-se mesmo a afirmar que a "paixão político-pedagógica brota da fonte de seu Eros"[44].

Kelsen associa a relação do indivíduo com a sociedade à disposição homossexual e aborda esse assunto no sexto capítulo do livro, "O Eros homossexual". A seu ver, a significatividade disso residiria na obediência às normas que se verifica com esse tipo de sentimento, na questão da equalização entre um e outro:

> "Com muito maior intensidade do que no Eros normal, apresenta-se vivo no amor homossexual de um homem pelo outro, paralelamente ao desejo de uma entrega submissa e mesmo total, a vontade de dominação sobre o ser amado, a vontade de poder sobre os seres humanos"[45].

---

[41] KELSEN, H. *A ilusão da justiça*. São Paulo: Martins Fontes, 2008. p. 41.

[42] KELSEN, H. *A ilusão da justiça*. São Paulo: Martins Fontes, 2008. p. 45.

[43] KELSEN, H. *A ilusão da justiça*. São Paulo: Martins Fontes, 2008. p. 64.

[44] KELSEN, H. *A ilusão da justiça*. São Paulo: Martins Fontes, 2008. p. 64.

[45] KELSEN, H. *A ilusão da justiça*. São Paulo: Martins Fontes, 2008. p. 66.

Kelsen aproveita a princípio para expor algumas características físicas de Platão – nome que recebeu ante a sua avantajada constituição física, pois que se sabe que o seu verdadeiro nome era Arístocles – em "A relação de Platão com a família", sétimo tema da obra. *A República* é uma boa expressão de como considerava importante a instituição da família. Não sabendo como expor de outro modo a questão da duplicação do Bem, vale-se o filósofo de uma metáfora familiar: não sendo possível falar do Bem em si, pode-se falar ao menos do filho do Bem, filho esse gerado à sua imagem e semelhança.

A curiosidade notada pelo jurista fica por conta da aparente ambiguidade encontrada no fato de Platão ter externado tanto respeito por seus familiares – diversos deles personagens ou ao menos mencionados em suas obras: Aríston (pai), Gláucon (irmão), Adimanto (irmão), Cármides (meio-irmão), Crítias (meio-irmão) etc. – e, ao mesmo tempo, ter defendido, em *A República*, a abolição da família calcada na tradicional união sexual entre homem e mulher.

Kelsen assinala no início do Capítulo 8 que "não resta dúvida de que Platão vê no princípio masculino o Bem, e no feminino, o Mal"[46]. No *Filebo*, essa afirmativa se fundamenta no dado de que a oposição entre o Bem e o Mal é delineada com o Bem sendo identificado à razão e esta ao "rei" do céu e da terra (uma figura masculina, pois), e o Mal, por seu turno, sendo identificado ao prazer e este a Afrodite (uma divindade feminina, pois).

No *Timeu*, igualmente, "o filósofo compara aquilo que é, a ideia ou o 'modelar', ao pai; e a matéria, emergente no lugar do não ser, onde o devir vem a ser (o substrato do vir-a-ser), à mãe"[47]. Também no *Banquete*, o pai é visto como a Riqueza, filho da Inteligência, e a mãe é a insensata Pobreza.

Não tão diferentemente, em *A República*, dentro da ordem que se estabelece para a classe dominante, a dos guardiões, a mulher de saída é equiparada ao homem em termos de funções a exercer, inclusive no que concerne ao exercício militar. Não tão diferentemente, disse-se, porque para Kelsen isso se deve ao fato de Platão ignorar a mulher como tal, não reconhecer sua singularidade sexual, ser insensível a isso. Com efeito, no *Político* essa situação é levada ao limite, uma vez que na Idade de Ouro narrada a reprodução sexuada é abolida.

O Eros pederasta é tratado no Capítulo 9 da obra, e, conforme aludido, se Platão não possuía noção da singularidade sexual da mulher, tampouco

---

[46] KELSEN, H. *A ilusão da justiça*. São Paulo: Martins Fontes, 2008. p. 73.

[47] KELSEN, H. *A ilusão da justiça*. São Paulo: Martins Fontes, 2008. p. 73.

KELSEN, UM LEITOR DE PLATÃO | **47**

experimentou o amor por uma mulher, e, ainda, se falou do amor como algo tão central, temos que ele só pode tê-lo feito da perspectiva sexual da pederastia, mesmo que não se ignore que em alguns momentos da obra Eros tem uma conotação espiritualizada.

No *Banquete*, os discursos são levados a efeito como elogios da pederastia. No *Fedro*, tanto mais, o componente sexual homossexual é apresentado como a base do surgimento do Eros espiritualizado. Comenta Kelsen, sobre as passagens dessa obra: "O Eros que a visão do belo corpo do jovem libera é aqui interpretada como a lembrança da visão do absolutamente Belo, do qual a alma participava no Além"[48].

Em *A República*, a única serventia do amor entre os dois diferentes sexos parece ser o controle populacional do Estado ideal. O amor entre homens do mesmo sexo parece ter uma dignidade superior por ser o único que permite acesso a uma dimensão que dispensa a satisfação do impulso sexual: o amor verdadeiro é mostrado como algo que prescinde de todo prazer sensível.

O autor remonta o trajeto da pederastia desde o momento mais remoto conhecido, partindo dos conhecidos costumes homossexuais e relacionamentos entre senhores de idade mais avançada e jovens nos Estados dóricos, aparentemente restrito à camada social superior e justificado na função militar de tal setor. Esse assunto é suscitado no décimo capítulo da obra.

Contudo, a religião olímpica grega em nada está em consonância com isso. Na *Teogonia*, Hesíodo apresenta o nascimento dos deuses como resultado de uma relação sexual normal. Já Aristófanes, tanto nas *Nuvens* como nos *Pássaros*, reprime diretamente, reputando-o de imoral, o Eros homossexual.

Os escritos de Xenofonte são bom testemunho de como a opinião pública também rejeitava a pederastia como imoral. Esse autor, lembrando Sócrates, alude ao que ele teria dito de Crítias: "Ao que parece, Crítias tem algo da natureza dos porcos, pois gostaria muito de esfregar-se em Eutidemo, tal como os leitões nas pedras"[49].

Ao que se sabe, a própria legislação ateniense era dotada de disposições de cristalina tendência antipederasta. Diz Kelsen: "Se a pederastia era punível apenas quando comprável e profissional, ela, não obstante, era tida por moralmente condenável qualquer que fosse o caso. Mesmo Platão, ele em si um pederasta, atesta em suas obras esse sentido do entendimento da questão tal qual concebido pelos atenienses no geral. Há uma razão para isso: "O

---

[48] KELSEN, H. *A ilusão da justiça*. São Paulo: Martins Fontes, 2008. p. 82.

[49] KELSEN, H. *A ilusão da justiça*. São Paulo: Martins Fontes, 2008. p. 96.

instinto primordial de autoconservação da sociedade tem de defender-se de uma modalidade do Eros que, uma vez generalizada, conduz à morte social, ao desaparecimento do grupo, pela ausência de reprodução"[50].

Destaca-se no Capítulo 11, "O conflito de Platão com a sociedade", a diferença tênue da situação pela qual passou Platão, um pederasta que viveu exclusivamente o amor homossexual, e outros homens que também experimentaram o amor masculino, como Sólon, Ésquilo e Sófocles, notadamente na fase de juventude, mas que depois se casaram e tiveram descendentes. Eram tais homens encarados, como bissexuais, como portadores de um rico desdobramento do impulso sexual, até porque tal postura não comprometia o aspecto social – de geração de filhos – da relação heterossexual.

Kelsen frisa como Sócrates saiu-se puro e incólume de todas as suas aventuras amorosas, envolvendo-se nesse manto de castidade levado adiante como um ideal por Platão, conforme se alude no décimo segundo capítulo. No *Banquete*, por exemplo, o jovem Alcibíades narra como ficou fascinado pelo espírito de Sócrates, e depois se viu comovido e subjugado a esse homem: "Ao ouvi-lo falar, o coração bateu-lhe mais forte do que o dos dançarinos coribantes e as lágrimas escorreram-lhe pelo rosto"[51]. O Eros que Sócrates despertava era um Eros que fascinava almas de garotos cheios de desejo por cultura espiritual.

No Capítulo 13, "O pessimismo platônico", o *Górgias* e o *Fédon* refletem uma atmosfera marcadamente pessimista. Nessas obras resta sublinhado o caráter da falta de verdade da vida no Aqui. O corpo aparece como uma prisão da alma, prisão essa da qual o filósofo, que assume assim uma feição antissocial, deve fugir assim que houver boa oportunidade.

Aliás, se se dispõe a cumprir a contento seu destino, que nada mais é do que separar a alma do corpo, o filósofo deve apartar-se da vida e, especialmente, do amor. Diz Kelsen: "A oposição entre as ideias, eternamente imutáveis e invisíveis, e as coisas, em constante transformação e perceptíveis pelos sentidos, é atada à oposição entre alma e corpo, apresentada bem aqui, visivelmente, como oposição entre o Bem e o Mal"[52].

O extremo pessimismo e rigor com que Platão trata em alguns momentos de sua obra do Aqui – especialmente a partir da absolutização da oposição entre Bem e Mal: isso de modo algum é uma tendência majoritária em

---

[50]   KELSEN, H. *A ilusão da justiça*. São Paulo: Martins Fontes, 2008. p. 103.

[51]   KELSEN, H. *A ilusão da justiça*. São Paulo: Martins Fontes, 2008. p. 108.

[52]   KELSEN, H. *A ilusão da justiça*. São Paulo: Martins Fontes, 2008. p. 113.

KELSEN, UM LEITOR DE PLATÃO | **49**

sua vida, tanto no que diz respeito à sua conduta pessoal como no que tange ao seu pensamento. Pelo contrário, diz Kelsen no 14º Capítulo do livro que o que se verifica é uma "tendência oposta: a vontade de viver e de amar"[53], e disso é testemunha uma das obras mais belas já escritas, *O Banquete*, que pode ser dito um elogio ao Eros.

Desde logo, o *Banquete* exprime um Eros sociável, conquanto voltado para o amor homossexual e se confrontando, assim, com as censuras habituais à pederastia – não mencionadas no texto, mas por certo supostas. Assinala Kelsen que, sem Eros:

> "[...] nem o indivíduo nem, sobretudo, o Estado são capazes de produzir obras grandes e belas, posto que a relação entre amante e amado desperta e abriga a dignidade, a coragem, a disposição para o sacrifício pessoal – todas, qualidades que garantem a existência da sociedade"[54].

À personagem de Aristófanes, comediógrafo que, como vimos, havia sido um detrator da pederastia, Platão curiosamente reserva o discurso que não simplesmente assegura a posição do homossexual masculino, mas fá-lo mediante o mito da cara-metade, que entre outras funções representa a defesa desse tipo de amor da acusação de ser contrário à natureza.

Finalmente, o discurso de Diotima envolve a redenção derradeira de Platão ao Eros. Este, ensina Diotima, é justamente o que está mesclado de Bem e Mal, algo intermediário entre a matéria e a forma, o humano e o divino, o terreno e o celestial. Descreve Kelsen: "O estado amoroso é caracterizado como 'delírio', e esse delírio não é, de modo algum, apresentado como algo absolutamente ruim, mas como algo relativamente bom, como um delírio divino"[55].

Não é de somenos importância o dado de que Platão destaque, mediante o discurso de Diotima no *Banquete*, o caráter social agregador de Eros. Aliás, os mais importantes frutos de Eros são não as obras de arte, mas a ordem social, as constituições e as leis, ou seja, elementos próximos à justiça – esse o grande tema de Platão. Sobre isso, leciona Kelsen no Capítulo 15 da obra: "Revela-se aqui com a máxima nitidez o vínculo interior existente entre o Eros platônico e seu desejo de poder sobre os homens, entre as suas paixões erótica e político-pedagógica"[56].

---

53 KELSEN, H. *A ilusão da justiça*. São Paulo: Martins Fontes, 2008. p. 116.

54 KELSEN, H. *A ilusão da justiça*. São Paulo: Martins Fontes, 2008. p. 120.

55 KELSEN, H. *A ilusão da justiça*. São Paulo: Martins Fontes, 2008. p. 135.

56 KELSEN, H. *A ilusão da justiça*. São Paulo: Martins Fontes, 2008. p. 139.

50 | O ERRO DE KELSEN · *Alvaro de Azevedo Gonzaga*

Nesse ponto, Kelsen passa a externalizar seu posicionamento a respeito de Sócrates, notadamente do Sócrates que se cogita tenha sido o mais próximo do Sócrates histórico, ou seja, aquele dos diálogos ditos de juventude de Platão e também dos textos de Xenofonte.

Para o jurista de Praga, Sócrates tinha um desejo interno profundo pela vitória sobre outrem que sua postura intelectual só faz revelar. Por muitas das discussões densas e extremamente teóricas de Sócrates narradas por Platão restarem aporéticas, entende-se que o seu objetivo era unicamente a satisfação pessoal. Assevera Kelsen: "O que importa a Sócrates em seus muitos é simplesmente derrotar o adversário com a dialética formal de seu jogo virtuosisticamente construído de perguntas e respostas"[57].

No Capítulo 16, "A virtude é saber: uma ideologia da *paideia*", o autor retoma a tese de Platão e de Sócrates segundo a qual virtude é saber e, assim sendo, é algo ensinável. Nesse ínterim, aquele que sabe a respeito do Bem deseja-o e pratica-o; *a contrario sensu*, temos que ninguém pratica o Mal consciente ou voluntariamente. Para Kelsen, tal tese é estranha e mostra como para Sócrates o desejo de exercer domínio sobre os homens era mais forte do que a necessidade de conhecer as coisas.

Kelsen continua apontando o que entende como uma circularidade no pensamento platônico, que chega a reputar de um pensamento sofístico: "A virtude é o saber acerca da virtude, o Bem, o saber do Bem, e justo é aquele que sabe a respeito do justo"[58].

Então, para Kelsen, a tese da possibilidade de ensino da virtude é como um instrumento de que Platão faz uso para exercer sua vontade de poder, já que mediante essa ideologia ele, supostamente o único filósofo verdadeiro, poderia arrogar para si o direito de governar o Estado. Tal vontade de poder, assim, expressa-se além de tudo em um modelo antidemocrático. Mesmo o mergulho espiritualmente mais rico de Platão, o do "conhece-te a ti mesmo", é lido como uma evidência nada afeita à democracia, isso na medida em que poderia ser interpretado como uma ordenação para que cada um, ao se conhecer, faça apenas o que já é seu – por exemplo, ao sapateiro não se abririam opções diferentes do que a de fazer sapatos.

No Capítulo 17, Kelsen aponta que, tal qual em toda relação que envolve alguém no domínio de outro, também o projeto pedagógico de Platão se centra, em última análise, não na esfera ético-racional, mas na esfera religio-

---

57 KELSEN, H. *A ilusão da justiça*. São Paulo: Martins Fontes, 2008. p. 141.

58 KELSEN, H. *A ilusão da justiça*. São Paulo: Martins Fontes, 2008. p. 143.

KELSEN, UM LEITOR DE PLATÃO | 51

sa. Diz ele: "Somente a vontade absolutamente boa tem direito à obediência incondicional, razão pela qual, em última instância, a dominação só se sente legitimada enquanto mediação da vontade divina"[59].

Kelsen assenta que a base de toda metafísica platônica foi sua profunda religiosidade. Nessa quadra, a consciência da ignorância de Sócrates é refundada e passa a constituir uma transcendência de todo o conhecimento, transcendência especialmente do objeto último de todo o saber, o Bem, que já não é considerado apoderável pelo conhecimento, mas – e tão somente – pelo misticismo religioso, como se verifica no Capítulo 18 do opúsculo.

Mostra-se também como, movido pelo seu intenso *kratos*, Platão transporta para o Estado a concepção educacional, transformando-o em verdade em uma grande instituição de ensino. Como já se havia sugerido anteriormente, a tese de que a virtude é rememorável, transportada para o campo mais amplo da política, não serve mais para justificar o domínio do mestre sobre o discípulo, passando agora a fundamentar o principal dogma da filosofia política de *A República*: o governo do filósofo[60].

Kelsen tenta novamente desvendar a personalidade e as supostamente não declaradas pretensões de Platão, assinalando que, antes de um cientista rigoroso e um filósofo teórico, ele teria sido um político, isso é apresentado em "Platão como político", Capítulo 19 do livro. Sua pretensão intelectual está menos em um conhecimento do ser empírico do que no dever-ser transcendente, apontando a prevalência das questões morais sobre as questões de conhecimento[61].

Na famosa Carta VII, aparentemente prestando contas de sua vida e proferindo suas recomendações, Platão diz que o principal escopo da *pai-*

---

[59] KELSEN, H. *A ilusão da justiça*. São Paulo: Martins Fontes, 2008. p. 149.

[60] Em que pese nosso trabalho não buscar justificar a doutrina kelseniana com relação à Ciência do Direito, é importante observar que a crítica exposta, por Kelsen a Platão, pode, em certa medida, aplicar-se de forma reflexa a ele. Isso porque, embora Kelsen pretenda uma total separação entre as instâncias científicas e políticas, sua própria sistematização do direito no modelo da teoria, ao fundamentá-lo com base em um pressuposto lógico transcendental (norma hipotética fundamental), também possui o mesmo escopo teológico, transferindo o local das verdades dogmatizantes para o Estado.

[61] A crítica kelseniana segue uma perspectiva moderna de partição entre conhecimentos rigorosamente científicos, morais ou políticos. Tal partição são que são típicas da modernidade. Tal separação radical não existia na antiguidade clássica, logo mais uma vez Kelsen usa de um critério epistemológico da modernidade para formular uma crítica à filosofia platônica que não se fundava nas mesmas bases epistemológicas.

deia deve ser não o conhecimento pelo conhecimento, mas a orientação das pessoas para o Bem e para a justiça, em que contribui o reforço dos laços de amizade. Cite-se Kelsen:

> Já o fato de ser a justiça o ponto crucial de sua filosofia, ao qual todos os demais se subordinam, revela que lhe importava encontrar um embasamento moral para a ação. Se ele prova alguma coisa com seus diálogos socráticos, é não ser dado àquilo que eles buscam o puro conhecimento, pois este não é capaz de resolver, mas apenas diluir a questão da justiça – ainda que não seja essa sua intenção; e que o problema da justiça, junto com a crença nela, sobrevive graças unicamente à necessidade indestrutível do homem que quer e age[62].

O 20º Capítulo da obra demonstra que o propósito é cuidar da tênue distinção entre o impulso monárquico que acometia o próprio Platão da tirania. Diz-se que o filósofo, conquanto vivesse de acordo com seu Eu-ideal que se contraporia às suas inclinações naturais, exigindo que no seu próprio interior reinasse a razão, não conseguia evitar o medo de se ver tomado por um Eros ruim que encaminhasse sua transformação para um tirano. Por isso mesmo, em muitas ocasiões, ele sentiu-se afastado da política prática, receoso de sucumbir às características tirânicas. Em oposição a isso, temos Cálicles no *Górgias* sublinhando que um jovem se ocupar de filosofia é coisa esperada e louvável, mas um homem mais velho permanecer nisso é coisa que o faz ridículo, visto que se esperaria dele que se voltasse a essas coisas ditas mais importantes do Estado.

Em "A pretensão platônica pelo poder em *A República*", 21º Capítulo do livro, o que se debate é a famosa questão da ascensão ao poder do filósofo, o governo do filósofo-rei. Ora, de um lado é certo que essa era uma condição essencial para um bom governo, segundo Platão. Lembra Kelsen do exemplo do timoneiro: assim como não se coloca um amador para comandar um barco, mas o timoneiro treinado, também na política, e no governo da cidade, não pode ocupar espaço alguém que para isso não tenha a aptidão natural e o preparo necessário.

Uma das dificuldades que resta clara ao longo do texto de *A República* é esta: "[...] por um lado, ele explica que apenas o verdadeiro Estado garante a formação de verdadeiros filósofos, mas, por outro, declara que esse verdadeiro Estado só se torna possível com a chegada dos verdadeiros filósofos ao poder"[63].

---

[62] KELSEN, H. *A ilusão da justiça*. São Paulo: Martins Fontes, 2008. p. 154.

[63] KELSEN, H. *A ilusão da justiça*. São Paulo: Martins Fontes, 2008. p. 164.

KELSEN, UM LEITOR DE PLATÃO | **53**

De fato, essa foi uma das dificuldades encontradas por Platão e que podem indicar que a obra de fato não pretendia propor um projeto político pensado para se realizar tal qual. Assim é que, mesmo que se pudesse falar em um filósofo, dificilmente este conseguiria convencer as pessoas a lhe emprestarem o poder de governar a cidade sozinho, como um rei. Assim, ficam as perguntas quanto a esse problema: como é possível superar o Estado presente; qual a trilha para o primeiro bom governo?

Kelsen, no vigésimo segundo capítulo, "A pretensão platônica pelo poder no *Político* e nas *Leis*", presta-se a destacar que, se no *Político* Platão realça com ainda maior vigor que o melhor governo é o governo livre do sábio, ou seja, o governo no qual ele exerça o poder sem estar adstrito a qualquer legislação, e identificando o governo com a ciência – talvez aqui fundando a noção de ciência política –, em *As Leis*, conquanto reconheça isso também, propõe esse novo regime, agora com normas repousando em leis, o qual expressa segundo melhor Estado.

Kelsen observa que a paixão política de Platão não se nos revela apenas em suas obras, mas igualmente em sua vida prática, conforme destaca no Capítulo 23. A aventura em Siracusa, para onde partiu pela primeira vez aos 40 anos para tentar impregnar o governante local de suas ideias, é vista como uma expressão disso.

No segundo livro, aponta no 24º Capítulo da obra que a famosa Academia de Platão não foi apenas uma escola de sabedoria, um local calmo, de cultivo da pura ciência, pois teve papel fundamental na sangrenta empreitada de Díon, e não era exatamente constituída apenas de eruditos, mas da clientela aristocrática. Ademais, tinha molde nas comunidades pitagóricas e era uma coletividade baseada no Eros e na religião platônicos.

Em "Platão e a ciência rigorosa", 25º Capítulo do livro, reitera-se o pouco interesse que Platão tinha na ciência exata e na natureza. Lembra-se de uma fala de Sócrates no diálogo *Fedro*: "As árvores do campo nada têm a me ensinar, somente os homens da cidade"[64].

Nem mesmo a realidade, no sentido rigoroso do termo, dos homens da cidade teria interessado Platão. Especificamente, o que lhe tocava era sua virtude, o seu ideal moral; suas preferências transcendentais se limitavam aos contornos da ética. Mesmo no *Timeu*, que aparentemente seria uma obra próxima da ciência natural, o que importa é que a exposição do mito do criador do mundo também se reveste de um caráter ético-religioso.

---

[64] KELSEN, H. *A ilusão da justiça*. São Paulo: Martins Fontes, 2008. p. 179.

O Capítulo 26, "A ciência natural em Platão", alude que, comparada ao papel da pura especulação conceitual da dialética, a ciência natural das matemáticas é apenas o mesmo que a imagem especular das coisas é para as coisas em si. Fato é que, no fundo, para Platão, o privilégio dado à astronomia, por exemplo, não pode ser confundido com o que hoje àquela época se entendia por ciência: não se tratar de erguer os olhos físicos para o céu, pois quem olha verdadeiramente para cima são aqueles que se ocupam do que é invisível. Nas *Leis*, inclusive, Platão apresenta a concepção dos astros como animados, em frontal oposição à doutrina sofista, que entende os astros como massas amorfas de areia e terra.

Kelsen aproveita ainda para traçar um curioso paralelo entre Platão e Kant. Considerando a teoria desse último sobre a possibilidade do conhecimento, Platão diria que assim não pode ser, pois, "para ele, inexiste conhecimento fundado no material da experiência. Esta é negada porque obstrui o caminho para o conhecimento da divindade"[65]. Mesmo que comandados pela razão, os sentidos não conseguem dar ao homem mais do que a aparência enganadora, ou seja, objetos de "segunda mão", integrantes do registro da opinião (*doxa*)[66].

Kelsen, no Capítulo 27, enumera os motivos pelos quais Platão não teria nem sequer habilidade para as ciências naturais, conquanto na juventude as admirasse. Com efeito, inspirado em Anaxágoras, passou a percorrer a razão que ordena tudo e organiza as coisas da maneira mais adequada que se pode conceber.

Kelsen expõe:

"[...] supõe identificar nesse ensinamento de Anaxágoras, que vê na razão a causa de todas as coisas, uma teoria *normativa*, e não causal, um conhecimento não da realidade, mas do valor, que responde não à questão acerca do que acontece ou tem de acontecer, mas acerca do que *deve* acontecer, e que encontra sua lei numa ordem que, na verdade, é *ordenamento*"[67].

---

[65] KELSEN, H. *A ilusão da justiça*. São Paulo: Martins Fontes, 2008. p. 188.

[66] Isso porque, aos homens, para Kant, não há conhecimento da coisa em si, apenas o conhecimento empírico do fenômeno por meio do contato sensorial com os dados da experiência, ou seja, a forma como o fenômeno se apresenta aos sentidos. Por outro lado, o conhecimento da coisa em si, para Kant, é como um conhecimento possível somente a um ente divino, a um ente do qual emana a própria coisa a ser conhecida.

[67] KELSEN, H. *A ilusão da justiça*. São Paulo: Martins Fontes, 2008. p. 190.

KELSEN, UM LEITOR DE PLATÃO | **55**

Mais uma vez de forma anacrônica, Kelsen, em "O método 'científico' de Platão", 28º Capítulo da obra, busca ler Platão com o olhar moderno da ciência, ao dizer que a via pela qual Platão expõe seu pensamento pode ser qualquer coisa menos científica. Considera que o filósofo expôs suas teses, e notadamente a tese mais importante, a da existência do absolutamente Bom, de uma forma absolutamente dogmática. Das provas apresentadas por Platão para tanto, Kelsen assevera que não são mais do que falácias que nada provam.

Às dúvidas filosóficas que Platão expõe em alguns momentos sobre as dificuldades do filosofar, Kelsen confere um sentido de admissão de fracasso:

> "Na *Carta VII*, assegura que não há e certamente jamais poderá haver qualquer escrito versando sobre as coisas para as quais se volta o seu esforço, visto que o que nelas importa (isto é, o objeto do verdadeiro conhecimento) não se deixa 'exprimir por meio de palavras"[68].

No Capítulo 29, "As doutrinas esotérica e exotérica de Platão", o autor mostra que o maior responsável pela cogitação da existência de duas doutrinas em Platão, uma esotérica e outra exotérica, certamente foi Aristóteles, que em sua exposição crítica a respeito do seu mestre refere-se não só aos postulados dos diálogos, mas a posicionamentos que não encontram assento em nenhuma obra escrita.

Diferentemente do que se passava com os chamados pré-socráticos, Platão não entendia o saber como um fim em si. Pelo contrário: para ele, a ciência que tinha importância era tão apenas a ciência política. A filosofia, por seu turno, era uma filosofia da religião, de acordo com o exposto no 30º Capítulo da obra, "Ciência e política".

O único escopo do saber é permitir o alcance do conhecimento do Bem – tudo o que o homem precisa é agir e viver de uma forma justa.

Na mesma linha do que já se havia disposto sobre a ciência, a verdade não é um bem em si para Platão. Na Segunda Parte do livro, titulada "A verdade", pelo contrário, se ele se esforça pelo conhecimento é porque este se apresenta como o melhor meio para educar com êxito as almas dos jovens.

Dessa teoria se extrai que, do ponto de vista platônico, quem mente sem saber é mais injusto do que quem o faz intencionalmente, isso porque este ainda possui a chance de falar a verdade, enquanto o outro é incapaz disso, pois absolutamente a desconhece, conforme o Capítulo 31.

---

[68] KELSEN, H. *A ilusão da justiça*. São Paulo: Martins Fontes, 2008. p. 194.

Em "Verdade e mentira no *Hípias Menor*", 32º Capítulo do livro, há um escopo de tentar provar a tese de que um homem, mesmo que amante da verdade, pode mentir. Pelo contrário, diz Kelsen: "um único e mesmo homem pode, ao mesmo tempo, ser mentiroso e verdadeiro"[69].

Essa é chave para compreender afirmações platônicas sobre só poder ser o Bom, em hipótese, aquele que comete uma falta e pratica atos feios e injustos propositadamente.

Como já se anotou, segundo Kelsen a teoria platônica do conhecimento tem um marcado caráter metafísico-religioso, de acordo com o Capítulo 33, "A 'verdade' da teoria platônica do conhecimento no *Mênon* e no *Fedro*". Passa-se, então, para o objeto mais valioso de uma filosofia com esse caráter: a tentativa, então, de saber o que é virtude.

Apresenta-se igualmente a teoria da reminiscência, segundo a qual a verdade do ser das coisas, carregamo-la conosco o tempo todo, mas em nossa pura alma.

No *Fedro*, Platão aprofunda sua teoria do conhecimento, explorando o fato dos graus de conhecimento, das diferentes medidas e profundidades a que diferentes almas chegam. A alma que vê mais coisas é a alma do filósofo; a seguinte, a de um bom rei, e assim por diante.

No Capítulo 34, "A 'verdade' dos mitos platônicos", Kelsen anota que Platão em nenhum momento rejeita a verdade dos mitos, pelo contrário, sempre que recorre a eles é por serem "belas" histórias; no entanto: "Essa 'verdade' do mito, porém, não exclui uma outra, uma verdade de grau mais elevado: a verdade do conhecimento lógico-racional, visto a partir do qual o mito é uma mera 'fábula', mas, ainda assim, uma 'verdade' de um grau inferior"[70].

Nessa linha, e considerando que a ação social ética é o que está como paradigma para Platão, ele constrói no *Mênon* a teoria de que, embora existam, como pares de opostos, o conhecimento ou a verdade (*episteme*) e a opinião (*doxa*), existe também uma opinião correta ou verdadeira, a qual, para fins práticos, termina por conduzir à mesma meta que a sabedoria no sentido mais pleno.

Outro aspecto relacionado a esse que aparece em *A República* é o das "mentiras nobres": há, por um lado, mentiras genuínas e inadmissíveis e, por outro, mentiras que são curativas, úteis, bem-intencionadas e por isso tudo

---

[69] KELSEN, H. *A ilusão da justiça*. São Paulo: Martins Fontes, 2008. p. 200.

[70] KELSEN, H. *A ilusão da justiça*. São Paulo: Martins Fontes, 2008. p. 218-219.

admissíveis – nessa obra mesmo há dois famosos mitos, o mito dos metais e o mito de Er.

Em "A dupla verdade na República", 35º Capítulo, busca-se a solução para os conhecimentos que sejam verdadeiros, mas não belos, ou seja, saberes que, por mais que sejam verdadeiros, não agradam os deuses e são prejudiciais ao bom andamento do Estado. Para Platão, tal tipo de conhecimento merece ser censurado em sua manifestação pública. Por outro lado, "se uma doutrina não é verdadeira, mas em compensação é vantajosa ao Estado e do agrado dos deuses então é lícito, é mesmo um dever – segundo Platão – expô-la e disseminá-la"[71].

No Capítulo 36, a mentira necessária como razão de Estado é contada por meio de uma história de inspiração fenícia, narrada no diálogo como o aludido mito dos metais. Conta-se tal por ser indispensável para introjetar no corpo social a noção de que cabe a uns mandar e a outros obedecer. Isso porque tão importante quanto permitir que o filósofo governe é fazer que os governados acreditem nessa como a melhor alternativa – em termos atuais, diríamos, é preciso que esse governante filósofo busque legitimidade.

Kelsen lê a teocracia platônica, notadamente aquela das *Leis*, como uma expressão de poder dos fortes sobre os mais fracos, ainda que o próprio texto platônico tematize e tente afastar essa questão prejudicial, como se observa no Capítulo 37, "O método ideológico de Platão". Platão faz vincular a vontade do Estado à vontade do deus, e isso seria a única esperança para nós – lembrando-se, mediante o mito de Cronos, de uma época de ouro na qual éramos governados não por outros homens, mas por deuses e filhos de deuses.

Valer-se da religião civil, do fato de que os deuses e seu poder estavam impregnados no imaginário da população, é uma estratégia ainda para garantir a legitimidade do governo entabulado.

"O pragmatismo platônico" do Capítulo 38 traz esse modo de tratar a verdade, manejando-a de acordo com o interesse do Estado, que Kelsen denomina pragmatismo platônico. Assim, por exemplo, uma das teses platônicas fundamentais é a de que deus é bom, ou melhor, de que o Bem é deus e, assim sendo, não se pode lhe atribuir nada de mal.

Ora, quanto ao Bem que se experimenta no mundo, não há dúvida de que é devido a deus; por outro lado, para as ocorrências opostas, relativas ao Mal, "é preciso procurar outras causas, jamais a divindade"[72]. E finaliza Kelsen:

---

[71] KELSEN, H. *A ilusão da justiça*. São Paulo: Martins Fontes, 2008. p. 235.

[72] KELSEN, H. *A ilusão da justiça*. São Paulo: Martins Fontes, 2008. p. 244.

58 | O ERRO DE KELSEN · *Alvaro de Azevedo Gonzaga*

"Uma lei proibindo que se declare deus outra coisa que não o causador do Bem 'cumpriria inteiramente o seu propósito'"[73].

O que vale para a afirmação acerca da divindade de um ponto de vista global igualmente se aplica a cada um dos deuses em si, mas não só, pois Platão também pretende que a antropologia esteja sob o controle do Estado, de modo que aquilo que se for falar a respeito do homem em si deve antes obter respaldo do governo, como é abordado em "A produção da ideologia pelo Estado", o 39º Capítulo do livro.

Deve-se buscar inculcar nos homens que a vida de acordo com as normas e justa é também uma vida feliz, e ao contrário uma vida em desacordo com o interesse do Estado é uma vida miserável e triste.

Dando por expostos os argumentos que provam que o Estado depende da ideologia[74], em "A religião como ideologia estatal", Capítulo 40, Kelsen busca apenas registrar que cabe ao próprio Estado produzir a ideologia, e notadamente a principal dessas ideologias: a religião. Proíbe-se, por exemplo, qualquer tipo de santuário privado para que se evite discrepar dos costumes vigentes. Em *As Leis*, agregue-se a isso o preâmbulo que deve constar antes do corpo em si de cada uma das normas – preâmbulo esse musical e voltado à parte irracional da alma dos homens, irracional mas muito poderosa, como de resto admite Kelsen.

A censura da arte é um ponto relevante para Platão, no Capítulo 41, observa Kelsen. Para Platão, diz-se, conferir liberdade à arte é o primeiro passo rumo à democracia, mencionada aqui no sentido exclusivamente ruim: "A anarquia na arte caminha paralelamente à anarquia na política"[75]. E mais:

> "Platão o justifica em razão de só ser permitido à arte – e decerto também à ciência, caso se referisse a ela – representar ou expressar o Bom, o Belo e o Verdadeiro. Platão está aí, pois, certamente pressupondo um governo de homens iluminados [...]"[76].

É de se notar que a doutrina das ideias que culmina no Bem tem todo caráter de uma religião filosófica sem deuses pessoais, o que não estava de

---

[73] KELSEN, H. *A ilusão da justiça*. São Paulo: Martins Fontes, 2008. p. 244.

[74] Surpreendente essa ilação de Kelsen, pois sua teoria nada mais faz que mascarar a produção de uma ideologia pelo Estado. O direito é veiculado de forma dogmatista e teológica, transferindo o local da verdade ao próprio Estado.

[75] KELSEN, H. *A ilusão da justiça*. São Paulo: Martins Fontes, 2008. p. 257.

[76] KELSEN, H. *A ilusão da justiça*. São Paulo: Martins Fontes, 2008. p. 261.

KELSEN, UM LEITOR DE PLATÃO | **59**

acordo com a religião popular grega tal qual disseminada. Mesmo assim, em nenhum momento Platão critica diretamente essa religião, muito pelo contrário, quer é se apoderar dela e de seu poder na sociedade para, torcendo-a de dentro, conseguir transmitir seus novos ideais. Diz Kelsen no Capítulo 42: "Se Platão não questiona a verdade da religião popular, inteiramente incompatível com sua doutrina das ideias, explica-se por ter querido sabê-la preservada para a massa do povo inculto, incapaz do conhecimento"[77].

Em "A imortalidade da alma: uma verdade político-pedagógica?", Capítulo 43, Kelsen trata de debater a noção de vida após a morte, de imortalidade da alma, que segundo Kelsen resulta, no *Fédon*, de uma evidente falácia, "e que é bastante difícil supor tenha Platão se iludido quanto ao abismo lógico por meio do qual atinge posição tão importante, talvez a mais importante de todas em sua metafísica"[78].

Nada obstante, bem se vê como isso é mesmo essencial para a filosofia platônica, já que a continuidade da vida individual da alma é requisito *sine qua non* da paga no Além, que sustenta em boa parte a teoria da Justiça apresentada.

Kelsen inicia a Primeira Parte do Terceiro Livro com o Capítulo 45, que assinala que, nas chamadas fases de juventude, Platão sofreu influência visível da dialética socrática na sua especulação sobre a justiça. Não obstante, diz ele, o filósofo "não vai além de tentativas formalistas de definição e, em seu resultado, não ultrapassa análises conceituais inteiramente insuficientes"[79]. Sua análise, acusa Sócrates de, nessas obras, apenas promover tautologias ou, dito de outro modo, de afirmar que 'x' é 'x' (ou, na linguagem lógica, afirmar a proposição [A] $\lor$ [~A]). A *Apologia de Sócrates*, por exemplo, seria, em suma, tão somente um panfleto moral – e não a expressão de conhecimento no sentido rigoroso do termo –, já que o seu teor seria o de simplesmente afirmar que é ruim cometer injustiça e desobedecer a quem é melhor do que nós.

Para corroborar sua tese, o autor destaca a prova de assunção da ignorância de Platão, consubstanciada na célebre afirmação de Sócrates segundo a qual ele nada sabe sobre as coisas do Hades. Ora, se Platão, por meio de Sócrates, aduz nada saber disso, ele ainda está distante, diz Kelsen, do pensamento de uma justiça ou paga no Além.

---

[77] KELSEN, H. *A ilusão da justiça*. São Paulo: Martins Fontes, 2008. p. 263.

[78] KELSEN, H. *A ilusão da justiça*. São Paulo: Martins Fontes, 2008. p. 266.

[79] KELSEN, H. *A ilusão da justiça*. São Paulo: Martins Fontes, 2008. p. 273.

60 | **O ERRO DE KELSEN** · *Alvaro de Azevedo Gonzaga*

Platão, nos denominados diálogos de juventude, teria se preocupado com a virtude como um todo, e com a elaboração da tese esquemática de que virtude é saber – a respeito do bem e do mal. Nada obstante, ainda que de modo embrionário, a questão específica acerca da justiça já pode ser pinçada nesses textos iniciais, aos quais Kelsen passa a se referir.

O *Laques* é considerado uma "tentativa frustrada de definir o conceito de coragem"[80]. Kelsen, entretanto, aproveita a alusão ao diálogo sobretudo para criticar a postura de Platão quanto à democracia: quando Lisímaco pretende que a pergunta acerca da arte de lutar (trajando pesadas armaduras) deve ser respondida mediante votação da maioria, Sócrates objeta que seria insensato dar ouvidos à maioria em questões relativas à ginástica, e que o conhecimento especializado, sim, deveria se ocupar de solucionar tal imbróglio.

No que tange ao *Cármides*, Kelsen associa seu argumento ao de *A República*, com a diferença de que nesta o tema em tela é o da justiça; naquele, o da temperança. De todo modo, tanto em um como em outro diálogo, diz Kelsen, define-se a virtude a partir da divisão na qual cada um deve fazer a sua parte. No *Cármides*, assinala-se, essa definição resta abandonada, e Sócrates termina dizendo-se incapaz de conceituar a temperança, conquanto mantenha a posição segundo a qual esta é um grande bem.

O grande problema aí está em conceber os parâmetros da expressão "fazer a sua parte": ela confirmaria a hipótese da divisão de trabalho, como se entende em *A República*, ou significaria antes que cada um deve cuidar de fazer e produzir tudo aquilo de que necessita para viver? Em *A República*, como dissemos, adota-se a versão da divisão de tarefas, que termina por ser identificada à justiça.

No *Eutífron*, o que está em baila de modo mais evidente é a questão da religiosidade, mas, diz Kelsen, "sob essa rubrica, trata-se ali, na verdade, de um problema de justiça"[81]. Vejamos: quando se pergunta se o adivinho Eutífron age "religiosamente" ao denunciar o próprio pai pelo assassinato culposo de um escravo, a palavra mobilizada, claro, poderia muito bem ser trocada pela expressão "de maneira justa". O que se tem como pacífico, de todo modo, é que quem comete uma injustiça deve pagá-la. O grande problema que está subjacente a isso, opõe-se, é saber se um ato é justo ou não.

A questão da justiça já se encontra mais claramente formulada em *Protágoras*. Segundo Kelsen, nesse diálogo Platão coloca na boca do sofista uma

---

[80] KELSEN, H. *A ilusão da justiça*. São Paulo: Martins Fontes, 2008. p. 274.

[81] KELSEN, H. *A ilusão da justiça*. São Paulo: Martins Fontes, 2008. p. 275.

KELSEN, UM LEITOR DE PLATÃO | 61

tese que nesse texto Sócrates rejeita, mas que mais tarde ele próprio, Platão, defenderá mediante a figura do Ateniense, em *As Leis*: a de que a essência da justiça é a intimidação, e não a paga, ao menos no que concerne ao direito penal. Afirma Kelsen:

> "A rejeição da concepção inteiramente religiosa de que a justiça consiste na paga – desejada e, em última instância, concretizada pelos deuses – e a justificação absolutamente racionalista do direito penal positivo por intermédio da teoria da intimidação são doutrinas tipicamente sofísticas"[82].

Nesse diálogo, assevera Kelsen, Platão tem como objetivo central estabelecer solidamente, mediante Sócrates, que a justiça é algo determinado, ou seja, que existe e é dotada de realidade – no sentido rigoroso que Platão confere ao termo –, e não um nada.

Porém, critica-se, Platão esforça-se pouco no sentido de distinguir a justiça das outras partes da virtude, como a coragem. Outro ponto que merece destaque é o de Sócrates terminar por reconhecer que virtude é sabedoria e, nessa medida, ensinável – algo que anteriormente estaria associado ao pensamento dos sofistas.

Ainda no *Protágoras*, Kelsen trata novamente da crítica à democracia. A problemática colocada por Sócrates é a seguinte: por que nos assuntos relativos à arquitetura, por exemplo, a ninguém ocorre procurar a opinião de leigos, mas sempre se busca um especialista e, diferentemente, nos assuntos relativos ao Estado e à política, qualquer um se apresenta como conselheiro e assim é respeitado – não se lhe exigindo nenhum conhecimento especializado ou educação ministrada por um mestre qualificado.

Já no *Hípias Maior*, que Kelsen toma, ao lado de *Protágoras*, como um diálogo antissofístico, o que está em jogo é a definição do que é o belo. Várias e diferentes definições são propostas: primeiro, a de que o belo é o que é conveniente ou apropriado; depois, que o belo é o que é útil a bons propósitos. Por fim, que belo é o que é útil, e útil é o que é capaz de produzir coisas boas. Destaca-se uma suposta contradição da tese disso decorrente: se o belo é causa do bem, ou seja, se o bem é efeito do belo, então o belo não pode ser o bem, pois são causa e efeito, e assim necessariamente distintos. O bem aqui é entendido por Kelsen como sinônimo de justo.

Ele destaca ainda outra suposta tese contraditória que Platão defenderia no *Hípias Maior*, isso em relação ao disposto no *Críton*: enquanto neste

---

[82] KELSEN, H. *A ilusão da justiça*. São Paulo: Martins Fontes, 2008. p. 276.

Sócrates se decide por respeitar mesmo uma lei injusta, naquele diálogo estabelece-se que, quando o legislador comete uma falta para com o bem, não se pode mais falar em legalidade e, consequentemente, em lei.

No *Primeiro Alcibíades*, a querela da justiça é desde logo posta. Novamente a questão é abordada pelo viés da discussão sobre a democracia. No diálogo, o interlocutor de Sócrates está prestes a discorrer para o público sobre assuntos de Estado, particularmente sobre a guerra e a paz.

Nesse cenário, o filósofo o indaga sobre quem saberia o que é o justo para que tal tema pudesse ser exprimido com justiça; Alcibíades responde que é a "grande massa" que sabe o que é justo ou injusto, ao que Sócrates replica: "Não se trata de um mestre confiável". Kelsen então desfila diversas passagens em que Sócrates parece buscar abordar a definição da justiça, a seu ver sempre insuficientemente, de maneira obscura.

A parte final do capítulo traz uma discussão sobre o primeiro capítulo de *A República*, que Kelsen trata como um diálogo à parte da obra, na linha de certa tradição interpretativa de comentadores do *corpus* platônico (Dümmler, Arnim etc.), denominando tal texto *Trasímaco*. Para ele, o diálogo expressa ainda uma "vigorosa influência socrática, acima de tudo o método racionalista da definição formalista de conceitos".

Assim são expostas diversas definições de justiça, a começar pela antiga tese de Simônides de que justo é restituir a cada um o que lhe é devido, e a culminar, em um primeiro momento, na defesa, por Sócrates, da posição de que em circunstância alguma é justo prejudicar alguém. Nesse ponto ingressa Trasímaco no diálogo, e o faz para defender a tese tipicamente sofística de que o justo nada mais é do que a conveniência do mais forte; supõe-se aqui que o direito positivo e a justiça se identifiquem, ou seja, que as leis são feitas por aqueles que estão no poder em seu benefício.

O cerne da proposta sofista é o de que para além do direito positivo inexiste justiça: não há, portanto, a justiça absoluta além do que restar estabelecido nas leis, o que se afirma em total oposição às pretensões platônicas. É claro que a tese, por ser exposta por Platão de modo algo distorcido e exagerado, segundo Kelsen[83], termina por encerrar uma espécie de paradoxo: ser justo é desvantajoso aos governados.

---

[83] Não há outra saída para Kelsen que não seja criticar Platão nesse ponto, pois, se de fato os sofistas advogavam a ideia de que o direito posto é o valido e deve ser o aplicado, isso significa que a posição destes é recepcionada em alguma escala a uma teoria pura do direito. Não há, para Kelsen, na teoria pura um mínimo justo universal, ou seja, a justiça não possui uma essência cognoscível que possa servir de fundamento ao direi-

Aqui, novamente se valendo da compreensão do ser e dever ser moderno e não platônico, Kelsen reconhece um dos motes que dita sua interpretação da obra platônica: para ele, Trasímaco fala do mundo tal qual ele é, enquanto Sócrates, ao criticar a teoria do sofista, falaria do mundo como este deveria ser. A posição de Trasímaco revelaria uma profunda compreensão do efetivo ou real estado das coisas, enquanto Sócrates especularia a respeito de um mundo tão ideal quanto inexistente. Diz ele: "Não parece totalmente excluída a possibilidade de que a intenção de Platão tenha sido antes fazer com que Sócrates compreenda mal as palavras de Trasímaco do que admitir francamente a triste verdade de uma realidade que não pode negar"[84]. Depois de diversas afirmações de Trasímaco e a condução do diálogo por Sócrates, que termina reincidir, diz Kelsen, na tautologia de que a justiça é boa e a injustiça ruim, o próprio filósofo adverte que a conversa resultou em uma aporia, sem se saber ao certo se a justiça é ou não uma virtude, mesmo porque não se pode definir, até então, a justiça em si.

No Capítulo 46, "A doutrina da justiça no *Górgias*", Kelsen entende que a especulação conceitual da dialética socrática não encaminhou nenhuma solução positiva do problema ético, e, portanto, da justiça. É somente depois da viagem à Baixa Itália e à Sicília que Platão teria abraçado o pitagorismo e, a partir dele, encontrado a resposta para o enigma da justiça. O aspecto central da tese pitagórica envolve admitir que, depois da morte do homem, seja Aqui – em uma reencarnação –, seja no Além, "a alma é punida pelo mal e recompensada pelo bem que fez"[85]. A ideia básica da justiça platônica, assim, é a retribuição.

No *Górgias*, diz Kelsen, esse é o tema de relevo, muito mais do que a retórica em si, como se costuma supor. O diálogo se divide em três partes: a conversa com Polo, a conversa com Cálicles e a narrativa do mito órfico da alma no Além. A crítica de Platão a Górgias na primeira parte está em que a definição dada de retórica, essencialmente fundada no convencimento e na persuasão, não pode tornar os homens verdadeiramente justos. A retórica aparece para Sócrates como uma preocupação com as aparências, o exterior, os prazeres.

Nesse sentido, a retórica seria um simulacro da política, e não a própria política, que para Platão passa necessariamente pela busca da concretização da justiça. Do ponto de vista do orador, ele teria poder, pois consegue conven-

---

to positivo. Desse modo advirá a afirmação fundamental da teoria pura de que "não há conteúdo que não possa ser direito".

[84] KELSEN, H. *A ilusão da justiça*. São Paulo: Martins Fontes, 2008. p. 281.

[85] KELSEN, H. *A ilusão da justiça*. São Paulo: Martins Fontes, 2008. p. 284.

64 | **O ERRO DE KELSEN** · *Alvaro de Azevedo Gonzaga*

cer a todos e, assim, fazer o que quer. Entretanto, destaca Kelsen, para Platão o querer não tem esse viés psicológico. Para o filósofo, de fato, é poderoso quem faz o que quer, mas só se pode querer o Bem – aqui, pois, o querer escapa da esfera do psicológico e assume uma dimensão ética.

A evolução dessa tese – que no geral pode ser enunciada nos seguintes termos: quem conhece o Bem o deseja – tem como consequência lógica que não se pode, consciente ou voluntariamente, fazer o mal. Quem o faz é por ignorância. Nada obstante, no *Górgias*, Platão se concentra em expor o princípio da paga, segundo o qual cada homem responde individualmente pela injustiça que cometeu (veja-se, contudo, que tal responsabilização supõe que se seja livre no querer, e que a injustiça só possa ser cometida involuntariamente ou por ignorância).

Platão estabelece, no diálogo entre Sócrates e Polo, o vínculo entre justiça e felicidade. A busca pela justiça, segundo Sócrates, é ao mesmo tempo a busca pela felicidade humana. Claro que nesse particular, assim como havia se passado com o conceito de querer, a ideia de felicidade não está ligada ao prazer e à dor, notas psicológicas do indivíduo, mas a um quadro referencial ético que a filosofia estabelece. Tanto é assim que para o filósofo pode-se ser triste sem sabê-lo, como se pode ser feliz igualmente sem sabê-lo.

A conversa com Cálicles se dá a partir da intervenção deste, que sustenta a já citada tese do direito do mais forte. Cálicles apresenta uma argumentação calcada na distinção entre *nomos* e *physis*, algo nietzscheana – diríamos hoje que "louva a felicidade das forças dominadoras que gozam livremente a vida"[86], bem como a vitória dos mais fortes e melhores sobre os mais fracos e piores, tudo supostamente em conformidade com a própria natureza, que daria reiterados exemplos disso.

Como Cálicles se apresenta como um crítico feroz da democracia e da igualdade, fazendo a apologia do domínio do mais forte e do melhor em prejuízo dos demais (de uma aristocracia ou mesmo de uma tirania), Platão força Sócrates de outro lado a defender posição diversa nesse momento, mas ele não o faz defendendo a igualdade aritmética da democracia, que confere aos homens a ilusão de uma situação de equivalência, mas sim pela defesa da justiça da igualdade geométrica, que "não confere a todos os cidadãos os mesmos direitos sem diferenciar-lhes a qualidade, mas estabelece uma desigualdade dos direitos correspondente à desigualdade efetiva dos sujeitos"[87].

---

[86] KELSEN, H. *A ilusão da justiça*. São Paulo: Martins Fontes, 2008. p. 291.

[87] KELSEN, H. *A ilusão da justiça*. São Paulo: Martins Fontes, 2008. p. 293.

KELSEN, UM LEITOR DE PLATÃO | 65

A questão que permanece em aberto, todavia, é a própria indicação, bem como a definição do que são os princípios do Bem e a justiça, restando a dúvida sobre se a razão humana seria capaz de proceder a tais determinações com precisão. Segundo Kelsen, não se atinge a "definição do valor moral, mas tão só a exigência de concretização de um valor moral cujo conteúdo fica inteiramente indefinido"[88]. Abrem-se, pois, as portas para a conclusão do diálogo por meio do mito da retribuição no Além.

A injustiça, em consequência, ainda que não definida – repetindo o que se deu com a justiça –, deve ser evitada em razão das consequências que acarreta no Além da vida, quando a alma do homem é posta diante de um tribunal. Minos, Radamanto e Éaco são os juízes que apreciam as almas segundo os atos praticados antes da separação destas do corpo, enviando-as para a ilha dos Bem-aventurados (as almas justas) ou para o Tártaro (as almas injustas), estas sofrendo penas proporcionais aos atos injustos praticados. Eis a lei da justiça em suma: a virtude gera felicidade e, consequentemente, recompensas, não só neste mundo como no Além. Tal lei é mantida nos diálogos cuja análise se seguirá, sendo apenas reformulada em novos termos.

A República espelha o coroamento das doutrinas esboçadas nos diálogos de juventude de Platão e posteriormente desenvolvidas nos diálogos da maturidade. Kelsen assinala no Capítulo 47 que a obra tem como moldura ou, diríamos, como baliza, o mito da retribuição, exposto no seu início e novamente no final. O Livro II parte de uma indagação de inspiração sofista elaborada por Gláucon (que em verdade quer ver Sócrates respondê-la com sucesso), cujas palavras, além de não conterem em si uma reprovação pela prática da injustiça, apontam para um ambiente de equivalência entre as convenções humanas e os conceitos de justo e legal.

Ainda a exemplo do que havia feito no *Górgias*, Platão correlaciona os conceitos de justiça e felicidade e, ao prosseguir na busca da essência mesma da justiça, coloca o princípio da retribuição em primeiro plano novamente. É de consignar, entretanto, que tal busca é prejudicada pela condição decaída na qual se encontra a alma, que, conquanto imortal, encontra-se aprisionada e ultrajada pela comunhão com o corpo. Uma vez, entretanto, tornada pura, liberada da matéria, será possível discernir com clareza as diferentes formas de justiça e injustiça.

Mesmo na situação de alma decaída, opõe Sócrates, deve-se valorizar a sabedoria, visto que esta tem a mesma estirpe que o divino, o imortal e o

---

[88] KELSEN, H. *A ilusão da justiça*. São Paulo: Martins Fontes, 2008. p. 300.

eterno. Na interpretação das palavras do último livro de *A República*, Kelsen elucida primeiro que o diálogo travado com Gláucon é conclusivo no sentido de que, "a fim de conhecermos a essência da Justiça, precisamos ter em vista o destino da alma após a morte; veremos, então, que é a retribuição"[89]. Ademais, mesmo que reconhecidas as dificuldades para aferir mencionada essência, os reflexos de tal pesquisa são encontrados na realidade humana – rebaixada por sua própria natureza.

Novamente, em metodologia semelhante à adotada no *Górgias*, Platão concluirá a exposição por meio de um mito – no caso, o Mito de Er. Este, filho de Armênio, morto em batalha, quando seu corpo já jazia, volta do mundo dos mortos no décimo segundo dia para informar alguns pormenores do Além. O tribunal dos mortos aparece logo à entrada do "lugar maravilhoso", entre o céu e a terra, contendo duas passagens. As almas dos justos percorrem um caminho à direita, em ascensão, enquanto as almas dos injustos rumam à esquerda e para baixo. Em ambos os casos o caminho a ser percorrido é longo (dura mil anos) e conduz novamente as almas para o tribunal. Muito embora haja semelhanças nesse mito com a doutrina exposta no *Górgias*, aqui há a indicação clara e precisa da tese órfico-pitagórica da transmigração da alma. Como foi dito, depois do trajeto mencionado, as almas apresentam-se novamente no tribunal para então elegerem seus destinos futuros, e o grau variado de compreensão adquirida por elas nas vidas pretéritas será o fator determinante nas escolhas que serão feitas. Na sequência das escolhas, as almas são levadas para beberem da água do rio Ameles e assim esquecerem, em diferentes medidas, o que presenciaram e viveram no Além.

Para Kelsen, por mais que se questione a conclusão do diálogo cujo escopo seria a definição da justiça desse modo narrado, mediante tal mito, é preciso considerar que

"essa crença tinha raízes demasiado profundas nas camadas religiosas basilares de seu caráter para que qualquer ponderação racional a pudesse abalar. Talvez, porém, precisamente porque acreditasse tão firmemente na existência de um Além, ele se tenha julgado no direito de descrever-lhe a organização de uma forma visivelmente adaptada à concretização da justiça entre os homens – homens cuja insuficiência Platão reconheceu claramente –, e de recorrer, nessa descrição, a fontes adequadas antes à fantasia de uma multidão crente em milagres, fontes altamente questionáveis, aliás, inclusive do ponto de vista de uma filosofia metafísica"[90].

---

[89]   KELSEN, H. *A ilusão da justiça*. São Paulo: Martins Fontes, 2008. p. 317.

[90]   KELSEN, H. *A ilusão da justiça*. São Paulo: Martins Fontes, 2008. p. 319.

Em suma, não obstante todos os conceitos levantados e as respectivas refutações anotadas, poderia *A República* ser simplesmente denominada "A Justiça", como verdadeira descrição visionária da retribuição no Além, mais ou menos ao mesmo sabor do que havia sido consignado no *Górgias*.

Ainda assim, não se pode afastar a possibilidade de que tal conclusão mitológica do texto constitua uma "mentira útil", para nos valermos da mesma expressão que Kelsen usa, isso com o fim de satisfazer a grande massa dos não iniciados na mística platônica.

Kelsen abre o 48º Capítulo da obra abordando a doutrina da justiça em *As Leis,* anotando que a concepção retributiva da justiça – de resto já presente na forma de mitos no *Górgias* e em *A República* (mito de Er) – aparece no último diálogo platônico de modo mais racional. Diz ele: "Nessa obra derradeira, ele acentua com a máxima ênfase que a justiça retributiva concretiza-se, por obra da providência divina, tanto neste quanto no outro mundo"[91].

De fato, como aponta Kelsen, as leis revelam o produto de uma tentativa de racionalização maior da noção de justiça como retribuição por Platão, antes escorada basicamente em mitos. Podemos, contudo, aprofundar o sentido dessa passagem para a filosofia platônica. Pelo menos desde *A República*, Platão tem como assentado que a existência de um filósofo é coisa rara: considerando, pois, que este é o indivíduo em cuja alma o elemento racional prevalece sobre os outros elementos (os desejantes e irascíveis), deparamo-nos com o corolário de que a maioria dos homens vive no paradigma do *a-logos*.

Essa concepção da antropologia é o que dá ensejo à clássica passagem em que ele distingue os filósofos dos homens comuns: estes são amantes do espetáculo da natureza; aqueles amam o espetáculo da verdade.

É muito razoável, nesse contexto, que Platão elabore o caráter retributivo da justiça, ligado à religião, aparecendo também no registro do "outro mundo", para usar a expressão kelseniana. A eloquência imbatível da religião perante os homens faz que os prelúdios das leis, esses textos musicais que em Platão antecedem as prescrições racionais em si e têm o papel de encantar os destinatários da lei, considerem, quanto ao conteúdo, menções à retribuição no Hades que Kelsen destaca quando se refere às leis contra o homicídio e o parricídio. Sucede que diante disso Kelsen afirma que o aspecto produtor de ideologia dos preâmbulos implica uma falta de preocupação em relação a uma "concepção teoricamente correta da pena"[92].

---

[91] KELSEN, H. *A ilusão da justiça*. São Paulo: Martins Fontes, 2008. p. 324.

[92] KELSEN, H. *A ilusão da justiça*. São Paulo: Martins Fontes, 2008. p. 325.

Depois, Kelsen apresenta observações sobre a concepção do "Além" no Livro X de *As Leis*, especificamente sobre a tentativa de Platão de provar que os deuses existem e preocupam-se com os homens. A teologia de Platão, diz ele, tem na retribuição do "Além" a noção geradora do mundo, o que, portanto, também refletiria na ordem jurídica.

O autor inicia o Capítulo 49 apontando que, ao associar a justiça com a paga, o que faz de maneira consciente pela primeira vez no *Górgias*, e diferentemente do que se poderia imaginar, Platão não está respondendo verdadeiramente à questão sobre o que é a justiça. Insiste Kelsen: trata-se de mais uma pseudorresposta de Platão, pois tal tese não fornece nenhum dado real acerca da essência da justiça. Nas palavras do jurista de Praga: "[...] as más ações que infalivelmente vêm a ser punidas são quase sempre delitos na acepção do direito positivo"[93]. Para Kelsen, a justiça como paga é uma equação formalista, sem conteúdo, assim como a fórmula da igualdade: ao bom cabe o bem; ao mau, o mal; dito de outro modo, ao igual cabe o igual. Desse modo, a dúvida sobre a justiça acaba transformada na dúvida sobre o Bem, ficando esta sem resposta.

De fato, em *A República* Platão estabelece esse vínculo entre Bem e justiça de modo direto, e, ao defender a existência real da justiça como lei divina da paga, precisa recorrer ao Além da crença órfico-pitagórica como elemento de suporte, isso porque é impossível, afirma Kelsen, pretender convencer alguém de que a justiça se realiza plenamente no Aqui – sendo imperioso, assim, confirmar "uma segunda realidade, um espaço supraterreno, transcendente, o qual, como palco da justiça, e em conformidade com a existência dupla da paga – que recompensa o bom e pune o mau"[94].

Como se passa a destacar, para que possa frequentar, por assim dizer, essa outra dimensão, o homem em si também precisa ser compreendido como portador de uma alma separada do corpo (Kelsen fala em uma personalidade empírica-visível e outra transcendente-invisível), sendo essa, como se sabe, uma das características básicas de diversas das metafísicas ético-religiosas que apareceram desde então.

Kelsen aproveita essas considerações para uma constatação que entende importante: seria principalmente devido à necessidade de defender um propósito de vertente social – a justiça, para ser mais preciso – que teve gênese, no pensamento platônico, todo esse arcabouço teórico que propõe

---

[93] KELSEN, H. *A ilusão da justiça*. São Paulo: Martins Fontes, 2008. p. 328.

[94] KELSEN, H. *A ilusão da justiça*. São Paulo: Martins Fontes, 2008. p. 329.

a imortalidade da alma, ou seja, a continuidade da vida após a morte. Com efeito, realmente não se trata de hipótese fundada nas ciências da natureza, na observação do mundo físico – tanto é assim que tal dupla dimensão é atribuída aos homens, mas não às demais espécies animais e vegetais. Assim, afirma-se sobre Platão, é "do seio de sua doutrina da justiça que brota sua doutrina da alma"[95].

Em "Os gregos e a crença na alma", Capítulo 50, o autor remonta alguns aspectos da religião primitiva grega, lembrando da importância do culto aos mortos, a demonstrar que ao menos de modo rudimentar a doutrina platônica da alma já estava incutida na gênese da tradição ocidental. Nessa linha, cita-se o exemplo do medo da vingança da alma daquele que sofreu homicídio, sendo naquele tempo propagado que era um dever da família vingá-lo, acionando seu algoz e os familiares deste.

Já no tempo pré-homérico, diz Kelsen, o homem dava à natureza uma interpretação retributiva tipicamente social: tudo aquilo que lhe era desfavorável era compreendido como punição, enquanto o que lhe beneficiava era entendido como uma recompensa. Dito de outro modo, a natureza é tomada como analogia da sociedade. Afirma-se que "a natureza reage para com ele da mesma forma que ele para com seus companheiros e seus companheiros para com ele: conforme o princípio de pagar o bem com o bem e o mal com mal"[96]. Vale destacar, nesse tópico, que as considerações de Kelsen parecem um tanto quanto anacrônicas. Sabe-se bem que a noção de *physis* foi a descoberta inaugural da filosofia, ou seja, só se deu séculos depois do período pré-homérico.

Na religião homérica, ensina Kelsen, a justiça retributiva não mais advém da alma dos mortos (que continua a existir, conquanto é algo desnaturada, perdendo sua força anterior), mas dos deuses celestiais, principalmente de Zeus. A alma não é aqui compreendida como algo que se invista da essência vital humana, como algo que carrega a possibilidade de vida após a morte, como já se havia cogitado antigamente, e como, adiante na história, seria uma tendência novamente verificada.

A doutrina dos órficos e pitagóricos, surgida no seio de um período de abalo social, recupera a força da noção de alma que constituía o cerne da velha crença do povo grego. Com o influxo da religião de Zeus, contudo, a alma passa de sujeito a objeto da paga. Afirma Kelsen: "o que se tem é o homem

---

[95] KELSEN, H. *A ilusão da justiça*. São Paulo: Martins Fontes, 2008. p. 331.

[96] KELSEN, H. *A ilusão da justiça*. São Paulo: Martins Fontes, 2008. p. 332.

que, privado da justiça ainda em vida, acha punição e recompensa após a morte, seja enquanto alma, no mundo subterrâneo, seja numa segunda vida, por meio do renascimento"[97]. A imortalidade, aqui, passa a ser uma qualidade essencial da alma humana. Mais que isso, contudo, importa o tecido ético que reveste essa nova concepção de alma: ela é a própria substância moral no homem, afirma Kelsen, e esse aspecto é muito desenvolvido, posteriormente, por Platão.

O *Górgias* de "Os gregos e a crença na alma", 51º Capítulo da obra, é, segundo Kelsen, o diálogo que marca a aderência de Platão à crença órfico--pitagórica em um Além. É aí que se percebem pela primeira vez, de modo nítido, as distinções entre alma e corpo e entre bem e mal. A força da hipótese é tanta que ele recorre a um relato de "um certo sábio" – e, diz Kelsen, "é Pitágoras ou um pitagórico que ele tem em mente"[98] – para afirmar que a verdadeira vida só se dá depois da morte do corpo. São também distinguidas as artes relacionadas à alma, a política e aquelas relacionadas ao corpo – a ginástica e a medicina.

Isso não significa, contudo, que a alma seja apenas o espaço do bem; pelo contrário, na teoria de Platão ela é capaz de portar tanto o bem quanto o mal (para ser mais preciso, o mal na alma é entendido como uma cicatriz no corpo: algo que lhe integra, mas que de todo modo é-lhe externo). Assim, conquanto ainda persista a dupla alma e corpo, este perde completamente a proeminência, tanto assim que se chega a aduzir que a morte não importa, não se devendo temê-la, mas a prática de atos injustos, pois são esses que se ligam à alma, e esta permanece depois da morte.

Se justiça se realiza no Além, como resta consolidado no *Górgias*, um problema importante a ser resolvido pela filosofia – até para fins de efetividade ou vinculação à teoria formulada – é o do conhecimento da justiça, do Capítulo 52, "A teoria da anamnese do *Mênon*", pois que ela não se realize aqui é algo factível desde que se possa conhecê-la e, conhecendo-a, saber como agir em acordo com ela. Porém, como conhecer no Aqui a justiça se ela só existe, em sua forma essencial e verdadeira, no Além?

É para solucionar esse problema que Platão recorre, no *Mênon*, à doutrina órfico-pitagórica da transmigração da alma. No texto ele recorre a Píndaro, a outros poetas e a sacerdotes e sacerdotisas para permitir que Sócrates afirme a imortalidade da alma humana, que "se esvai alternadamente – o que

---

[97] KELSEN, H. *A ilusão da justiça*. São Paulo: Martins Fontes, 2008. p. 334.

[98] KELSEN, H. *A ilusão da justiça*. São Paulo: Martins Fontes, 2008. p. 336.

chamam morrer –, depois voltando à vida; perecer, porém, jamais perece"[99]. Bem se vê, nesses termos, que Platão recupera a doutrina de transmigração da alma para colocá-la em favor da ideia de justiça como retribuição. Nada obstante, conquanto a retribuição seja mesmo aqui o fator primordial, Platão atina ainda para a questão da anamnese: se a alma é imortal, nada há que lhe seja desconhecido, de modo que não é digno de espanto que seja capaz de lembrar, acerca da virtude e outras coisas, do que sabia desde antigamente. Aprender, assim sendo, é antes de tudo lembrar.

Para Kelsen em seu Capítulo 53, o texto do *Fédon* apresenta ao mesmo tempo uma tentativa de aprofundar a teoria da imortalidade da alma e um panfleto religioso. Aqui alma e corpo novamente aparecem como opostos e identificados, no geral, respectivamente, ao bem e ao mal (ainda que, como já vimos, a maldade também seja algo que possa estar na alma – e isso será abordado novamente adiante).

Platão associa a alma com o que é inteligível e permanente, e que o corpo com o que é ser perceptível pelos sentidos e, ao mesmo tempo, é perecível. Pelo menos em comparação com o corpo, então, a alma é menos sujeita à dissolução e à destruição do que o corpo. No entanto, desde o início, Platão enfrenta uma oposição como a de Cebes, que diz que, a menos que Sócrates possa assegurar que a alma é totalmente isenta de degradação, a confiança de sua sobrevivência em face da morte é duvidosa.

Ora, a falta de uma definição precisa para a alma está em que nós a contemplamos e observamos por meio do corpo. E diz Kelsen: "Assim como o conhecimento do verdadeiro Ser, do Bem absoluto, não é possível (ou não o é inteiramente) ao homem empírico – isto é, à alma ainda presa no corpo –, assim também a alma não é objeto de conhecimento empírico"[100]. Esse posicionamento de que a alma é semelhante à realidade inteligível repousa na visão de que a realidade inteligível fornece um domínio de objetos em relação ao qual a alma pode ser alma sem interferências, ou, dito de outro modo, totalmente de acordo com a sua própria natureza.

Sobre a retribuição no Além, muito embora o orfismo ensine que o corpo corrompe a alma e disso se possa pretender extrair que ao liberar-se do corpo a alma está pura, a doutrina da paga exige que se possa forjar a distinção entre "as almas libertas dos corpos almas boas e más"[101]. É

---

[99] KELSEN, H. *A ilusão da justiça*. São Paulo: Martins Fontes, 2008. p. 339.

[100] KELSEN, H. *A ilusão da justiça*. São Paulo: Martins Fontes, 2008. p. 343.

[101] KELSEN, H. *A ilusão da justiça*. São Paulo: Martins Fontes, 2008. p. 351.

justamente na imagem do Além como sede da justiça que se consolida o sentido do diálogo.

Kelsen inicia o Capítulo 54, "A doutrina ético-política da alma em *A República*", cuidando da teoria da tripartição da alma. Se a justiça é o excelente estado da alma, então não é de estranhar que *A República* lance luz sobre a concepção da alma de Platão. Vejamos esse argumento. Começa-se com a premissa de que as coisas desempenham bem a sua função se elas têm a virtude apropriada para tanto – e mal o desempenham se o fazem de modo vicioso. À alma Platão confere a função de cuidar de coisas, governá-las e deliberar, sendo a própria vida parte da função de alma.

A conclusão que se pode nesse primeiro momento extrair é de que uma alma boa se importa com as regras, com as deliberações e vive bem, ao passo que uma alma ruim nada disso faz. Dependendo da condição de sua alma, uma pessoa pode ser melhor ou pior em fazer essas coisas. A pessoa ela mesma, cuja alma está na melhor condição, é realmente excelente em viver uma vida humana, na medida em que se encontra em estado de excelência para fazer as várias coisas que são importantes com o escopo de levar uma vida genuinamente humana.

A República introduz uma nova teoria da alma, que envolve a concepção de que a alma humana encarnada tem três partes ou seções, nomeadamente razão (*logos*), irascibilidade e desejo. É o que Platão expõe no Livro Quarto da obra. Nele, Sócrates começa por enunciar um princípio segundo o qual as ações opostas (afetos e estados) não podem ser atribuídas a uma coisa em relação a uma mesma parte dela, em vista do mesmo objeto e simultaneamente. É então acordado que desejar e ser avesso ao desejo são opostos e, assim, quem deseja fazer algo e ser avesso a fazer algo são opostos em relação ao mesmo objeto. Isso acontece frequentemente mesmo na alma de um mesmo indivíduo, que deseja fazer alguma coisa e ao mesmo tempo é avesso a fazer essa mesma coisa.

Isso acontece, por exemplo, quando uma pessoa está com sede e com base nesse fato quer beber, mas ao mesmo tempo quer não beber, isso com base em algum cálculo ou deliberação interior, e de fato consegue abster-se de beber, ainda que sedento – embora são. Segue-se a partir disso afirmando que a alma humana inclui, pelo menos, duas áreas distintas, de modo que a primeira em nosso exemplo (o desejo de beber) pode ser atribuída a uma delas e a segunda (a deliberação por recusar a bebida) pode ser atribuída à outra. Tomando-se a ter razão e apetite como partes distintas da alma identificada, Sócrates chama a atenção para outros tipos de conflito entre desejos.

A razão é a parte da alma, por sua própria natureza, ligada ao conhecimento e à verdade. A lógica (*logistikon*) é a parte pensante da alma que ama a verdade e procura aprender. Platão identifica originalmente a alma dominada por essa parte com o temperamento filosófico, ao saber o que é verdade e o que é falso, e àquele que sabiamente toma suas decisões de acordo com o seu amor pela bondade. Entende-se ainda que se trata da menor parte da alma (bem como os guardiães são a menor população dentro de *A República*) – uma alma pode ser tida como bem ordenada, entretanto apenas se todas as três partes concordarem que a parte racional deve regrar as demais.

A parte irascível da alma é aquela pela qual ficamos zangados ou a que nos confere espírito elevado; inicialmente se identifica a alma dominada por essa parte com as almas bastante corajosas dos guerreiros. Na alma do injusto, essa parte se alia à apetitiva, ignorando a parte racional e manifestando-se como a demanda para os prazeres do corpo.

Finalmente, a parte apetitiva é a parte da alma pela qual experimentamos carnal erótico do amor, da fome, da sede e, em geral, todos os desejos que se opõem, em tese, às deliberações da parte racional da alma. Trata-se da parte da alma envolvida também com o desejo de fazer dinheiro, que em *A República* se menciona como a marca especial dos fenícios e egípcios.

Visto da perspectiva da teoria da alma apresentada no *Fédon*, a teoria em *A República* envolve não tanto uma divisão da alma como uma integração na alma das funções mentais ou psicológicas que lhe foram atribuídas, um tanto problematicamente, também para o corpo. Em ambos os diálogos, Sócrates apela para o mesmo trecho da *Odisseia*, no qual Ulisses vence sua própria raiva.

No *Fédon*, para exemplificar um conflito entre a alma e o corpo; em *A República*, para exemplificar um conflito entre duas partes ou aspectos da alma, a razão e o apetite. O que *A República* oferece é uma teoria da alma, que, entre outras coisas, permite atribuição de (em princípio) todas as funções mentais ou psicológicas a ela. A teoria respeita, portanto, a unidade da mente, no que difere da teoria do *Fédon*. Além disso, a teoria de *A República* também oferece uma articulação atraente e bem suportada de desejo em diferentes tipos, que tem profundas implicações tanto para o que é ter uma alma em condições ideais e por quanto é que esta condição é melhor trazida.

Como alguns outros comentadores fazem, Kelsen dissolve as fronteiras entre a parte irascível e a parte desejante da alma, e fá-lo de modo interessante: mostrando que também no texto de *A República* a divisão de classe mais importante se dá entre os guardiães e os produtores – é de menor relevo

74 | O ERRO DE KELSEN · *Alvaro de Azevedo Gonzaga*

que no interior da classe dos guardiães exista uma elite filosófica. Há em seu texto também uma relativização da oposição entre o bem e o mal.

Assim, em que pese a inferioridade da classe produtora, diz Kelsen:

"Platão não pode deixar de considerar essa classe um componente necessário do seu Estado ideal, sobretudo porque é ela, afinal, que com seu trabalho mantém viva a classe dominante, ou, como ele diz, é dela que os guardiães recebem 'seu sustento [...] como remuneração por seu ofício de vigilantes'"[102].

Diferentemente do que ocorria no *Fédon*, segundo Kelsen, em *A República* a sede do mal é, inequivocamente, a alma humana (e não o corpo). Ora, se o mal encontra guarida na alma, e não é incompatível com a natureza desta, então é esperado que haja almas más – e não só boas. No interior dessa baliza, devemos admitir também as almas intermediárias (mais ou menos boas ou más). Assim sendo, para Platão, bem e mal estão no geral mesclados.

Uma última controvérsia que Kelsen explora diz respeito ao suposto abandono, ao final de *A República*, da tese de tripartição da alma por Platão. Pressupõe-se que aquilo que é eterno não pode ser composto de diversas partes, e assim o que se disse sobre a tripartição, conquanto correto como exposição do estado atual, não pode ser tomado como a "verdadeira constituição da alma"[103] – essa é a alma boa, seja no Aqui, seja no Além.

A questão da divisão da alma também domina o diálogo *Fedro*, no qual se principia diferenciando a alma divina – que são "tão somente boas"[104] – da alma humana – que contém elementos bons e elementos maus, conforme é mostrado no Capítulo 55, "O problema da alma no *Fedro*".

A metáfora de que Platão se vale, nesse texto, para falar da alma é a de um carro alado, o qual é puxado por dois cavalos e conduzido por um cocheiro. Em uma delas, o cocheiro é um ser divino e os cavalos são nobres; na outra, o cocheiro é humano e os cavalos de procedência confusa, sendo apenas um deles nobre, e o outro constituído de mal.

Explica Kelsen: "A distinção entre a alma divina e a humana, exigida pela religião, só é possível transferindo-se, para a alma, a oposição entre Bem e Mal. O Mal precisa ter sua sede na alma humana, para se diferenciar esta úl-

---

[102] KELSEN, H. *A ilusão da justiça*. São Paulo: Martins Fontes, 2008. p. 369.

[103] KELSEN, H. *A ilusão da justiça*. São Paulo: Martins Fontes, 2008. p. 372.

[104] KELSEN, H. *A ilusão da justiça*. São Paulo: Martins Fontes, 2008. p. 375.

KELSEN, UM LEITOR DE PLATÃO | **75**

tima – como inferior – da alma dos deuses"[105]. Nesse diapasão, a metáfora da parelha de cavalos apenas se presta a expressar o estado da alma antes da encarnação: o objetivo de Platão é justamente distinguir as almas que chegam ao conhecimento total e absoluto das ideias das almas que, em razão do peso que lhes é inerente (ou do cavalo mal que as empurra para a terra), só a grande custo obtém êxito em contemplar as ideias ou mesmo feições destas.

Quanto à vivência pós-terrena da alma, o *Fedro* não difere muito do disposto nos mitos da paga do *Górgias*, de *A República* e do *Fédon*. Persiste, assim, a máxima de que quem vive justamente tem boa sorte nesse momento, enquanto quem levou a vida injustamente pior sorte obterá.

Kelsen define o *Filebo* como um texto cujo escopo central é se constituir em uma psicologia dos prazeres a serviço da ética (já que desde o início da obra se assume que se trata de uma investigação acerca do bem), como ressalta o Capítulo 56, "A 'psicologia' do *Filebo*".

O diálogo se inicia com a fala de Filebo, que Platão procurará desconstituir, segundo a qual o prazer é bom para todas as criaturas. O filósofo enquadra o prazer como *apeiron* (o ilimitado) e considera que a condição humana envolve ainda a possibilidade de limitação (associada ao Bem), sendo essa operação simbolizada na figura da deusa Afrodite. O Mal (expressão do ilimitado) é transformado em Bem quando "o ilimitado – isto é, o informe, o caótico-desordenado – é compelido rumo ao limite, à norma e à forma fixa"[106].

A grande novidade argumentativa surge quando se propõe que o prazer, ao contrário do que havia restado sugerido, não é inteiramente mau, e que "deve, portanto, haver também prazeres bons – porque o prazer é anímico, e a alma, em relação ao corpo, representa para Platão o Bem"[107]. Para ser mais exato, conclui-se, o prazer é capaz, às vezes, de ligar-se à natureza do Bem, mas não é, de modo algum, o Bem em si.

O Capítulo 57, "A teoria da alma no *Timeu*", traz um diálogo que expressa a posição de Platão acerca da gênese do mundo e, nesse passo, de como se dá o nascimento da alma. Diz Kelsen:

> "De algum modo, essa alma já contém o germe do Mal; sua criação dá-se, desde o princípio, tendo em vista a transmigração da alma, que está sob o

---

[105] KELSEN, H. *A ilusão da justiça*. São Paulo: Martins Fontes, 2008. p. 379.

[106] KELSEN, H. *A ilusão da justiça*. São Paulo: Martins Fontes, 2008. p. 389.

[107] KELSEN, H. *A ilusão da justiça*. São Paulo: Martins Fontes, 2008. p. 392.

signo da retribuição. É por isso que Platão atribui a criação dos homens enquanto tais não diretamente à instância suprema – ao criador do mundo, que personifica o valor absoluto –, mas tão somente aos deuses"[108].

Ora, os deuses criam os homens não apenas envolvendo corpos nas almas divinas e imortais legadas pelo demiurgo, mas introjetando-lhes nos mesmos corpos, outrossim, outra espécie de alma, mortal e humana. Com efeito, a transmigração da alma nos seus subsequentes nascimentos depende da vida justa ou injusta que se levou a termo. Por exemplo: os homens que foram levianos o bastante para crer que os fenômenos celestes aos quais tiveram acesso mediante a visão ofereciam as explicações mais seguras das coisas terminam por tornar-se pássaros na vida seguinte. É a partir da retribuição, pois, que se explica a existência dos animais.

No último texto de Platão, "O papel da alma nas *Leis*", 58º Capítulo do livro, a alma é tratada como algo total, que congrega tanto o intelecto como o sensível, e, assim, tanto o Bem quanto o Mal. Nesses termos, a alma humana é descrita como parte escrava, parte livre. A depender da disposição específica da alma de cada um, o homem pode ter maior ou menor participação na essência verdadeira das coisas.

Na visão de Kelsen,

"essa tendência à relativização da oposição entre Bem e Mal é sintoma bem característico de uma disposição bastante otimista e inclinada ao compromisso; é expressão de uma certa confiança em poder melhorar a realidade social e da esperança em uma atividade política ativa"[109].

A teoria da reminiscência postulada por Platão no *Górgias* e no *Mênon*, diz Kelsen, serve ao propósito de enquadrar a justiça como uma ideia no sentido rigoroso do termo, ou seja, como uma substância objetiva de conhecimento possível – pela alma – no espaço transcendente, como trata o Capítulo 59, "A justiça e a doutrina das ideias".

Esboça-se aí, com efeito, uma teoria do conhecimento fundada no princípio da afinidade, cuja tese básica propõe que o conhecimento se dá entre assemelhados, que sujeito e objeto tem que ser assemelhados um ao outro. Assim é que "como o olho tem de ser solar para ver o sol – ou, por meio deste, as coisas –, também o objetivamente justo (ou bom) somente é apreensível

---

[108] KELSEN, H. *A ilusão da justiça*. São Paulo: Martins Fontes, 2008. p. 395.

[109] KELSEN, H. *A ilusão da justiça*. São Paulo: Martins Fontes, 2008. p. 401.

pelo subjetivamente justo (ou bom); em outras palavras: a ideia só é apreensível por meio da alma"[110].

O problema que se coloca para a justiça é o da relação entre pensamento e percepção, uma vez que no Aqui, no mundo sensível, o que se pode ter no máximo, portanto, são aproximações do Justo, do Bom – que só podem existir de modo pleno no Além (onde a alma imortal pode conhecê-lo e disso se lembrar quando da passagem pelo Aqui).

Para Platão, então, o "justo pode permanecer irreal, contanto que a justiça seja real"[111]. Com isso, quer-se dizer que a justiça "material", ou seja, aquilo cujo conceito está perfeito em ideia, por isso mesmo não pode existir no nosso mundo sensível, no Aqui. O valor da justiça reside precisamente em seu conceito, pois não se apresenta no Aqui de modo "concreto".

Desvela-se em Platão, diz Kelsen, uma mútua identificação e implicação entre as teorias da alma e da ideia: "a relação entre alma e corpo, Além e Aqui, repete-se – abordando-se a questão do ponto de vista da teoria do conhecimento – na relação entre ideia e realidade empírica", de acordo com o Capítulo 60, "A doutrina das ideias do *Fédon*, do *Banquete* e do *Fedro*"[112].

Para Kelsen, a "doutrina das ideias é uma ideologia da alma; a doutrina da alma, uma ideologia da justiça; e a doutrina da justiça, uma ideologia do direito positivo de uma determinada ordem social"[113]. E a justiça, afinal, não outra coisa que não pagar o bem com o bem. Em outras palavras, o valor moral é o que propriamente define a justiça.

Importa consignar a questão da objetividade dos valores contemplados por Platão: um juízo afirmativo do belo ou do bom de modo algum expressa na sua filosofia uma preferência, uma sensação subjetiva (enfim, um componente emocional do homem), e tampouco se diz com o escopo reduzido de uma opinião pessoal; pelo contrário, em Platão a gravidade das afirmativas reside exatamente na sua pretensão de objetividade universal.

Diz Kelsen: "Quando algo é bom ou belo, no verdadeiro sentido da palavra; quando um comportamento é realmente justo, ele não é meramente bom, belo ou justo em relação a um determinado sujeito, mas é bom, belo

---

[110] KELSEN, H. *A ilusão da justiça*. São Paulo: Martins Fontes, 2008. p. 409.

[111] KELSEN, H. *A ilusão da justiça*. São Paulo: Martins Fontes, 2008. p. 411.

[112] KELSEN, H. *A ilusão da justiça*. São Paulo: Martins Fontes, 2008. p. 413.

[113] KELSEN, H. *A ilusão da justiça*. São Paulo: Martins Fontes, 2008. p. 414.

ou justo em si e por si"[114]. E um dos pressupostos básicos que permite Platão afirmar isso é o reconhecimento de que, se tudo muda o tempo todo, se tudo é transitório (como se verifica no mundo sensível), não é possível haver, no sentido estrito da palavra, conhecimento.

O desenvolvimento da doutrina platônica das ideias no Capítulo 61, anota Kelsen, atinge o seu acabamento maior em *A República*. Na obra resta explicitado o sentido normativo da ideia, vale dizer: a importância que existe no fato de o filósofo conseguir acessar "aquilo que é" reside justamente na possibilidade de que isso, em alguma medida, possa ser concebido como uma ordem jurídica justa, como algo para o que se empregará todas as forças para atingi-lo, para imitá-lo.

Na alegoria da caverna, Platão mostra a dificuldade de acessar a ideia de Bem, cognoscível apenas no fim de todo o custoso processo de conhecimento. A ideia de Bem é escopo da alegoria, "pois pretende apontar para onde o homem tem de dirigir seu espírito, a fim de que haja corretamente em 'assuntos privados ou públicos'"[115]. E a primeira marca importante daquele homem que vive no mundo sensível reconhece, depois de ter contato com o Bem, é a verificação da mera sombra de justiça que informa o direito positivo, o direito terreno, em face da sua ideia.

No Capítulo 62, "A relação entre ideia e realidade", é a noção de participação que propicia o vínculo, para Platão, entre a ideia e a "realidade" concreta (usamos "realidade" aqui no sentido corrente atual – a rigor, para Platão o real é o ideal e o ideal é o real). Com efeito, uma ação, por exemplo, é boa na medida em que esteja estabelecida em uma norma como devida, ou seja, em que o Ser empírico participa do Dever-ser ideal. De outra perspectiva, uma ação está no nível do mundo do Ser quando busca sua causa e seu efeito "físicos", e no nível do mundo do Dever-ser quando se busca o seu valor, a despeito de qualquer relação de causalidade.

O dito idealismo de Platão deve ser entendido também como um normativismo das ideias (ou uma teoria do *nomos*). E assim, afirma Kelsen no Capítulo 63, Platão não pode, no âmbito da sua doutrina das ideias, "reconhecer uma *physis* distinta do *nomos*"[116]. Então, no plano da cidade ideal, justa, é que se realiza o direito natural.

Defende Kelsen, no 64° Capítulo, que, a partir de *A República*, a ideia incorpora mais um sentido, para além do normativo: o sentido ontológico.

---

[114] KELSEN, H. *A ilusão da justiça*. São Paulo: Martins Fontes, 2008. p. 418.

[115] KELSEN, H. *A ilusão da justiça*. São Paulo: Martins Fontes, 2008. p. 424.

[116] KELSEN, H. *A ilusão da justiça*. São Paulo: Martins Fontes, 2008. p. 431.

KELSEN, UM LEITOR DE PLATÃO | **79**

Isso porque nesse texto a ideia expressa não apenas um fundamento ético-normativo (do Dever-ser), mas igualmente a causa do Ser (como natureza). E isso depende de uma importante mudança na sua concepção: em vez de serem entendidas como estáticas, imutáveis, as ideias passam a ser tomadas como potências dinâmicas.

Kelsen identifica isso, essa concepção da ideia, e especialmente da ideia de Bem, ao papel atribuído aos deuses nas religiões monoteístas: "o papel de autoridade moral suprema e, ao mesmo tempo, de criador do universo"[117], ou seja, a ideia de Bem é dotada de uma "legalidade não apenas normativa, mas também causal"[118].

No *Político*, indica Kelsen, a oposição entre Bem e Mal é apresentada não sob o prisma de diferentes registros no espaço – o mundo das formas e o mundo sensível – como em *A República*, mas a partir de uma perspectiva temporal, o antes e o agora, conforme alude o Capítulo 65, "A ruptura da especulação acerca de Bem e Mal".

Assim, ora o mundo se desenvolve sob as forças contraditórias, ora governado pelo princípio do Bem, ora pelo princípio do Mal. O período do Bem é tomado como uma idade de ouro e associado a Cronos. Quando, porém, o homem é abandonado pelos deuses e deixado só para governar o mundo por si mesmo, o caminho que se percorre é o oposto.

Já em *As Leis*, aduz Kelsen, Platão não mais esconde a existência da "alma má do mundo", ou seja, é conferida, em alguma medida, realidade ao Mal. Do ponto de vista mais amplo do *Corpus* platônico, há uma transição da doutrina das ideias para a doutrina da alma.

A possibilidade de se responsabilizar os indivíduos pelo mal que cometem se torna problemática se toda ação boa tem como causa deus, que é o criador do Bem, e, por outro lado, se toda ação má tem como causa o anti-deus, criador do Mal, como é mostrado no Capítulo 66, que aborda "A luta do Bem contra o Mal e a liberdade da personalidade moral".

O mito final de *A República*, contudo, apresenta os contornos da saída de Platão para a liberdade humana – e, assim, para a possibilidade de se responsabilizar pessoalmente cada homem: apresenta-se a noção de uma luta entre o Bem e o Mal no interior de cada um, revelando-se a possibilidade de autodeterminação, de escolha de caminhos. Cita Kelsen:

---

[117] KELSEN, H. *A ilusão da justiça*. São Paulo: Martins Fontes, 2008. p. 432.

[118] KELSEN, H. *A ilusão da justiça*. São Paulo: Martins Fontes, 2008. p. 434.

80 | O ERRO DE KELSEN · *Alvaro de Azevedo Gonzaga*

"Vossa sorte não é determinada pelo demônio, mas sois vós que escolheis o demônio"[119].

No início do Capítulo 67 Kelsen formula o que entende ser um dos problemas capitais elaborados por Platão – e que em sua visão permanece sem resposta na obra do filósofo: "o que é verdadeiramente o Bem, que, em algum sentido, contém também a justiça?"[120].

A crença na paga, defende Kelsen, tem valor limitado, pois o que faz, apenas, é ligar o Bem ao Bem – e à noção de recompensa – e o Mal ao Mal – e à noção de punição. Porém, diz ele, não chega ao que é decisivo: no que consiste o Bem, e quando um comportamento humano pode ser considerado bom e mal o comportamento oposto.

A busca pela compreensão do Bem, diz o jurista, é por isso mesmo o cerne de *A República*, culminando na teoria das ideias que possui, como elemento supremo, a ideia do Bem.

Em "O Estado ideal: sem solução para o problema da justiça", 68° Capítulo, Kelsen faz algumas considerações de ordem geral sobre a filosofia platônica e, particularmente, sobre *A República*. A respeito dessa obra, diz ele que ela não oferece a resposta sobre o que é o Bem, limitando-se a afirmar sua existência. Avaliando esse ponto, diz ele que: "todo o grandioso firmamento das ideias, erigido acima do mundo terreno, nada mais é que expressão poético-filosófica dessa afirmação"[121].

Segue Kelsen ensinando que o propósito de *A República* não é exatamente o de defender um Estado ideal: se se cuida na obra de um Estado, é porque sua estrutura é considerada análoga à estrutura composicional do homem, e naquele registro se pode ver melhor aquilo que Platão almeja buscar, aí sim, para o indivíduo: a justiça. A exposição do filósofo vai no sentido de que um pré-requisito para que o homem aja de maneira justa e, então, seja justo, é a correta disposição das partes de sua alma.

Assim é que a constituição (*politeia*) de *A República* preocupa-se muito mais com a educação do que com o aspecto especificamente político. Trata-se, pois, de detalhar a educação dos guerreiros, e, a partir disso, de como se formarão os filósofos (estes, destinados a governar). O conteúdo visa permitir que se apreenda o método para que se possa ver o absolutamente bom;

---

[119] KELSEN, H. *A ilusão da justiça*. São Paulo: Martins Fontes, 2008. p. 444.

[120] KELSEN, H. *A ilusão da justiça*. São Paulo: Martins Fontes, 2008. p. 446.

[121] KELSEN, H. *A ilusão da justiça*. São Paulo: Martins Fontes, 2008. p. 448-449.

KELSEN, UM LEITOR DE PLATÃO | 81

saber o que é o Bem é o objetivo maior do filósofo e, da perspectiva política, é o que confere fundamentação jurídica para o seu governo.

É claro que, como destaca Kelsen, e como de resto já estava sugerido na proposta da divisão da população em classes, a filosofia é, segundo Platão, uma atividade para poucos. Portanto, ainda que a ideia platônica de Bem tenha uma proposta de universalidade, ela escapa da maioria dos componentes da humanidade.

A dificuldade de um possível filósofo, nesses termos, convencer os homens a deixarem-se governar é um dos desafios que torna problemática para Platão a possibilidade de efetivação desse ideal no mundo sensível. Conclui-se esta seção lembrando-se de uma clássica passagem do Livro IX de *A República* no qual Platão expressa claramente o seu ceticismo quanto à possibilidade prática dos ideais propostos no âmbito do Estado (mas, por outro lado, a sua esperança de que, ainda que em poucos homens, essa ordem possa se realizar no interior, na sede da alma).

Kelsen principia o Capítulo 69 relembrando a modéstia de Platão e de Sócrates, de que ele desconfia. Depois, passa a indicar o caminho da tripartição de classes e da divisão de trabalho como o núcleo que norteia a definição de justiça. E lembra uma passagem importante de Platão a esse propósito: "cada um só pode cuidar de apenas um dos negócios relativos ao Estado, ou seja, daquele para o qual, por natureza, se encontre mais habilitado"[122].

Para Kelsen, o projeto platônico de paralelismo entre alma e Estado falha quando se busca transportar esse instrumental de divisão de trabalho para a função anímica: se se fosse importar totalmente a proposta, teríamos uma situação em que nenhuma das partes da alma pode interferir na outra. Porém, diz ele, Platão mostra que a justiça na alma reside exatamente no autodomínio, que é compreendido como o domínio da parte racional sobre as outras partes, ou seja: cuida-se do "governo da razão sobre as duas outras partes da alma – a da coragem e a dos desejos –, e a razão só pode exercer esse governo orientando as outras duas partes e, portanto, imiscuindo-se fundamentalmente em seus assuntos [...]"[123].

Kelsen vê aí sobretudo uma crítica e repulsa de Platão pela democracia, pois o que seria vedado seria não tanto a interferência entre as partes no geral, mas um tipo específico de interferência: a do componente dos desejos

---

[122] KELSEN, H. *A ilusão da justiça*. São Paulo: Martins Fontes, 2008. p. 461.

[123] KELSEN, H. *A ilusão da justiça*. São Paulo: Martins Fontes, 2008. p. 463.

na parte racional, ou seja, da perspectiva política, a participação popular no exercício do poder.

A Platão, Kelsen ainda atribui o papel de teórico de uma ideologia conservadora do direito natureza, pois o que o filósofo indica como "natural", como a função para a qual cada um está habilitado, viria não da natureza, mas de um escritor, de um filósofo. E, em âmbito ontológico, ele atribui esse conservadorismo a outra tese presente em *A República*: a de que "o ser absolutamente bom das ideias não admite qualquer mudança. O que é perfeitamente bom só pode fazer-se pior pela mudança"[124].

Depois, o comentador destaca que, ainda que se possa falar de justiça no sentido político, nesse registro a justiça só pode ser compreendida como uma imagem, pelo menos em *A República*: corresponde a uma ordem social que é precondição para que o homem se comporte de um modo que, aí sim, podemos denominar justo.

Kelsen considera o fato de Platão então submeter o filósofo à necessidade de ter a visão do Bem um novo artifício para não atender à resposta desejada sobre a justiça. A articulação entre as duas noções é assim apresentada: apenas com a cooperação da ideia do Bem é que a ação justa ganha sentido, tornando-se proveitosa e útil. Com efeito, a discussão sobre o Bem, invisível (uma ideia), é rebaixada por Sócrates para uma especulação sobre o filho do Bem, visível, sensível, representado pelo sol.

O Capítulo 70 mostra que a educação do filósofo é permeada por diversas disciplinas: a ginástica, a música, a aritmética, a geometria, a astronomia etc. Nada obstante, todas essas matérias são apenas uma propedêutica para a ciência voltada para a verdadeira essência das coisas, um tipo de conhecimento que só uma alma filosófica tem condições de aprender: a dialética (entendida como a ciência que mais pode aproximar o homem do conhecimento do Bem).

A descrição da dialética, de fato, faz crer que ela é uma espécie de método socrático aprimorado, ou seja, de um modelo de debate voltado para conceitos. Trata-se de um processo eminente e rigorosamente racionalista. Como diz Kelsen, lembrando passagens de Platão: o intelecto pensante, pelo poder da dialética, aprende seu objeto sem empregar os sentidos, mas tão somente os conceitos (quanto à diferenciação da retórica, que vem à mente de qualquer um que pense nessa proposição, tem-se que a dialética é a arte do debate conceitual empregada por pessoas moralmente virtuosas).

---

[124] KELSEN, H. *A ilusão da justiça*. São Paulo: Martins Fontes, 2008. p. 476.

O problema em relação à definição do Bem surge quando, na sua *Carta VII*, Platão dispõe que a ideia de Bem sobrepuja o ser e por isso não pode ser definida conceitualmente, nem sequer expressa em palavras. Por isso Kelsen atribui a Platão a pecha de místico, que para ele termina por contaminar toda a sua filosofia. Diz ele: "A mística de Platão, essa mais completa expressão do irracionalismo, é uma justificação de sua política antidemocrática, a ideologia de uma autocracia"[125].

Para desenvolver a temática estampada no título do Capítulo 71, "A ausência de conteúdo do conceito de justiça", retoma-se aqui o *Filebo*, em que se coloca o Bem como uma mistura da razão, voltada para o Bem, com prazeres que acompanham a virtude, também associados ao Bem. E se diz, pois, que, se não é possível conceituar o Bem em uma única ideia, pode-se apanhá-lo de três perspectivas: a da beleza, a da proporção e a da verdade.

A identificação da justiça à igualdade feita em *As Leis* por Platão prevê dois tipos de consideração: a igualdade aritmética (segundo a medida, o peso e o número) e a igualdade proporcional (na qual se concede o igual aos iguais, cada um sendo tratado consoante o que lhe é devido). Kelsen não vê nisso nenhum avanço, mas apenas uma troca de problemas, pois agora o filósofo se vê enredado na dificuldade de definir o que é maior e o que é menor, por exemplo, em relação a virtudes e modos de agir, o que ele não toca e, assim, fica sem solução.

O Capítulo 72, "Democracia ou autocracia", começa lembrando a tese de que parte o *Político*: a de que jamais uma massa de pessoas seria capaz de absorver o conhecimento necessário para administrar o governo de uma maneira racional. O desprezo de Platão é tão grande, diz Kelsen, que nem sequer se admite que, mediante certa ordem legal, seja possível chegar a um governo democrático que se aproxime do ideal.

Melhor que um governo de leis, para Platão, é um governo em que possamos nos beneficiar da sabedoria viva de um filósofo. Jamais uma legislação positivada pode dar conta da mutabilidade característica do mundo sensível, do devir. Daí a importância de um filósofo no governo: trata-se de alguém que pode decidir cada caso concreto de acordo com a sabedoria disponível.

Muito embora reconheça o direito natural, Platão, em *As Leis*, admite a necessidade do direito positivo. Kelsen diz que, nesse ponto, a doutrina platônica permaneceu de acordo com o que pensava Sócrates. Cita, para confirmar isso, alguns diálogos de Xenofonte, nos quais Sócrates fazia questão

---

[125] KELSEN, H. *A ilusão da justiça*. São Paulo: Martins Fontes, 2008. p. 491.

84 | O ERRO DE KELSEN · Alvaro de Azevedo Gonzaga

de frisar a identidade entre o justo e o legal, de acordo com o Capítulo 73, "A harmonia entre a justiça e o direito positivo na ética de Sócrates".

Nessa obra, Platão defende que sofrer uma injustiça é melhor do que cometê-la. Entende-se aí a injustiça como uma violação ao direito positivo. Mas, e aí sua tese ganha força, violar o direito positivo significa, também, violar o que a natureza dispõe. Com toda essa alta qualificação atribuída ao direito é que o filósofo poderá comparar a aplicação de leis à medicina: assim como os doentes são levados ao médico, os que praticam injustiças são levados ao juiz, que pela cominação de uma pena irá curá-los (do mal da injustiça), conforme o Capítulo 74, "Justiça e direito positivo no *Górgias*".

O Capítulo 75, "Justiça e direito positivo na República", trata de uma dificuldade ordinária no campo do direito natural: se se admite a existência de uma justiça em nível total, então ou se nega o direito positivo – na medida em que esse ideal jamais coincidirá com o que se encontra no Aqui –, ou se admite a introdução de patamares intermediários de justiça entre o absolutamente justo e o absolutamente injusto. Diz Kelsen: "O direito positivo, na medida em que é justo também e, portanto, direito natural, é um direito natural de segunda ordem – o único possível entre os homens deficientes da esfera terrena"[126].

Como se acabou de ver, conquanto a ordem jurídico-social efetivada possa ser dita em alguma medida justa, essa justiça só pode ser relativa – pois é uma "sombra" da justiça absoluta que tem sede no mundo das ideias. Porém Kelsen, no 76º Capítulo, conclui que Platão enfatiza o aspecto positivo, ou seja, o vínculo entre a ocorrência do mundo sensível e o ideal: "são as sombras da justiça aquilo pelo que se luta nos tribunais. Apenas sombras, é verdade, mas sombras da ideia suprema!"[127].

Começa-se assinalando como Platão, em *As Leis*, considera ser a crença religiosa o motivo verdadeiramente efetivo para que as pessoas ajam em consonância com o direito posto. Contra o convencionalismo defendido pelos sofistas, Platão defende que inexiste oposição entre natureza e arte e natureza e direito. E mais: entende-se que "somente o direito que serve ao bem comum é direito, no verdadeiro sentido da palavra"[128], pelo que se pode garantir a força da legalidade, como mostra o Capítulo 77, "A teoria do direito natural nas *Leis*".

---

[126] KELSEN, H. *A ilusão da justiça*. São Paulo: Martins Fontes, 2008. p. 509.

[127] KELSEN, H. *A ilusão da justiça*. São Paulo: Martins Fontes, 2008. p. 511.

[128] KELSEN, H. *A ilusão da justiça*. São Paulo: Martins Fontes, 2008. p. 515.

O *Críton* traz uma questão diferente sobre as leis, diz Kelsen no Capítulo 78: não se cuida de saber se as leis são justas, se servem ao bem comum, mas sim se o homem que a elas está sujeito tem o direito de decidir sobre essas questões. A partir do exemplo de Sócrates, que, podendo fugir, resolveu cumprir a sua pena (de morte), o *Críton* se revela, então, uma apologia do direito positivo.

Encerra Kelsen:

"[...] a obrigatoriedade dessa ordem – isto é, a autoridade do Estado – não pode ser questionada pela atitude de um indivíduo que, sujeito a ela, ponha em dúvida a justiça dessa ordem em sua totalidade, ou que conteste uma norma particular. Aqui fica claro que a exigência do direito natural de que o direito positivo seja justo é paralisada por outra exigência, mandando que o súdito se submeta ao direito, ainda que o tome por injusto"[129].

Posto isso, Kelsen apresenta uma perspectiva turva do conceito de justiça platônica, que merece considerações a serem tecidas no próximo capítulo.

---

[129] KELSEN, H. *A ilusão da justiça*. São Paulo: Martins Fontes, 2008. p. 517.

Capítulo 3

A MATURIDADE PLATÔNICA EM *AS LEIS*

3.1
Considerações iniciais

Como dissemos anteriormente, *As Leis* compreende-se em uma obra da maturidade platônica. Trata-se de um trabalho de fôlego, que qualquer comentador que busque criticar ou elogiar o pensamento do ateniense deve considerá-la importante, tanto em seu temário quanto em sua época biográfica de desenvolvimento, uma vez que este percebe a necessidade de adequar sua República ao plano sensível, incluindo, ao menos, o elemento coercível.

A obra, dividida em doze livros, aborda os mais variados temas, são eles:

> Livro I – A guerra; as virtudes divinas e humanas; a embriaguez; a educação e as marionetes;
>
> Livro II – Os banquetes e vinho, educação com base nas virtudes; A experiência dos mais velhos e os coros;
>
> Livro III – A origem das constituições; hierarquia do Estado; legisladores e o povo; a questão da coercibilidade;
>
> Livro IV – Os homens de virtude; o acaso e a ocasião; formas de governo; "a divindade é a medida de todas as coisas"; deveres perante os pais; o legislador e o médico e o prelúdio ou preâmbulo;

Livro V – A alma e o julgamento, os bens, o corpo, a vida digna; sanções de origem humana, organização do estado, distribuição da renda; santuário e deuses; graus de excelência das constituições;

Livro VI – A escolha, os tipos e a importância do magistrado; votações para os cargos da nova constituição, Estado e Religião, casamento; escravo, equiparação da mulher em face do homem; a procriação;

Livro VII – A educação física e mental dos jovens;

Livro VIII – Legislação das festividades e sacrifícios às divindades, os jogos militares, amor e riquezas, perversões amorosas, o amor, as questões da agricultura, relações entre vizinhos, comércio e economia coletiva;

Livro IX – O direito criminal;

Livro X – A impiedade, suas formas e hierarquias, a alma;

Livro XI – O direito civil e o direito comercial;

Livro XII – A proposta sobre o justo e outras questões.

A seguir, buscaremos destacar alguns pontos importantes desses XII livros. Como assevera Lygia Watanabe: "Não se deve sequer tentar resumir uma obra clássica, qualquer que seja, porque estaremos sempre arriscados a perder sua essência"[1].

Desse modo, não faremos um resumo, mas sim uma rememoração de forma descritiva de alguns pontos de discussão do diálogo em comento. A fim de não perdermos o rigor filosófico nem a essência do discurso de passagens que julgamos importantes, citaremos *in verbis* trechos da obra.

3.2
Os XII Livros de *As Leis*: uma rememoração

No Livro I – A guerra; as virtudes divinas e humanas; a embriaguez; a educação e as marionetes – no prólogo, em 624a, há indagações entre *O ateniense*, *Clínias* e *Megilo* sobre a forma como as disposições legais são estabelecidas em seus respectivos Estados, havendo um consenso no sentido de que suas criações são divinas[2].

---

[1] KELSEN, H. Op. cit., p. 517.

[2] WATANABE, L. A. *Platão por mitos e hipóteses.* 2. ed. São Paulo: Moderna, 2006. p. 108.

A MATURIDADE PLATÔNICA EM *AS LEIS* | 89

Percebe-se que o tema do diálogo não é casual, não foi selecionado por acaso, pois se trata justamente de três legisladores indo à presença do deus para se inspirar em sua elaboração legislativa, fato esse que se presta a confirmar sua confiança nas respostas anotadas acerca da origem divina das leis.

Isso posto, inclusive, anota Thomas L. Pangle que:

> "É muito pouco provável que essa questão tenha sido colocada por simples ignorância, pois Platão nos mostra imediatamente que o Ateniense já sabia a resposta que a tradição homérica, pelo menos, fornecia. Afinal, como poderia o Ateniense ser ignorante a respeito da importância do caminho da caverna-santuário pelo qual ele e os outros estão andando?"[3].

Constata-se, pois, uma preocupação entre aqueles que dialogam a respeito da guerra como meta da legislação, em 625d-e: "*Clínias*: [...] E assim todos estes nossos costumes são adaptados à guerra e, na minha opinião, era este o objetivo que o legislador tinha em mente quando os determinou a todos".

Posteriormente em relação às reflexões sobre a guerra como essência da elaboração das leis, em 627a-b, surgem questionamentos relativos à virtude total, que deve ser a meta de toda legislação, e sobre como um Estado pode não somente ser afetado pelas guerras externas, mas também pelas guerras intestinas.

A discussão a respeito das virtudes, que já foi abordada, como exposto, em diversas obras como *Protágoras* e *A República*, retorna e se aprofunda, e cada um dos dialogantes expõe seus pensamentos. É possível perceber ao longo do discurso uma hierarquia como fio condutor de tais virtudes: temos a sabedoria, a prudência e a justiça. Ainda no discurso sobre as virtudes, po-

---

[3] Tradução nossa do trecho: "It is most unlikely that this question is prompted by simple ignorance, for Plato immediately shows us that the Athenian already knew the answer which the Homeric tradition, at least, provides. Besides, how could the Athenian be ignorant of the significance of the cave-sanctuary toward which he and the others are walking?" (PANGLE, T. Interpretative essay. In: *The Laws of Plato*. Chicago: The University of Chicago Press, 1988. p. 379). Inclusive, ensina Thomas Pangle: "Through the opening scene Plato teaches that to understand the full potential of politics one must imagine what would happen if a philosopher respectfully encountered the phenomenon of law in its fullest and most awesome expression – in a regime admired by mankind and endowed, by the chief among poets, with the timeless authority of the highest god" (PANGLE, T. Interpretative essay. In: *The Laws of Plato*. Chicago: The University of Chicago Press, 1988. p. 381).

90 | O ERRO DE KELSEN · *Alvaro de Azevedo Gonzaga*

de-se conferir a diferença entre os bens humanos e os bens divinos, e nessa seara também se delineia uma hierarquia entre eles, posicionando-se os bens divinos acima dos bens humanos, como se verifica em 631b-d:

> *"O ateniense*: [...] Ora, os bens são de duas espécies, a saber, humanos e divinos; os bens humanos dependem dos divinos e aquele que recebe o maior bem adquire igualmente o menor, caso contrário é privado de ambos. Entre os bens menores a saúde vem em primeiro lugar, a beleza em segundo, o vigor em terceiro, necessário à corrida e todos os demais exercícios corporais; segue-se o quarto bem, a riqueza, não a riqueza cega, mas aquela de visão aguda, que tem a sabedoria por companheira. A sabedoria, a propósito, ocupa o primeiro lugar entre os bens que são divinos, vindo racional moderação da alma em segundo lugar; da união destas duas com a coragem nasce a justiça, ou seja, o terceiro bem divino, seguido pelo quarto, que é a coragem. Ora, todos estes bens estão posicionados, por natureza, antes dos bens humanos, e, em verdade, assim deverá o legislador posicioná-los, depois do que deverá ser proclamado aos cidadãos que todas as outras instruções que recebem têm em vista esses bens; e que os bens humanos são orientados para os bens divinos, e estes para a razão, que é soberana"[4].

Compreende-se que a coragem é uma virtude muito importante para o Estado, pois ele, como instituição bélica, precisa que seus homens tenham tal virtude. E por meio dessa busca é que os homens que servirão e lutarão por ele deverão combater o temor, a dor e muitas formas de desejos, que podem atrapalhar seus objetivos mais nobres, como vemos em 633c-d.

A temperança também é tida como uma grande virtude e, para ser preservada, propõe-se que os exercícios físicos e as alimentações regradas

---

4 Note-se que a piedade não integra o rol da virtude platônico, e isso é significativo, pois veladamente consubstancia uma prova da mudança na tradição que está a ser articulada. Sobre a virtude, ensinam Brisson e Pradeau: "Platão forja a lista das quatro virtudes ditas 'cardinais', que definem a excelência respectiva das quatro principais disposições humanas [...]. Em primeiro lugar está a temperança (*sophrosýne*), que é ao mesmo tempo uma capacidade de bem julgar, um bom senso, e um autodomínio que adota sobretudo a forma de um domínio dos prazeres; depois, a coragem (ou virilidade, *andreía*), que é uma capacidade de julgar perigos temíveis; e a sabedoria (*sophía*), que é a excelência do conhecimento. Enfim, a justiça pode ser definida como a quarta virtude que acompanha o exercício exclusivo, de cada um, de sua função própria; ela é a virtude que significa o perfeito ordenamento das partes num todo: na alma humana, das três funções psíquicas (alma racional, irascível e apetitiva), e na cidade, dos três grupos funcionais (os governantes, os guardiões e os artífices)" (BRISSON, L. & PRADEAU, J.-F. *Vocabulário de Platão*. São Paulo: Martins Fontes, 2010. p. 74).

A MATURIDADE PLATÔNICA EM *AS LEIS* | 91

sirvam de incentivo. Em 636a: "*Megilo*: Certamente um assunto nada fácil! E, no entanto, provavelmente os repastos comuns e os exercícios físicos constituem boas concepções para fomentar essas duas virtudes".

Cabe relembrar o tratamento que o filósofo dispensou a esse ponto da temperança em *A República*:

> "A temperança, disse eu, é ordem e domínio de certos prazeres e desejos, segundo afirmam, nem sei como, os que usam a expressão 'senhor de si mesmo' [...] não é ridícula? Quem é mais forte que si mesmo também seria, claro, mais fraco que ele mesmo, pois é da mesma pessoa que se diz isso [...] parece-me que essa expressão significa que, no interior do mesmo homem, em sua alma, existe algo que é melhor e algo que é pior, e, se o que é melhor por natureza tem o domínio sobre o que é pior, a expressão usada é 'senhor de si mesmo'"[5].

Portanto, por meio das reflexões quanto aos meios de alcançar a temperança, surge uma nova pauta, o problema da embriaguez e suas consequências para a manutenção das virtudes. Crê o ateniense, assim, que somente "homem sóbrio e sábio que devemos instalar no comando de indivíduos ébrios, não o contrário, visto que um chefe de ébrios que fosse ele mesmo ébrio, jovem e tolo, se revelaria um grande felizardo se conseguisse se furtar a cometer um sério dano".

Ainda no assunto acima abordado, "*O ateniense*" também se preocupa em analisar se há algum proveito dos banquetes regados a vinho para a educação, em 641b-c[6].

---

[5]   PLATÃO. *A República*. 430e-431a.

[6]   "*O ateniense*: Bem, que grande vantagem diríamos que adviria ao Estado a partir do correto controle de uma única criança ou de um grupo de crianças? A uma tal questão assim colocada a nós responderíamos que o Estado extrairia pouco proveito disso; se, entretanto, se formula uma questão geral com referência a qual vantagem efetiva extrai o Estado da educação das crianças, então prover uma resposta será extremamente simples pois responderíamos que crianças bem-educadas se revelarão bons indivíduos, que sendo bons vencerão seus inimigos em batalha, além de agirem com nobreza em relação a outras coisas. Assim, se por um lado a educação também produz vitória, esta, por vezes, produz falta de educação visto que os homens amiúde se tornam mais insolentes devido à vitória na guerra, e através de sua insolência se tornam repletos de outros vícios incontáveis; e se ao passo que a educação jamais se mostrou até agora *cadmiana*, as vitórias que os homens obtêm na guerra com frequência foram e serão *cadmianas*."

À frente dos pensamentos do estrangeiro ateniense, *Megilo* declara sua admiração por Atenas (642c), e posteriormente Clínias também o faz (642e) "[...] Então nossos ancestrais passaram a permutar hospitalidade e amizade com os vossos, e desde então tanto meus pais quanto eu desenvolvemos uma afeição por Atenas".

Adiante, por meio de muitas comparações e análises, o ateniense profere sua definição do que é a educação:

> *"O ateniense*: O que afirmo é que todo homem que pretenda ser bom em qualquer atividade precisa dedicar-se à prática dessa atividade em especial desde a infância utilizando todos os recursos relacionados a sua atividade, seja em seu entretenimento, seja no trabalho (643b)".
>
> [...]
>
> *"O ateniense*: [...] a educação a que nos referimos é o treinamento desde a infância na virtude, o que torna o indivíduo entusiasticamente desejoso de se converter num cidadão perfeito, o qual possui a compreensão tanto de governar como a de ser governado com justiça (643e)".

Em 644d-e e 645a-c o ateniense apresenta uma alegoria em que oferece a imagem das marionetes[7]. Nela, dão-se alguns passos importantes sobre

---

[7]   *"O ateniense*: Vamos conceber a matéria da seguinte maneira: suponhamos que cada um de nós, criaturas vivas, é uma engenhosa marionete dos deuses, ou inventado para ser um brinquedo deles, ou para um propósito sério – com referência ao que nada sabemos, exceto que esses nossos sentimentos interiores, como tendões ou cordéis, os arrastam e, sendo postos em oposição recíproca, arrastam-se uns contra os outros para ações contrárias; e aqui jaz a linha divisória entre a virtude e o vício, pois como indica nosso raciocínio, é forçoso que todo homem obedeça a uma dessas forças de tração, não a soltando em nenhuma circunstância, contrabalançando desta forma à tração dos outros tendões: é o fio condutor, dourado e sagrado, da *avaliação* que se intitula lei pública do Estado; e enquanto os outros cordéis são duros e como aço, e de todas as formas e aspectos possíveis, esse fio é flexível e uniforme, visto que é de ouro. Com esse excelentíssimo fio condutor da lei nós temos que cooperar sempre pois considerando-se que a avaliação é sumamente boa, porém mais branda do que dura, seu fio condutor requer colaboradores para assegurar que a raça áurea dentro de nós possa derrotar as outras raças. Deste modo a alegoria que nos compara a marionetes não será sem efeito e o significado das expressões *superior a si mesmo* e *inferior a si mesmo* se tornará um tanto mais claro, e também quão necessário será para o indivíduo compreender o verdadeiro valor dessas forças de tração interiores e viver de acordo com isto, e quão necessário ao Estado (quando este recebeu tal valor seja de um deus, seja de um homem esclarecido) fazer disso uma lei para si e ser guiado por meio dela em sua relação tanto consigo

A MATURIDADE PLATÔNICA EM *AS LEIS* | **93**

o poder e sobre como devem os homens ser conduzidos. Alegoricamente, esclarece-nos que, nós, como marionetes, podemos ser conduzidos por duas espécies de fios, um de ouro e outro de aço. Os fios de ouro conduzem as leis do Estado e as virtudes que se espera, já os fios de aço contêm em si os vícios e as deficiências que tornam o homem em injusto, dualizando, nessa alegoria, o corpo da alma, o vício da virtude, o sensível do inteligível e o justo do injusto.

Expõe Platão sobre como devemos nos conduzir, tanto como homens quanto como cidade:

> "[...] ao atingirem o conhecimento da verdade do fio que neles existe, devem viver de acordo com a sua linha de tração; a cidade que tiver recebido de alguma divindade esse conhecimento ou de pessoa experiente, o elevará à categoria de lei, para pautar, de acordo com ela, tanto a sua própria administração como suas relações com outras cidades. Dessa maneira, faríamos com mais precisão a distinção entre o vício e a virtude"[8].

Entretanto, o homem como marionete dos deuses é o paradigma da educação em *As Leis*. Não há conflito entre o que é bom para o homem individualmente e o que é bom para a cidade. A alma humana e a cidade são concebidas por Platão como equivalentes. Principalmente, diz Pangle, a respeito do que é mais importante: para ambos, a lei deve ser a razão[9].

Sabendo perfeitamente como funciona a alma humana – basicamente suscetível ao prazer e à dor, mas também com alguma vocação, ainda que pequena, para a racionalidade – é que o legislador poderá determinar o programa educacional que irá potencializar o seu aspecto racional, ao menos na medida suficiente para que suas paixões não entrem em desacordo com a lei comum da cidade.

Platão então se revela interessado em descobrir e operar de forma racional nas profundezas da irracionalidade, que, segundo seus estudos, prevalece na natureza humana geral. Werner Jaeger resume e interpreta essa passagem da obra:

> "[...] quer tenhamos sido criados para simples joguete de Deus quer para uma elevada finalidade – e isto não o podemos saber por nós próprios –

---

mesmo quanto com outros Estados. Assim, tanto o vício quanto a virtude seriam para nós diferenciados com maior clareza [...]."

8   PLATÃO. *As Leis*. Trad. Carlos Alberto Nunes. Belém: UFPA, 1980. p. 43-44, 645b-c.

9   PANGLE, T. Interpretative essay. In: *The Laws of Plato*. Chicago: The University of Chicago Press, 1988. p. 400.

94 | O ERRO DE KELSEN · *Alvaro de Azevedo Gonzaga*

o certo é que os impulsos e as representações da nossa alma são os fios que de nós partem em várias direções. A perspectiva de gozar um prazer ou sofrer uma dor move a nossa vida instintiva na forma de sentimentos de coragem e de medo; a reflexão valorativa indica-nos qual dessas sensações é melhor ou pior. Quando esta reflexão constitui um acordo comum da *polis*, damos-lhe o nome de lei. [...] Deus ou quem O conhece dá o *logos* à *polis*, que o instaura como lei, a qual em seguida regula as relações da *polis* com ela própria e com os outros Estados. A obediência da alma ao *logos* é o que denominamos domínio de si. Com isto fica esclarecido o que é a *paideia*: é a direção da vida humana pelo fio do *logos*, manejado por Deus"[10].

Em relação à discussão proposta em 641, no Livro II – Os banquetes e vinho, educação com base nas virtudes; a experiência dos mais velhos e os coros –, sobre o banquete com vinho e a descoberta das disposições naturais humanas, o estrangeiro ateniense, em 652a a 653b, crê que é devido definir melhor o conceito de educação e desenvolver ideias a respeito de como os elementos dessa educação devem ser estabelecidos para que a sociedade se forme com base nas virtudes.

Nesse caso, as apresentações passam pelos benefícios da música em uma sociedade bem-educada, instituição dos três coros, críticas à educação espartana, valor técnico e valor moral, valor das artes, ginástica e música juntas na composição do coral e mais regras relativas ao uso do vinho.

Mais à frente, em 653c-d, o ateniense estrangeiro aborda a maneira com que os deuses se compadeceram dos humanos, já que, segundo ele, essa espécie é fadada à miséria[11], e depois mostra, em 653e-654a, que os deuses se prontificam a serem nossos parceiros de dança, concedendo a agradável percepção do ritmo e da harmonia que nos liga mediante canções e danças.

---

10 JAEGER, W. *Paideia*: a formação do homem grego. 3. ed. São Paulo: Martins Fontes, 1995. p. 1314-1315.

11 "*O ateniense*: [...] E prosseguindo notaremos que essas formas de treinamento infantil, que consistem na correta disciplina dos prazeres e das dores, se afrouxam e se debilitam numa grande medida ao longo da vida humana: assim, os deuses, compadecidos pela espécie humana deste modo nascida para a miséria, instituíram os banquetes de ação de graças como períodos de trégua em relação às vicissitudes humanas; e à humanidade conferiram como companheiros de seus banquetes as Musas, Apolo, o mestre da música e Dionísio para que pudessem, ao menos, restabelecer suas formas de disciplina se reunindo em seus banquetes com os deuses."

A MATURIDADE PLATÔNICA EM *AS LEIS* | **95**

Em 654b, conclui: "*O ateniense*: E, portanto, o homem bem-educado terá a capacidade tanto de cantar quanto de dançar bem"[12].

Em 655b, o ateniense resume seus pensamentos até aqui, ao asseverar:

> "*O ateniense*: [...] E para nos poupar uma discussão tediosamente longa, resumamos todo o assunto afirmando que as posturas e as melodias que se vinculam à virtude da alma ou do corpo, ou a alguma imagem deste, são universalmente belas, enquanto que aquelas que se vinculam ao vício, são exatamente o contrário".

A figura do homem mais velho, no pensamento platônico, ou seja, aquele que tem mais de trinta anos[13], é dotada de experiência de vida e, portanto, tem mais autoridade para opinar e decidir o que é melhor e mais justo. Em 659d diz: "*O ateniense:* a educação é o processo de atrair e orientar crianças rumo a esse princípio que é pronunciado como correto pela lei e corroborado como verdadeiramente correto pela experiência dos mais velhos e dos mais justos".

A contar dos novos pensamentos a respeito da educação, em 662c-d, nasce também a preocupação sobre como pode e deve ser a vida ideal, agradável e justa e como é a definição de uma vida injusta e desagradável. Assim, o estrangeiro e "*Clínias*" concordam, em 663d, que a vida injusta não é apenas mais ignóbil, como também desagradável ante a vida justa e piedosa.

Posteriormente, "*O ateniense*" menciona "os três coros", clara referência a Esparta, que habitualmente contava com três coros masculinos nos festivais que incluíam sempre a dança: o dos meninos, o dos moços e o dos homens mais velhos. Em 664c-d, explica a dinâmica dos coros.

As crianças, em primeiro lugar, consagrariam as Musas para cantar essas máximas com vigor para toda a cidade, logo depois viria o coro daqueles que

---

[12] Nota da p. 107 do tradutor. PLATÃO. *As Leis*. Trad. Carlos Alberto Nunes. Belém: UFPA, 1980: "Do ponto de vista da educação especialmente, Platão tem em altíssima conta a formação dos gostos e das aversões, o que detém um peso francamente estético. [...] Para Platão a criança bem educada deveria se sentir instintivamente atraída para o belo e experimentar uma repulsa imediata diante do feio. Isto conduz a uma espécie de conjunção entre o estético e o ético, pois o belo acaba se identificando com o bom e o feio com o mau".

[13] Vimos no contexto histórico que naquela época a faixa etária de 30 anos já poderia considerar-se velho. Nesse sentido: LOPES, J. R. de L. *O direito na história*. 2. ed. São Paulo: Max Limonad, 2002. p. 33-34.

têm menos de trinta anos, invocando Apolo *Paeon*, em terceiro viria a coro dos mais de trinta e menos de sessenta anos, que têm a responsabilidade de encantar os mais novos na arte da educação.

Quanto *às* músicas voltadas para crianças, vale recorrer aos ensinamentos de Werner Jaeger para que tenhamos clara a importância de sua prática:

> "[...] enquanto na República se dava a maior importância à fase suprema da paideia e Platão procurava desligar o mais possível do conceito de pais o de paideia, nas *Leis*, pelo contrário, é da primeira infância que ele parte. O que aqui interessa cada vez mais ao autor é captar o enraizamento do estrato consciente, racional, da paideia – o que poderíamos chamar o seu elemento verdadeiramente filosófico – na camada pré-racional, inconsciente ou semiconsciente da vida. [...] o curioso é Platão, nas *Leis*, concentrar-se tão tenazmente no como psicológico. O que na paideia é fundamental – diz-nos agora – é uma boa educação da criança. Esta educação deve despertar na alma infantil o desejo do que amanhã deverá desabrochar e chegar a bom termo na alma do homem"[14].

Desde o nascimento, todos os animais experimentam o desejo natural de incessantemente movimentar o corpo e emitir sons vocais. Porém, apenas os seres humanos "têm o sentido de ordem e desordem nos movimentos, a que damos o nome de ritmo e harmonia"[15], o que lhes é agradável, prazeroso. É precisamente por causar prazer que a música, então, é um elemento não rejeitado, mas primordial para que o legislador alcance o seu fim. Afinal de contas, Platão sabe desde *A República* que o homem que gosta de algo invariavelmente se torna similar a esse algo de que ele gosta[16].

Os que possuíam mais de sessenta anos, com voz fraca, deveriam ocupar-se dos mesmos temas morais em narrativas e por meio de discursos de inspiração oracular. Essa explicação, novamente, reitera a importância da idade como fator de valoração positiva do homem.

Em 666a-c, o ateniense faz um paralelo entre o canto e o vinho:

> *"O ateniense*: Então como os estimularemos a se prepararem para o canto? Não deveremos promulgar uma lei segundo a qual em primeiro lugar ne-

---

[14] JAEGER, W. *Paideia*: a formação do homem grego. 3. ed. São Paulo: Martins Fontes, 1995. p. 1311.

[15] PLATÃO. *As Leis*. Trad. Carlos Alberto Nunes. Belém: UFPA, 1980, 653e.

[16] Veja-se: "– [...] Ou acreditas que, quando se convive com o que se admira, há como não imitá-lo? – É impossível, disse" (PLATÃO. *A República*. São Paulo: Martins Fontes, 2006. p. 248, [500c]).

A MATURIDADE PLATÔNICA EM *AS LEIS* | **97**

nhuma criança abaixo de dezoito anos pode tocar de modo algum o vinho, ensinando que é errado verter fogo sobre fogo no corpo e na alma antes que principiem a se ocupar de seus efetivos labores, e assim nos guardando da disposição excitável dos jovens? E em seguida regulamentaremos para que o jovem de menos de trinta anos possa tomar vinho com moderação, abstendo-se inteiramente da intoxicação e da embriaguez. Mas quando um indivíduo atingir quarenta anos, poderá participar das reuniões festivas e invocar os deuses, particularmente Dionísio, convidando este deus para o que é simultaneamente cerimônia religiosa e a recreação dos mais velhos, a qual ele concedeu à humanidade como um potente medicamento contra a rabugice da velhice, para que através deste possamos reavivar nossa juventude e que olvidando seu zelo, a têmpera de nossas almas possa perder sua dureza e se tornar mais macia e mais dúctil, tal como o ferro que foi forjado no fogo e passou a ser mais maleável. Não tornará esta disposição mais branda, em primeira instância, cada um daqueles idosos mais disposto e menos constrangido a entoar cantos e *encantamentos* (como amiúde os chamamos) na presença não de um grande grupo de estrangeiros, mas de um pequeno número de amigos íntimos?"

Na elaboração das ideias sobre o coro, a música, como meio de educar, desenvolve-se a teoria de que o prazer não é o critério da música, diz em 668a-b, que se esse for o critério que se deve considerar essa música com a menos séria de todas.

Depois, a discussão regressa à figura dos anciãos como aqueles que são responsáveis por presidir e regular os banquetes e, de tal modo, manter a ordem e a disciplina entre os mais jovens, em 671d-e.

No tocante ao vinho, em 672d, espera-se que as críticas se atenuem, já que, conforme mostrado, ele gerou tamanho benefício à sociedade, desde que bem administrado pelos mais velhos, por ter peso medicinal para a aquisição de força ao corpo e pudor à alma.

Outro ponto que deve ser destacado e esclarecido sobre o coro é que, em 673c-d, o ateniense afirma que a música terá de estar em harmonia com o corpo, ou seja, com a dança, para que tal ensinamento se revele completo.

Em 674a-b, "*O ateniense*" conclui a discussão discorrendo sobre algumas regras gerais em relação ao uso do vinho:

"*O ateniense*: [...] eu daria minha adesão à lei de Cartago, a qual ordena que nenhum soldado em campanha jamais prove a poção embriagante, limitando-se durante todo esse tempo a beber unicamente água. E eu acrescentaria que na cidade, também os escravos e escravas jamais a provassem; e que os magistrados no desenrolar do ano de seu mandato, os pilotos e os juízes enquanto no cumprimento de seus deveres não bebessem vinho algum, bem como qualquer conselheiro que fosse convocado a dar seu parecer colimando uma deliberação de considerável monta; nem qualquer pessoa durante o dia salvo por motivo de treinamento físico ou saúde; nem tampouco um homem ou uma mulher à noite, quando se propõem a procriar [...]".

Em relação ao Livro III – A origem das constituições; hierarquia do Estado; legisladores e o povo; a questão da coercibilidade –, este se inicia com a discussão proposta pelo estrangeiro ateniense sobre a origem das constituições, partindo do "ponto de vista" da observação "de um período de tempo infinitamente longo e das transformações que nele ocorrem". Do mesmo modo, seria possível perceber as várias transformações dos Estados, como dito em 676c: "*O ateniense*: Tentemos descobrir a causa desse processo de transformação, se o pudermos, pois quem sabe isso poderia nos revelar a origem primeira das constituições, bem como a transformação destas".

Essa proposta de discussão é aceita por "*Clínias*"; o estrangeiro adota, então, como exemplo o dilúvio, que deveria ter extinguido quase toda espécie humana e suas produções, restando apenas, provavelmente, o grupo dos "pastores dos montes, pequenas centelhas da espécie humana preservadas nos cimos das montanhas". Além disso, afirma em 677c que as grandes descobertas de todas as artes que se encontravam na planície se perderam.

Em seguida, vem à tona uma rápida menção à revelação, mil ou dois mil anos atrás, desses implementos e descobertas para alguns personagens da mitologia, e "*O ateniense*" retoma a divagação sobre o contexto no qual viveram os sobreviventes ao dilúvio e seu desenvolvimento gradual. Segundo ele, essas comunidades eram compostas por homens cândidos, não contaminados pelos vícios próprios das cidades. A partir de então, tenta entender a necessidade de leis por parte dos seres humanos daquela época e a identificação de seu legislador.

"*O ateniense*", em 680a, observa que os que antecederam o dilúvio viveram em uma época da história em que não havia leis escritas, pois tal arte não existia, e com isso se limitam a viver à luz dos costumes, que eram chamados de "lei dos ancestrais".

Nessa ocasião, Homero é citado como fonte de entendimento dessas sociedades agropastoris, e "*O ateniense*" colabora com a contribuição do poeta de que a origem da legislação e dos legisladores ocorreu pela reunião dos vários clãs governados por seus membros mais velhos. Em 681c-d, apresenta o próximo passo, que seria:

A MATURIDADE PLATÔNICA EM *AS LEIS* | 99

"essas pessoas das comunidades se reunirem e escolherem alguns membros de cada clã que, depois de um exame dos costumes legais de todos os clãs, notificariam publicamente os líderes e chefes tribais (que poderiam ser chamados de seus *reis*) quais daqueles costumes os haviam agradado mais, recomendando sua adoção. Esses membros seriam chamados eles mesmos *legisladores*, e quando tivessem estabelecido os chefes como *magistrados* e estruturado uma aristocracia, ou possivelmente até mesmo uma monarquia a partir da pluralidade de patriarcados, todos passariam a viver sob a nova forma de governo".

Dessa forma, "*O ateniense*" discorre sobre como teria surgido "uma terceira forma de governo na qual estão combinados todos os tipos e variedades de forma de governo tanto quanto Estados", em 681d. Para tal tarefa, o estrangeiro recorre mais uma vez a Homero, a fatos históricos e à mitologia da fundação de algumas cidades, tempos depois do dilúvio. Nota-se em 683b:

"*O ateniense*: [...] O curso tortuoso de nossa discussão e nossa excursão por várias formas de governo e fundações resultaram num grande ganho: discernimos um primeiro, um segundo e um terceiro Estado, todos, como supomos, sucedendo um ao outro nas fundações que ocorreram no desenrolar de muitas e longuíssimas eras. E agora surgiu este quarto Estado, ou *nação*, se o preferis, que esteve, outrora a caminho de sua fundação e está agora fundado. Se pudermos concluir de tudo isso quais dessas fundações estavam corretas e quais, errôneas, quais leis garantem a segurança do que está seguro, quais arruínam aquilo que está arruinado e quais transformações (em quais particularidades) produziriam a felicidade do Estado – teríamos, então, *Megilo* e *Clínias*, que descrever essas coisas novamente, recomeçando do início – a menos que não tenhamos nenhuma, objeção às nossas prévias afirmações".

"*O ateniense*" começa a argumentar em cima do exemplo do quarto Estado (a confederação formada por Argos, Messênia e Lacedemônia) para explicar como deveriam ser resolvidos problemas de hierarquia entre esses Estados[17].

---

[17] Temos em 684b: "*O ateniense*: [...] Ora, o que aconteceu realmente foi o seguinte: cada uma das três casas reais e as cidades a elas submetidas juraram entre si segundo as leis que haviam estabelecido obrigando tanto governantes quanto súditos, que os primeiros com o passar do tempo e o progresso da raça se conteriam no sentido de não tornar sua autoridade mais severa, e que os segundos – enquanto os governantes se mantivessem fiéis a sua promessa – jamais transtornariam a monarquia eles mesmos, como também não permitiriam que outros o fizessem; e ambos, gover-

E conclui a questão da hierarquia com o pressuposto de que "dois Estados deveriam sempre se unir contra o terceiro sempre que este desobedecesse às leis", em 684b.

Começa, então, a discorrer sobre a relação entre os legisladores e o povo, sobre a criação e as mudanças nas leis e sua repercussão. De acordo com "*O ateniense*", depois da invasão do Peloponeso pelos dórios, e as constituições e leis de Argos e Messênia terem sido destruídas, apenas teria restado estável a Lacedemônia, apesar de todos acreditarem que seus sistemas eram estáveis e resistentes.

Em 686d-e, o estrangeiro passa a analisar como uma união política tão promissora teria se arruinado e suspeita que não teria sido feito um bom uso dela.

Em seguida, leva "*Megilo*" a concluir que a culpa da ruína do quarto Estado teria sido de seus legisladores ao agirem em função dos próprios desejos. "*Megilo*" ressalta em 687e:

> "*Megilo*: Compreendo o que queres dizer. O que pretendes dizer, a meu ver, é que aquilo que um homem deve suplicar e anelar pelos seus votos não é que tudo caminhe segundo seu próprio desejo – visto que seu desejo de maneira alguma acata sua própria razão. É sim pela vitória da racionalidade que todos nós – tanto Estados quanto indivíduos – devemos suplicar e lutar".

Em 688b, "*O ateniense*" o corrige, abordando que o problema foi a ignorância dos interesses da humanidade, faz um elogio à virtude cardinal da sabedoria, ao dizer que esta é a mais importante quando da confecção de uma lei:

> "*O ateniense*: [...] A injunção que apresentastes é que o bom legislador tinha que moldar todas suas leis com vistas na guerra; eu, por outro lado, sustentei que enquanto conforme vossa injunção as leis fossem moldadas tendo como referencial apenas uma das quatro virtudes, era realmente essencial considerar a virtude total e acima de tudo dar conta da principal virtude entre as quatro, a qual é a sabedoria [...]".

Por causa disso, de acordo com ele, o governo deve ser confiado aos sábios, reiterando a posição adotada em *A República*, como vimos.

---

nantes e povos submetidos, juraram que os reis deveriam auxiliar tanto reis quanto povos em caso de injustiça, e os povos tanto povos quanto reis em caso idêntico. Não era isso?" *Megilo*: Era".

A MATURIDADE PLATÔNICA EM *AS LEIS* | **101**

Logo depois, ele expõe os tipos de títulos ou direitos de autoridade e de obediência, acusa os reis de Argon e Messiênia de transgredirem tais direitos e os culpa pela ruína do mundo grego, dizendo que apenas a Lacedemônia conseguiu sobreviver e não cair na tirania.

"O ateniense" explana, em 693b-c, sobre como deve ser um Estado e o que deve observar o legislador:

> *"O ateniense*: Defendemos a ideia de que um Estado deve ser livre, racional e amigo de si mesmo, o legislador devendo desempenhar seu trabalho visando isso. [...] É preciso refletir que a sabedoria e a amizade quando colocadas como a meta a ser atingida não são realmente metas distintas, mas sim a mesma, não devendo nos perturbar a multiplicidade de expressões que possamos encontrar".

"Clínias" o questiona quanto às metas atribuídas ao legislador no que diz respeito à amizade, à sabedoria e à liberdade, ao que *"O ateniense"* passa a responder afirmando que há duas formas possíveis de constituição (a monarquia e a democracia): "Ora, é essencial que uma constituição encerre elementos dessas duas formas de governo se quisermos que disponha de liberdade e amizade combinadas com a sabedoria", em 693d.

A partir desse ponto, o estrangeiro faz diversas considerações, e passa a expor sobre como teriam ocorrido os ápices e as decadências do império persa, passando pela educação. Em 695e a 696a, afirma que de Dario até o momento no qual escreve, os persas nunca mais tiveram um único grande rei.

Depois de reconhecer a preocupação dos lacedemônios com a educação de ricos e pobres, começa a discorrer sobre a virtude da temperança e seu reconhecimento no Estado, em 697b-c[18].

---

[18] "*O ateniense*: Declaramos, portanto, que um Estado que pretende durar e ser o mais feliz que for humanamente possível terá necessariamente que dispensar corretamente honras e desonras, sendo o modo correto o seguinte: deverá ser estabelecido que os bens da alma recebam as mais elevadas honras e venham em primeiro lugar desde que a alma seja detentora de temperança; em segundo lugar viriam as coisas boas e belas do corpo; e em terceiro lugar os chamados bens substanciais e propriedades. E se qualquer legislador ou Estado transgredir essas regras, seja atribuindo ao dinheiro o posto da honra, seja designando uma posição superior a uma das classes de bens inferiores, será responsável por infringir tanto o sagrado quanto o político."

102 | O ERRO DE KELSEN · *Alvaro de Azevedo Gonzaga*

À visto disso, o estrangeiro completa sua exposição sobre o Estado persa, em 697d:

> "[...] destruíram no Estado os laços de amizade e camaradagem. E quando estes são destruídos, o conselho dos governantes não delibera mais no interesse dos governados e do povo, mas somente no interesse da manutenção de seu próprio poder".

Dando prosseguimento, "*o ateniense*", em 698b, sugere que se analise a constituição da Ática. A intenção dessa análise é mostrar como é necessária a existência de leis coercíveis para provar que a liberdade plena sem os grilhões de qualquer autoridade é sumariamente inferior a uma força de governo moderado sob o comando de magistrados eleitos.

Essa inferência do ateniense confirma com o nosso capítulo anterior e dá força ao argumento apresentado por Glauco com a Exposição do Mito de Giges, disposto no Livro II de *A República*. Aprende-se com isso a necessidade de criarmos leis coercíveis no plano sensível.

Em 699b-c, então, o estrangeiro esclarece o motivo pelo qual, na guerra contra os persas, os atenienses, sozinhos, conseguiram não ser aniquilados, porque em matéria de refúgio contavam com eles próprios e com os deuses, "e foi assim que tudo isso neles gerou uma amizade recíproca – tanto o medo que então os possuía quanto aquele temor engendrado do passado e adquirido devido a sua sujeição às leis mais antigas".

Faz uma aproximação entre Atenas e o império persa no que concerne às respectivas falhas na legislação: os atenienses dão liberdade demais à massa do povo, e os persas levam seu povo à escravidão extrema. Nessa toada, "*O ateniense*" afirma, em 700a, que, "sob as antigas leis, meus amigos, nosso povo não detinha controle sobre coisa alguma, mas era, por assim dizer, voluntariamente escravo das leis", inclusive das leis que proibiam "fixar um tipo de letra a um diferente gênero de melodia", em 700b, além de outras proibições. Entretanto, com o tempo surgiram compositores que começaram a transgredir essas leis e levar todos a fazerem o mesmo. Portanto, não podemos ter leis tão livres como as de Atenas, nem tão duras como a dos Persas.

Em 700e, 701a[19]:

> "*O ateniense*: [...] Como consequência, as plateias se tornaram loquazes em lugar de silenciosas, como se conhecessem a d i f e r e n ç a entre a música

---

[19] Aqui, novamente vemos uma clara referência à nocividade que os artistas, que não detêm o conhecimento verdadeiro, podem causar em uma *pólis* com suas apresentações.

A MATURIDADE PLATÔNICA EM *AS LEIS* | 103

bela e a feia, e em lugar de uma aristocracia da música nasceu uma vil tea-
trocracia, pois se na música, e na música a p e n a s houvesse surgido uma
democracia de homens livres, um tal resultado não teria sido tão seriamente
alarmante; porém, da maneira que tudo aconteceu, na esteira da presunção
universal da sabedoria total e do desprezo pela lei originados no âmbito
da música veio a liberdade, como se crendo-se competentes os indivíduos
perdessem o medo, o audácia gerando o atrevimento [...]".

Desse modo, "*O ateniense*" conclui sua explanação assegurando "que o
legislador tem que visar em sua legislação três objetivos: a liberdade, a unidade e a racionalidade do Estado para o qual legisla", em 701d, e que a melhor forma de governo acontece quando há uma devida medida de governo
despótico e de governo da liberdade.

Quanto a isso, e particularmente ao problema da liberdade, traz-se o
precioso comentário de Luc Brisson e Jean-François Pradeau:

"Platão não concebe a submissão e a liberdade como contrárias porque
pretende mostrar que seu desenvolvimento autônomo e sua mútua ignorância geram duas formas corrompidas, o despotismo persa e a democracia
ateniense. Portanto, para as Leis não se trata de modo algum de defender
uma espécie de mistura desses dois regimes, mas pelo contrário de impedir
que sejam separados os dois elementos que essas duas constituições opuse-
ram um ao outro, dando a cada um deles uma forma excessiva e viciada"[20].

"*O ateniense*" inicia o Livro IV – Os homens de virtude; O acaso e a ocasião; Formas de governo; "A divindade é a medida de todas as coisas"; Deveres perante os pais; O legislador e o médico e o prelúdio ou preâmbulo
– indagando-se sobre o que virá a ser o novo Estado, especificamente, uma
vez que seu nome é menos importante, se esse Estado deverá localizar-se no
interior do continente ou na costa marítima.

Mostra depois que o Estado descrito por "*Clínias*", mesmo que possua
portos em um de seus lados, por localizar-se longe da costa, com autossufi-
ciência para a produção interna e sem outros Estados em suas proximidades,
não seria inadequado para a aquisição da virtude, como se verifica em 704d.

"*O ateniense:* [...] Então tal Estado não seria irremediavelmente inadequado
para a aquisição da virtude, pois se tivesse que se localizar na costa marítima,
dispor de bons portos, mas ser deficiente em muitos produtos em lugar de
produzir tudo, necessitaria um poderoso preservador e legisladores divinos

---

[20] BRISSON, L. & PRADEAU, J.-F. *As Leis de Platão*. São Paulo: Loyola, 2012. p. 52.

para, dotado de tais características, evitar uma multiplicidade de costumes tanto suntuosos quanto vis".

Ainda esclarece o estrangeiro que em um Estado onde se pretende adquirir costumes nobres e justos a superfície acidentada é um fator benigno uma vez que impede, embora produza tudo, a produção em abundância, o que impossibilita o Estado de se inundar de moedas de ouro e prata advindas da exportação. Outra característica natural da região que será nociva ao Estado é a falta de material que sirva para a construção de embarcações.

Postula também que uma lei é incorretamente promulgada quando não visa à virtude ou quando tende apenas para uma parte dela. *"O ateniense"* ilustra seu argumento com o exemplo de quando Minos, que possuía uma frota naval muito poderosa, submeteu todo o povo da Ática a pagar-lhe pesados tributos. Como os áticos não possuíam arsenal de belonaves nem eram ricos de madeiras para a construção delas, consequentemente não conseguiam imitá-los, tornando-se um povo de marinheiros, destituído de valores honrosos, curvando-se aos inimigos.

Ao fazer a citação de um trecho da *Odisseia*, em 706e, em que Odisseu repreende Agamenon por querer zarpar do litoral troiano, que indicaria um sinal de covardia e redenção, argumenta que já em Homero se encontra a crítica à existência de uma infantaria naval ao lado de soldados combatendo em terra. Em 707a:

> *"O ateniense*: Assim, também Homero estava ciente do fato de que trirremes alinhadas no mar nas proximidades da infantaria combatendo em terra não são boa coisa, pois até leões, se tivessem esses hábitos, acabariam se acostumam a fugir das corças! [...]".

No entanto, *"Clínias"* relembra-o de que foi a batalha naval em Salamina (travada contra os bárbaros) que salvou a Grécia. Ao que *"O ateniense"* contra-argumenta que foram as batalhas terrestres de início e término dessa mesma guerra que lhe garantiram a vitória.

O estrangeiro retoma a discussão dizendo que o que se está analisando é:

i)   a excelência política;

ii) o caráter natural de um país; e

iii) suas instituições legais.

A MATURIDADE PLATÔNICA EM *AS LEIS* | **105**

Essa advertência é necessária para despertá-los sobre o fato de que não se considera a mera segurança e a manutenção da existência o mais precioso a ser possuído pela humanidade, mas sim a conquista de todo bem. Em 707c-d: "Mas visto que o nosso presente objeto de discussão é a excelência política, o que estamos examinando é o caráter natural de um país e suas instituições legais [...]".

Ele, então, questiona *"Clínias"* sobre qual povo deverá instalar-se no Estado:

"O ateniense: Na sequência diz-me: qual é o povo a ser instalado? Será este constituído por todos aqueles que desejam deixar qualquer parte de Creta supondo que em cada uma das cidades a população tenha superado o número de cidadãos que o solo da região pode alimentar?"

Percebe-se claramente que *"O ateniense"*, em 708c-d, pondera duas situações:

a) a primeira, em que um povo homogêneo, que partilha da mesma raça, língua e cultos religiosos, mais facilmente cria amizade, dadas as suas semelhanças, mas dificilmente aceita um conjunto de leis que difira das antigas que conhecem e cultuam; e

b) a segunda, em que um grupo heterogêneo mais facilmente se adapta a um conjunto novo de leis, mas que é difícil fazê-los coparticipar em um mesmo espírito.

Em relação à discussão a respeito dos legisladores, diz "O *ateniense*": "Mas, em verdade, a legislação e a fundação de Estados são empreendimentos que exigem que homens aprimorem, acima de tudo, outros homens na virtude", em 708d. Expõe que estava na iminência de argumentar que nenhum ser humano mortal, no entanto, produz qualquer lei, os assuntos humanos são quase todos produtos do puro acaso, em 709a[21].

"Ao acaso e à ocasião", "o ateniense", no entanto, junta a supremacia divina em controlar "tudo o que é" e a arte inerente a todos os ofícios, em 709b:

---

[21] "*O ateniense*: Eu estava na iminência de dizer que indivíduo humano algum jamais produz leis, mas que são os acasos e acidentes de todos os tipos, os quais ocorrem de todas as maneiras, que as produzem para nós – seja uma guerra que violentamente derruba governos e altera as leis, seja a penúria causada pela pobreza aviltante."

"O ateniense: Que há um deus que controla tudo que é, e que o *acaso* e a *ocasião* cooperam com esse deus no controle de todos os assuntos humanos. Será menos duro, entretanto, se admitirmos que esses dois elementos são acompanhados por um terceiro; a *arte,* pois em tempo de tormenta que a arte do timoneiro coopere com a ocasião [...]".

"O ateniense" então simula uma pergunta a ser feita ao legislador, apto no desempenho da sua arte, sobre em que condições deve estar o Estado para que ele possa legislar mais facilmente. Ao que ele próprio responde, em 709e:

"O ateniense: Eis o que ele responderá: 'dá-me o Estado com um soberano despótico e que este seja por natureza detentor de boa memória, jovem, dotado de facilidade de compreensão, coragem e maneiras nobres, e que aquela qualidade que anteriormente mencionamos acompanhe necessariamente todas as partes da virtude [...]".

A contar de um engano de *"Clínias"* em relação à melhor forma de governo e à sua sucessão, *"O ateniense"* põe-se a discutir a hierarquia das formas de governo. E assim a apresenta em 710e, considerando que a melhor forma de governo é a monarquia despótica, seguida da monarquia constitucional, sucedida pela democracia, e, em quarto lugar, a pior forma de governo é a oligarquia, pois considera que é melhor a forma de governo na qual exista o menor número de condutores[22].

Desse modo, as mudanças necessárias ao melhor Estado são realizadas quando há um verdadeiro legislador e quando a sua opinião política é partilhada pelos indivíduos mais poderosos.

Em 711c, afirma-se: "Que ninguém, meus amigos, tente nos persuadir que um Estado possa jamais alterar suas leis mais rápida ou facilmente por outro meio além do norteamento pessoal dos governantes [...]".

"O ateniense" postula, então, o princípio da melhor legislação, em 712a:

"[...] sempre que o poder supremo reúne num indivíduo humano sabedoria e temperança, está plantada a semente da melhor constituição e da melhor legislação, e de nenhuma outra maneira chegar-se-á a isto".

---

[22] "*O ateniense*: [...] O passo mais fácil é a partir de uma monarquia despótica, o próximo mais fácil de uma monarquia constitucional e o terceiro a partir de alguma forma de democracia. Uma oligarquia, que vem em quarto lugar na ordem, somente mediante a maior das dificuldades permitiria o desenvolvimento do melhor Estado já que é a forma de governo na qual existe maior número de condutores."

A MATURIDADE PLATÔNICA EM *AS LEIS* | **107**

A narrativa ganha então o mito da idade de ouro (uma era venturosa na qual a vida humana era suprida em abundância e sem que se precisasse trabalhar por isso), mas em que a responsabilidade pelo governo da sociedade (dado que Cronos entendia que o poder nas mãos do homem é corruptível) fora entregue a uma divindade (os *dáimons*). Uma raça superior, assim, governava sobre uma inferior, preservando-lhe a felicidade. *"O ateniense"* conclui, em 713e, 714a:

> *"O ateniense*: [...] tal como a tradição a retrata, ordenando tanto nossos lares quanto nossos Estados segundo o acatamento ao elemento imortal no nosso interior, dando a essa ordenação da razão o nome de *lei*. Mas se um indivíduo humano, uma oligarquia ou uma democracia encerram uma alma que se empenha pelos prazeres e apetites, buscando empanturrar-se deles, incapaz de continência e presa de um mal interminável e insaciável, se uma autoridade de tal espécie, chegar a governar um Estado ou indivíduo pisando sobre as leis, então não haverá (como eu disse há pouco) nenhum meio de salvação".

Deveras, deixando de lado a tirania, as alcunhas tradicionais das constituições indicam aqueles que possuem o poder: "demo-cracia", "olig-arquia", "aristo-cracia" e "mon-arquia"[23].

Para o estrangeiro, um governo não produz leis que não garantam a sua permanência no poder. Sendo assim, em 714d, explica: "[...] o legislador classificará como justas as leis assim promulgadas, punindo todos aqueles que as violem como culpados de injustiça".

Para que não haja luta pelo poder, *"O ateniense"* mostra, em 715c, como devem ser organizados os cargos aos homens:

> *"O ateniense*: Os cargos deverão caber aos homens que se destacam na obediência às leis e estendem esta vitória ao Estado, o mais elevado cargo (o serviço aos deuses) ao primeiro destes, o segundo cargo ao segundo destes, e os demais cargos sendo necessariamente distribuídos de maneira análoga e sucessivamente a todos esses homens".

"Clínias" e *"O ateniense"*, então, aparentam que os imigrantes desse grandioso Estado a se formar chegam e começam a dizer-lhes como devem se portar perante a divindade. Afirma que "[...] a divindade será 'a medida de

---

[23] Cf. BRISSON, L. & PRADEAU, J.-F. *As Leis de Platão*. São Paulo: Loyola, 2012. p. 56.

todas as coisas' no mais alto grau – um grau muito mais alto do que aquele em que está qualquer 'ser humano' [...]"[24], em 716c-d:

> "*O ateniense:* Aquele, portanto, que pretende se tornar caro a um tal ser precisa se empenhar com todas as suas forças para se tornar na medida do possível, de um caráter semelhante, e de acordo com o presente raciocínio aquele que entre nós é temperante será caro ao deus, já que é semelhante a ele, enquanto aquele que não é temperante será dessemelhante e hostil a ele – como também aquele que é injusto, e assim de modo análogo com o restante, por paridade de raciocínio".

Destarte, "*O ateniense*" lista os deveres para com o culto dos deuses, o resgate à idade de ouro, o culto aos *dáimons* e aos heróis. Aqui está o cerne da teoria jusnaturalista em Platão, isso porque este acredita que somente em Deus, e nesse contato com o divino, é possível acessar a lei justa.

Continua então com a relação de deveres perante os pais, a necessidade de respeitá-los acima de todas as coisas e de prestar-lhes honras enquanto vivos, bem como de oferecer-lhes a melhor possível das cerimônias fúnebres, quando falecidos. Dever-se-á sempre venerá-los, mantendo viva a memória deles quando se vão. Seguem-se a isso as obrigações com os filhos, parentes, amigos, concidadãos, que devem ser obedecidas de acordo com as regras da hospitalidade e punidas pela aplicação da lei.

O estrangeiro, portanto, apresenta outras matérias que o legislador terá de regulamentar, ainda que não necessariamente se prestem bem a uma formulação sob a forma de lei, em 718c: "Não é nada fácil abarcá-las todas num, por assim dizer, modelo único de formulação; mas tentemos pensá-las de uma tal maneira, já que contamos com a possibilidade de conseguirmos afirmar algo definitivo a respeito delas".

Em seguida, indica que a obra dos poetas não deve ser admitida sem controle pelo legislador, uma vez que por meio da imitação (*mimesis*) o poeta evidencia tanto os bons quanto os maus costumes. O legislador, por sua vez, não pode realizar mais de uma postulação de conduta, devendo a mais ponderada delas tornar-se lei.

À maneira do ofício dos médicos, "*O ateniense*" versa sobre como há dois tipos de métodos na aplicação da legislação, o simples e o duplo, o primeiro sendo aquele que apenas postula a lei e a sua punição caso des-

---

[24] Clara referência aos sofistas, em especial a Protágoras, que afirmava que o "homem é a medida de todas as coisas".

A MATURIDADE PLATÔNICA EM *AS LEIS* | 109

cumprida; e o segundo, aquele que, além de apresentar a coibição a um comportamento ilegal, antes, persuade sobre os motivos por que não o realizar[25].

O estrangeiro percebe mais um terceiro requisito que deve estar presente nas leis, o prelúdio ou preâmbulo às legislações. Tudo o que disseram até o momento não passou de prelúdio às leis, sem que tenham de fato começado a postulá-las. No entanto, segundo ele, em 722d: "[...] todo discurso e toda expressão vocal contam com prelúdios e preliminares que produzem uma espécie de preparação em apoio ao desenvolvimento posterior do assunto".

Em 723a-b, continua: "Assegurar que a pessoa a quem o legislador endereça a lei aceite a prescrição com tranquilidade, e devido a esta tranquilidade a aceite com docilidade era, eu supunha, o conspícuo objetivo do orador ao proferir seu persuasivo discurso".

Dessa feita, o prelúdio às leis é constituinte das verdadeiras leis políticas, e ele deve ser deixado, em cada caso, a critério do legislador.

No epílogo, o estrangeiro ressalta ser necessário agora discutir o grau de zelo ou negligência que as pessoas devem utilizar em relação às suas almas, aos seus corpos e seus bens. E é a discussão que seguirá no próximo livro, em 724a-b[26].

O Livro V – A alma e o julgamento, os bens, o corpo, a vida digna; sanções de origem humana, organização do Estado, distribuição da renda; santuário e deuses; graus de excelência das constituições – apresenta-se como um longo monólogo do estrangeiro ateniense (à parte o último comentário de *"Clínias"*

---

[25] 720e: "*O ateniense*: Qual dessas duas formas da medicina revela o melhor médico, e em matéria de treinamento, o melhor treinador? Deverá o médico executar uma única função idêntica de duas maneiras ou de uma maneira apenas, e neste caso a pior maneira das duas e a menos humana?
Clínias: Acredito, estrangeiro, que o método duplo é sem dúvida o melhor.
O ateniense: Desejarias que examinássemos o método duplo e o simples também em sua aplicação nas legislações?
Clínias: Com toda a certeza eu o desejaria".

[26] "*O ateniense*: Bem, com certeza é conveniente e do maior interesse comum que, juntamente com os assuntos mencionados, o orador e seus ouvintes tratassem da questão do grau de zelo ou negligência que as pessoas devem utilizar com respeito às suas almas, seus corpos e seus bens, e sobre isto ponderar e assim ampliar sua educação na medida do possível. É precisamente esta a formulação que precisamos realmente fazer e escutar a seguir."

110 | O ERRO DE KELSEN · *Alvaro de Azevedo Gonzaga*

ao final do livro)[27]. Ele começa apontando a ordem em que devem ser honrados os bens dos seres humanos. E exemplifica, em 727b-c:

> *"O ateniense:* [...] quando um ser humano imputa sempre a outros e não a si mesmo a responsabilidade por suas faltas e a dos males mais numerosos e mais graves, isentando-se a si mesmo sempre da culpa, imaginando que, mediante isso está honrando sua própria alma, não o estará fazendo de, modo algum, e sim a ofendendo. E quando alguém cede aos prazeres contrários ao conselho e recomendação do legislador, também não está honrando sua alma, mas sim a desonrando ao carregá-la de infortúnios e remorsos; e ainda no caso oposto, quando se recomendam esforços, temores, dificuldades e dores e o ser humano se esquiva a estes em lugar de suportá-los com firmeza, tal esquivamento não confere honra nenhuma a sua alma pois mediante todas essas ações ele a deprecia".

De acordo com "*O ateniense*", é a própria alma que nos dota da capacidade de julgamento, verifica-se em 728d: "[...] nada mais apropriado do que a alma para evitar o mal, localizar e aprender tudo que há de melhor, e depois de apreendê-lo viver com isso pelo resto de sua vida, pelo que a alma está classificada em segundo lugar na ordem das honras".

Sendo o primeiro dos bens os deuses, o segundo, a alma, o estrangeiro passa então a discorrer sobre o terceiro: o corpo. E, para ele, a função do legislador é investigar quais as formas genuínas e falsas das honras do corpo, em 728d, 729a:

> *"O ateniense:* Ora, ele – suponho – declara que as honras são as seguintes e dos seguintes tipos; o corpo digno de apreço não é o corpo belo, o forte, o célere, nem o grande e nem mesmo o corpo saudável, embora muitos creiam nisto; não é tampouco o corpo que reúne as qualidades opostas a estas. Os corpos que ocupam a posição mediana entre todos esses extremos opostos são, com larga vantagem, os de maior temperança e estabilidade pois se um extremo torna as almas soberbas e orgulhosas, o outro as torna vis e mesquinhas. O mesmo se aplica à posse de bens e riquezas, devendo estes ser valorados numa escala similar; quando excessivos, geram animosidades e conflitos tanto no Estado como no âmbito particular e quando deficientes geram, via de regra, servidão"[28].

---

[27] 747e: "*Clínias:* Disseste-o bem, estrangeiro, e devo fazer como aconselhaste".

[28] Essa posição muito se assemelha ao meio-termo proposto por Aristóteles em sua obra *Ética a Nicômaco*. Brasília: Ed. da UnB, 1997 (1106a-b). Além de Aristóteles, Pitágo-

A MATURIDADE PLATÔNICA EM *AS LEIS* | **111**

Depois dessa analogia entre a posse de bens e a riqueza com as qualidades do corpo, "*O ateniense*" passa a discorrer sobre a educação dos jovens. Lembra então, em 729b-c:

> "*O ateniense*: O legislador prudente deverá, antes, advertir as pessoas mais velhas para que respeitem os jovens e, acima de, tudo, se acautelem para não serem jamais surpreendidas por um jovem fazendo ou dizendo algo vergonhoso, pois ali onde os velhos são impudentes, os jovens fatalmente o serão ainda mais: o modo mais eficiente de educar os jovens – bem como as próprias pessoas mais velhas – não é repreender mas sim simplesmente, praticar por toda nossa vida aquilo pelo que repreendemos os outros".

Adiante, "*O ateniense*" disserta sobre como os cidadãos devem se relacionar entre si e com os estrangeiros, ou os deuses podem intervir. E então explicita o caráter de uma vida digna:

– Dizer a verdade e, mais digno ainda, vigiar para que os outros também o façam (730c-d).

– Ambicionar a conquista da virtude sem, para isso, maldizer os outros (731).

– Conter e abrandar a cólera contra os cometedores de erros e dar livre curso à ira contra o perverso e irrecuperável (731b-d).

– Amar-se a si mesmo moderadamente para evitar os maus julgamentos (731e, 732b).

– Todo homem tentar dissimular toda exibição dos extremos de alegria e tristeza e cobrar dos outros homens a mesma postura (732c-d).

Depois de dar tratamento às regras de sanção divina, "*O ateniense*" passa a formular aquelas de origem humana: prazeres, dores e desejos. Percebe-se em 732e, 733a:

> "*O ateniense*: [...] deve-se recomendar a vida mais nobre não só porque exteriormente seja superior em termos de boa reputação, mas também porque se alguém consente em gozá-la e não evitá-la na juventude, será igualmente superior naquilo que todos os indivíduos humanos cobiçam: o máximo de prazer e o mínimo de dor ao longo de toda a existência".

Ele indica os tipos de vidas possíveis de serem vividas: a da temperança, do sábio, do corajoso e a saudável; e seus tipos opostos, a do tolo, do covarde,

---

ras, como vimos, oferece sua teoria baseada na matemática e na busca do termo do meio.

do licencioso e do enfermo, para entender como é essa vida mais nobre. Nesse ponto ele conclui que a vida da temperança proporciona prazeres brandos bem como dores brandas, e os prazeres têm maior peso que as dores. Em 734b:

> "[...] ficando claro agora (se acertado for o nosso argumento) que para ninguém é possível ser licencioso voluntariamente, ou seja, é devido à ignorância ou à incontinência, ou devido a ambas que a maioria esmagadora da humanidade vive vidas nas quais a temperança está ausente".

De tal modo, rapidamente finaliza, em 734c-d:

> "[...] Afirmaremos, então, que já que a vida de temperança abriga sentimentos mais modestos, mais escassos e mais leves que a vida licenciosa, o mesmo acontecendo com a vida do sábio em relação à vida do tolo, e com a do corajoso em relação à vida do covarde, e já que uma vida é superior à outra em prazer, mas inferior em dor, a vida do corajoso triunfa sobre a do covarde e a do sábio sobre a do tolo".

Por meio desse pressuposto, conclui o que chamou de "o prelúdio de nossas leis", e vai passar agora a elaborar seus argumentos para a organização do Estado.

Considera as formas diferentes de depuração (isto é, a correção dos indivíduos malfeitores), mesmo que afirme que, para o novo Estado, não há ainda a necessidade de impô-las aos cidadãos. Em 735d, 736a:

> "*O ateniense*: A melhor depuração é dolorosa, como todos os medicamentos efetivamente eficazes (são amargos): é aquela que arrasta as punições por meio da justiça associada à vingança, esta coroando com o exílio ou a morte; esta depuração, via de regra, afasta os maiores criminosos que são irrecuperáveis e causadores de sérios danos ao Estado. Uma forma mais suave de depuração é a seguinte: quando devido à escassez de alimento os carentes se predispõem a seguir líderes que os conduzem ao saque das propriedades dos ricos, o legislador pode considerá-los como um mal inerente à cidade e despachá-los para o exterior o mais delicadamente possível, usando um eufemismo *emigração* para designar sua evacuação".

Outro motivo de boa sorte é também que o novo Estado não enfrente o conflito brutal e perigoso concernente à distribuição da terra e do dinheiro, em 736c-d[29].

---

[29] "*O ateniense*: Pois quando um Estado se vê constrangido a legislar o assunto dessa disputa não é capaz nem de deixar inalterados os interesses assentados nem alterá-los de alguma forma, não lhe restando meio algum a não ser o que poderíamos chamar de

A MATURIDADE PLATÔNICA EM *AS LEIS* | **113**

A forma para escapar dessa situação, caso ela se coloque, "consiste em renunciar à avareza com a ajuda da justiça", em 737. E, prossegue, afirmando que esse princípio se torne prefixado, a saber, que a distribuição dos bens dos cidadãos deverá se dar de forma que não suscite nunca conflitos internos.

O que, por conseguinte, seria o planejamento para uma correta distribuição é, em primeiro lugar, a fixação do número total de cidadãos. Adiante se faz necessário que se chegue a um consenso quanto à sua distribuição em classes e qual a sua dimensão. Depois, dever-se-á distribuir da maneira mais justa terras e habitações, traçando inícios para uma visão comunista.

Dispõe já a respeito do número moderado e ideal de habitantes, 5.040, e o motivo matemático que o justifica, em 737d, 738b[30].

Expõe, então, como o legislador deve dividir os santuários e os deuses e *dáimons* a serem adorados de forma equânime, e de acordo com as orientações dos oráculos, ao longo do território do Estado, em 738d.

A próxima questão a ser tratada no estabelecimento das leis é a análise e a proposição da hierarquia das constituições. Apresenta um plano em que podemos indicar as constituições divididas em três graus de excelência[31], em 739b. Na primeira delas mais claramente se pode observar o dito "amigos têm todas as coisas realmente em comum", em 739a-d. Essa constituição refere-se a uma organização perfeita, tão verdadeira e excelente que ninguém jamais

---

piedosa aspiração e mudança cautelosa, pouco a pouco estendidas sobre um longo período [...]."

[30] "*O ateniense*: Suponhamos que haja – como um número adequado – 5040 habitantes a serem detentores de terras e defensores de seus lotes, a terra e as habitações sendo divididas igualmente no mesmo número de partes, um homem e seu lote formando um par. Comecemos por dividir o número total por dois, depois o dividamos por três, e em seguida na ordem natural por quatro, cinco e assim por diante até dez. No que concerne, a números, todo homem que está produzindo leis tem que entender ao menos qual número e qual tipo de número será o mais útil a todos os Estados. Escolhamos aquele que contém as mais numerosas e mais consecutivas subdivisões. A série numérica completa compreende todas as divisões para todos os propósitos, enquanto o número 5040, seja visando à guerra, seja visando a todos os propósitos da paz ligados a contribuições e distribuições, admite como divisores não mais que 59 divisores, sendo estes consecutivos de um a dez."

[31] "Essa constituição de que agora nos ocupamos, se viesse a ser, seria muito próxima da imortalidade e viria em segundo lugar do ponto de vista do mérito. O que viria em terceiro nós o investigaremos na sequência, se a divindade assim o quiser; mas por ora, nos perguntamos, qual é a segunda melhor constituição e como poderia assumir um tal caráter?" Embora faça menção a uma terceira constituição, não a detalha nessa obra.

formularia outra definição. Nessa perspectiva, viveriam apenas os "deuses ou filhos de deuses – os habitantes viveriam agradavelmente segundo esses princípios [...] devendo nós sim nos aferrarmos a esse e com todas as nossas forças procurarmos a constituição que a ele se assemelhe o máximo possível".

Essa constituição aborda a proposta de uma constituição inteligível, ou seja, algo que reside no campo inatingível para o corpo e, consequentemente, para a organização da *pólis*. Entretanto, a fala do ateniense deixa uma indicação de buscarmos uma constituição que muito se assemelhe com essa, ou seja, devemos nos inspirar na organização dos deuses para que possamos fazer uma *mimeses* dessa perfeição.

Em relação ao segundo tipo de constituição, Platão mostra que a ideia de propriedade particular é algo avesso à sua teoria. Em 739e-740a, diz o que segue:

> "*O ateniense*: [...] Que nossos colonos dividam a terra e as habitações mas não cultivem a terra em comum, visto que uma tal prática estaria além da capacidade de pessoas do nascimento, formação e treinamento que supomos. E que a distribuição seja feita com esta intenção, ou seja, que o homem que recebe seu lote ainda assim o considere como propriedade comum de todo o Estado e que cuide da terra, que é sua terra natal, com maior diligência do que uma mãe cuida de seus filhos [...]".

Ainda no tocante à segunda melhor constituição, o princípio de manutenção do número de habitantes deve sempre ser preservado, recorrendo-se a métodos de controle populacional tanto para o excesso quanto para a escassez. Começa a tratar sobre as propriedades ruins do lucro excessivo e sobre que leis deverão ser redigidas para que se regule a prática do comércio, em 742a:

> "*O ateniense*: [...] segue-se ainda uma lei que proíbe a todo cidadão a posse particular de ouro e prata, à exceção de moedas para as permutas diárias, o que é praticamente indispensável aos artesãos e a todos aqueles que precisam dessas coisas para pagar os mercenários, escravos ou imigrantes. Por essas razões afirmamos que nosso povo deveria possuir moeda cunhada com valor circulante legal entre seus integrantes, mas sem valor alhures".

Continua discorrendo sobre o tópico e conclui, em 743c: "Tudo isto comprova a veracidade do que afirmamos, ou seja, que os muito ricos não são bons e não sendo bons tampouco são felizes"[32].

---

[32] Tal afirmação nos remete à assertiva aristotélica em 1094a de **Ética a Nicômaco**: "o bem é aquilo que todas as coisas visam", e o maior bem de todas as coisas é a *eudaimonia*, ou

A MATURIDADE PLATÔNICA EM *AS LEIS* | **115**

Assim, a forma de governo terá suas leis corretamente formuladas se prescrever as honras seguindo a ordem de importância que ele descreve; dos três objetos que interessam a todo indivíduo, o interesse pelo dinheiro deve ser o terceiro, depois, em segundo, o interesse pelo corpo, e em primeiro o interesse pela alma.

Em seguida, o estrangeiro passa a tratar da organização interna do Estado, e de como, para garantir chances iguais na vida pública, se deve dividir os cidadãos em quatro classes.

O Estado não pode permitir que nenhum dos seus cidadãos desfrute de uma condição de penúria ou de riqueza, cabendo ao legislador declarar o limite para ambas as condições. O limite da pobreza e da riqueza é traçado em relação ao valor do lote (o máximo de riqueza permitida deve ser até quatro vezes maior do que o valor do lote e o da pobreza não pode ser inferior a um lote). Caso algum cidadão, por qualquer motivo, venha a receber uma fortuna, deve doar o excedente ao Estado, sob pena de multa. Em 745a: "[...] se doar o excedente ao Estado e aos deuses que zelam pelo Estado, será alvo de boa estima e estará isento de punição [...]".

Adiante, alude sobre a situação da cidade e a divisão do conjunto do território e da disposição dos cidadãos nesses territórios, nos termos especificados em 745b-e. Luc Brisson e Jean-François Pradeau salientam: "A descrição do território da *pólis* está estreitamente misturada com considerações de ordem demográfica e econômica". Em outras palavras, há um sincretismo e um sentido maior em tudo o que Platão dispõe em *As Leis*, inexistindo qualquer passagem sem função, ou de função meramente estética.

Em seguida, ele prevê as críticas que tal organização tão rígida poderia acarretar, em 745e, 746b:

> "*O ateniense*: Mas temos de todo modo que observar isto, ou seja, que todas as disposições que foram agora descritas provavelmente jamais encontrarão tais condições favoráveis de maneira a todo o programa poder ser implantado de acordo com o plano, o que requereria que todos os cidadãos não apresentassem objeções a um tal modo de vida conjunta e tolerassem estar restritos a vida inteira a quantidades fixas e limitadas de bens e ao tipo de

---

seja, na riqueza financeira não reside a felicidade plena. Como é cediço, Aristóteles crê que a ética consiste no caminho, como postura de vida, para a busca da felicidade, por conseguinte uma das virtudes da alma que residem na ética é a excelência moral, que tem como um de seus pressupostos o termo do meio. No exemplo em epígrafe, ser rico não está no termo do meio e, portanto, torna-se uma deficiência moral.

estrutura familiar que mencionamos, e estar privados de ouro e das outras coisas em relação às quais o legislador está claramente obrigado por nossas regras a proibir, tendo também (os cidadãos) que se submeterem aos arranjos que o legislador determinou para o território todo inclusive a cidade, com as moradias instaladas no centro e em círculo – quase como se ele estivesse contando meramente sonhos ou modelando, por assim dizer, uma cidade e cidadãos de cera".

Nessa toada, ele contra-argumenta que a prerrogativa do legislador deve ser sempre tentar, o máximo possível, a aproximação desses ideais, uma vez que em qualquer tarefa, como a do artesão, por exemplo, tem-se de produzir a obra em todos os pontos coerente consigo mesmo.

Portanto, elucida a utilidade geral da matemática e afirma que o legislador deverá ter isso em mente e prescrever esse conhecimento aos cidadãos: "nenhum ramo isolado da educação detém uma influência tão grande quanto o estudo dos números", em 747b.

Ao abordar a respeito dos benefícios do conhecimento das artes divinas (de que a matemática participa), "O ateniense" fecha o livro argumentando sobre as diferenças dos povos de região para região, aconselhando a "Clínias" que dê atenção a esse aspecto, em 747d-e:

> "O ateniense: [...] Pois isto igualmente, Megilo e Clínias, constitui um ponto que não podemos deixar de notar, ou seja, que alguns locais são naturalmente superiores a outros para gerarem indivíduos humanos de uma índole boa ou má, diferença natural contra a qual nossa legislação não pode se chocar. Alguns locais são desfavoráveis ou favoráveis em função de ventos de diversos tipos ou ondas de calor produzidas pelos raios solares, outros devido às suas águas, outros por causa simplesmente dos produtos do solo, o que significa boa ou má nutrição para os corpos, sendo igualmente capazes de provocar resultados similares também nas almas".

Do mesmo modo, o longo monólogo do Livro V traz a questão dos bens, a saúde do corpo, a vida digna e propõe uma organização social com uma distribuição de rendas, a fim de diminuir as desigualdades, em uma clara possibilidade de denotar um pensamento embrionário do comunismo.

O Livro VI – A escolha, os tipos e a importância do magistrado; votações para os cargos da nova constituição, Estado e Religião, casamento; escravo, equiparação da mulher face ao homem; a procriação – sugere a discussão de como deverá o Estado ser organizado e, nessa tentativa, deixa claro que se faz necessário que os magistrados devem ser definidos com suas funções

A MATURIDADE PLATÔNICA EM *AS LEIS* | **117**

específicas e também que se estruturem as leis diante desses magistrados. Percebe-se a preocupação tomando forma em 751c-d:

> *"O ateniense*: Percebes que é necessário, em primeiro lugar, que para ter legítimo acesso aos cargos oficiais os candidatos deverão em todos os casos ser completamente testados – tanto eles como suas famílias – desde sua infância até a data de sua eleição; em segundo lugar, que seus eleitores tenham sido educados segundo o acato à lei [...]".

Logo depois, o estrangeiro ateniense e *"Clínias"* se expressam quanto à aceitação da sociedade diante das novas leis propostas e seus magistrados. Pensam que essa aceitação não será imediata, mas que se a partir do momento que forem criadas as novas crianças incorporarem essa nova organização e passarem à frente, o Estado terá bases sólidas e se manterá assim, em 752b-c[33].

"Clínias", então, discorre sobre a importância de que os primeiros oficiais a ocuparem os magistrados, ou seja, "os guardiões das leis", sejam escolhidos com a máxima atenção e excelência. Nota-se, em 752d-e:

> *"Clínias*: [...] como deveis também tomar o máximo cuidado para que os primeiros a ocuparem os cargos oficiais sejam nomeados do modo melhor e mais seguro possível. A seleção dos demais será uma tarefa menos séria, mas é imperioso que escolheis vossos guardiões da lei em primeiro lugar mediante extremado cuidado".

Posteriormente, *"O ateniense"* discorre quanto as formalidades que serão seguidas na nova Constituição. Pode-se observar em 753b-e:

> *"O ateniense*: Posteriormente, no caso da permanência da constituição, a seleção dos magistrados ocorrerá da seguinte forma: da seleção irão participar

---

[33] "O *ateniense*: O fato de estarmos legislando para homens inexperientes sem recear se aceitarão as leis agora promulgadas. Uma coisa é, ao menos, evidente, *Clínias*, para todos – mesmo para a mente menos brilhante – *ou seja*, que não acolherão prontamente nenhuma dessas leis no início; porém, se essas leis puderem ser preservadas incólumes até que aqueles que as assimilaram na infância e que foram educados segundo elas e se tornaram plenamente habituados a elas participem das eleições às magistraturas em todas as partes do Estado – então, quando isso tiver ocorrido (na hipótese de se encontrar algum meio ou método para fazer com que ocorra acertadamente), teremos, a meu ver, uma sólida certeza de que depois desse período de transição de disciplinada adolescência, o Estado se manterá firme."

todos aqueles que portam armas como integrantes da cavalaria ou infantaria ou aqueles que serviram na guerra se sua idade e capacidade o permitirem; eles realizarão a eleição no santuário que o Estado considerará o mais sagrado e cada um levará ao altar do deus[34], escrito numa tabuinha, o nome de seu candidato, incluindo o nome do pai deste, o de sua tribo e do demo a que pertence e, além disso, incluirá seu próprio nome da mesma maneira. [...] Em seguida os cidadãos votarão novamente de maneira idêntica nos trezentos indicados de acordo com suas preferências. Os magistrados, mais uma vez, exibirão publicamente os nomes dos primeiros indicados, desta vez até o número de cem.

[...] além disso homens de modo algum medíocres, mas do maior mérito possível; pois, como diz o provérbio, "um bom começo já é a metade ela operação", e todos os bons começo atraem a unanimidade dos elogios; em verdade, pelo que me parece, aí reside mais do que a metade e um bom começo nunca recebeu suficientes elogios [...]".

Na configuração das funções dos guardiões das leis, o estrangeiro ainda observa como o novo Cnossos, Estado de Clínias, deverá se comportar, em 754d[35]. Quanto aos estrategos, isto é, os comandantes dos exércitos, em 755c, "O ateniense" fala sobre como serão selecionados[36].

É necessário ainda estabelecer, além de como será realizada a eleição dos prítanes, ou seja, magistrados supremos, e do Conselho e como ficarão delineados os papéis dos hoplitas (soldado da infantaria pesada), dos cavaleiros e dos hiparcas (general da cavalaria). Verifica-se em 755e, 756a:

"O ateniense: Antes da eleição dos prítanes e do conselho, uma assembleia será provisoriamente convocada pelos guardiões das leis no sítio mais sagrado e mais espaçoso possível para aí acomodar, de um lado, os hoplitas; do outro, os cavaleiros e, numa terceira posição, próxima a estes últimos,

---

[34] Aqui fica clara a ideia de buscar a inspiração divina para organizar a cidade.

[35] "O ateniense: Isto feito, deverão os cnossianos voltar a viver em Cnossos, o jovem Estado devendo empreender seus próprios esforços para assegurar-se segurança e sucesso. Quanto aos que integram os trinta e sete, tanto agora quanto no porvir que nós os elejamos pura as seguintes atribuições: em primeiro lugar deverão atuar como guardiões das leis e em segundo lugar como guardiões dos documentos onde cada um deverá fazer constar para os magistrados o montante de seus bens [...]."

[36] "O ateniense: Os estrategos devem ser selecionados na sequência e como seus subordinados para fins militares os *hiparcas*, os *filarcas* e os oficiais-ordenadores das fileiras de infantaria recrutadas nas tribos, para os quais a designação de *taxiarcas*, que é aliás o próprio nome que muitos lhes dão, seria particularmente apropriada."

A MATURIDADE PLATÔNICA EM *AS LEIS* | **119**

todos aqueles que pertencem às tropas militares. [...] *Só nos resta a indicação dos hiparcas*, que serão indicados pelas mesmas pessoas que indicaram os estrategos, o sistema de eleição e a contra indicação, sendo idênticos aos dos estrategos [...]".

Em seguida, há um longo discurso sobre a forma que será adotada a respeito das votações para os cargos da nova Constituição e, então, "*O ateniense*" conclui, em 756e, 757a que tal sistema:

"[...] de seleção dos magistrados consistirá num meio termo entre as constituições monárquica e democrática e a meio caminho entre estas deve estar sempre nossa constituição, pois entre escravos e senhores jamais haverá amizade e nem entre patifes e homens honestos, mesmo optando ocuparem posições com direito de igualdade visto que quando se concede a igualdade às coisas desiguais, o resultado será desigual a não ser que se aplique a devida medida, e é por causa dessas duas condições que as cisões estão maciçamente presentes nos regimes políticos"[37].

Encontra-se, em 759a, a maneira como a manutenção dos templos deverá ser alcançada e de como a prevenção dos delitos dos seres humanos, a preservação das vias e edifícios, e da ordem nos limites das cidades se estabelecerão. Então, aparecem mais funções para os específicos ofícios, os astínomos e os agorânomos:

"*O ateniense:* Digamos agora que, em relação aos templos, teremos que contar com guardiões, sacerdotes e sacerdotisas; para a manutenção da ordem das vias e edifícios, a prevenção de atos danosos de seres humanos e animais selvagens e a preservação da devida ordem a ser observada nos limites da cidade e nos subúrbios teremos que selecionar três tipos de magistrados; chamaremos de *astínomos* aqueles que se ocuparão das tarefas que acabamos de mencionar e de *agorânomos* aqueles que cuidarão da manutenção da ordem na *ágora* os sacerdotes ou sacerdotisas dos templos que detêm sacerdócios hereditários não serão afetados por nossas disposições, mas se – como muito provavelmente é o caso no que se refere a isso com um povo que está sendo organizado pela primeira vez – inexistir um corpo sacerdotal ou houver apenas alguns sacerdotes, teremos que, estabelecer um corpo sacerdotal composto de sacerdotes e sacerdotisas que serão guardiões dos

---

[37] Daqui podemos inferir a máxima "tratar igualmente os iguais, desigualmente os desiguais na medida de suas desigualdades". Tal questão foi tratada posteriormente por Aristóteles com relação à equidade e à metáfora da régua de Lesbos (ARISTÓTELES. *Ética a Nicômaco*. Brasília: Ed. da UnB, 1997, 1137b).

templos para os deuses. No estabelecimento de todas essas magistraturas. [...] Quanto aos sacerdotes, confiaremos ao próprio deus (assegurando o próprio prazer deste) a escolha, efetuando a seleção por sorteio e assim deixando a sua indicação a critério da sorte divina; mas, de qualquer modo submeteremos o eleito do deus ao devido teste (exame) [...]"[38].

Na mesma seara continuam os pensadores, discutindo sobre as formalidades aplicadas à nova Constituição e sobre os cargos dos magistrados. Depois, "O ateniense" retoma a discussão sobre os agorânomos e os astínomos. Nota-se em 763c-d:

> "O ateniense: A próxima etapa na nossa seleção de magistrados se refere aos *agorânomos* e *astínomos*. Aos sessenta *agorânomos* (guardiões do campo) corresponderão três astínomos, que dividirão as doze porções da cidade em três partes e imitarão os agrônomos no cuidado das ruas da cidade e das várias estradas que penetram na cidade vindo do campo, e dos edifícios, de maneira que tudo isso se conforme às exigências da lei [...]".

Adiante, o estrangeiro evidencia a importância da boa escolha dos magistrados da área da educação da música e para aqueles que serão responsáveis pelo ensino da ginástica, ou seja, dos exercícios físicos, tão prezados em um Estado bélico, em 764c[39].

No sentido de dar corpo à Constituição, segue-se a conversa. E surge então uma nova questão. Depois de tantas configurações em relação aos cargos dos magistrados, ainda resta o que estabelecer, o cargo de diretor geral da educação. Vê-se em 765d:

> "O ateniense: No setor de que estamos nos ocupando resta ainda um magistrado a ser definido, ou seja, o diretor geral de toda a educação de membros dos dois sexos. Neste caso haverá um magistrado legalmente selecionado, que não deverá ter menos de cinquenta anos e que terá que ser pai de filhos legítimos de um sexo ou outro, ou de preferência de ambos".

---

[38] Essa proposta visa criar três tipos de guardas, os das mercadorias (os *agorânomos*), os da cidade (os *astínomos*) e dos templos dos deuses (sacerdotes).

[39] "O ateniense: Será conveniente indicar a seguir os magistrados que se incumbirão da música e da ginástica, que serão de dois tipos para cada setor – o magistrado educador e o magistrado controlador das competições. A lei entende por magistrados educadores os supervisores dos ginásios e escolas, que estão encarregados tanto da disciplina e do ensino quanto do controle dos comparecimentos e da acomodação de meninos e meninas."

A MATURIDADE PLATÔNICA EM *AS LEIS* | **121**

"O ateniense" observa um importante conceito em relação a um juiz virtuoso ou não, que suas qualidades devem ser primorosas, principalmente sua oratória. Em 766d:

> *"O ateniense*: Um Estado, de fato, não seria um Estado se não possuísse tribunais adequadamente organizados, mas um juiz que fosse mudo ou que dissesse tão pouco quanto partes em litígio numa instrução preliminar, como fazem os responsáveis pela arbitragem, nunca estará qualificado para distribuir justiça; por conseguinte, não será fácil para uma grande ou pequena equipe de homens julgar bem se forem pouco capacitados".

No que concerne à atenção religiosa, o estrangeiro acha de extrema importância preservar a religiosidade na feitura das bases constitucionais. Recorda mais uma vez o número ideal de habitantes para designar conceitos. Nota-se em 771a-b[40].

Com a preocupação com o espírito de confraternização na sociedade, "O ateniense" destaca o sentido da atmosfera religiosa. Observa-se em 771d-e:

> *"O ateniense*: O objetivo em pauta será, primeiramente, oferecer ação de graças aos deuses e servi-los, e em segundo lugar, fomentar entre nós a camaradagem, a mútua familiarização e todas as formas de relacionamento pois, visando à camaradagem e às uniões matrimoniais, será necessário eliminar a ignorância tanto da parte do marido em referência à mulher que desposa e a família da qual ele provém como da parte do pai com referência ao homem ao qual está dando sua filha em casamento".

Quanto à legislação do casamento, o estrangeiro ateniense assegura, em 772d-e:

> *"O ateniense*: Quando um homem de vinte e cinco anos de idade, após observação dos outros e depois de ter sido objeto da observação dos outros, acredita ter encontrado em algum lugar uma companheira do seu gosto e adequada para a procriação de filhos, ele se casará, sempre antes de completar trinta e cinco anos [...]".

---

40 "O *ateniense*: Como ponto de partida das leis que se seguem devemos nos ocupar das coisas sagradas. Tomemos novamente o número 5040 e o número de subdivisões convenientes que descobrimos que ele contém tanto como inteiro quanto quando dividido em tribos. [...] todo Estado é guiado pelo seu instinto a preservar a sacralidade dessas divisões, embora algumas pessoas tenham possivelmente feito suas divisões mais corretamente que outras, ou as tenham consagrado com maior felicidade."

Em relação à questão do matrimônio, surge mais um tema para análise, a proibição do dote. A discussão de desenrola em 774c:

> *"O ateniense*: No que concerne ao dote, foi afirmado anteriormente, e será afirmado novamente, que um intercâmbio igualitário consiste em nem dar nem receber qualquer presente, nem é provável que dentre os cidadãos os pobres permaneçam nessa condição solteiros até a velhice por falta de recursos, pois em nosso Estado todos terão o necessário para a vida, e o resultado dessa regra será menos insolência por parte das esposas e menos humilhação e servilismo da parte do marido por causa de dinheiro".

Em seguida, surge mais um desafio, a questão de os filhos, depois da decisão do matrimônio, terem que se separar dos pais. Encontra-se em 775e, 776a[41].

A discussão continua e os dialogantes conjecturam um novo assunto a ser tratado, a escravidão; como a posse de servos deve ser tratada. Então, em 776d, o estrangeiro propõe:

> *"O ateniense*: [...] o que deveremos fazer quanto a essa questão de possuir servos?
>
> [...]. Estamos cientes, é claro, de nossa unanimidade quanto a achar que se deve possuir escravos os mais dóceis e excelentes possíveis, pois no passado muitos escravos se revelaram a si mesmos superiores em todos os aspectos a irmãos e filhos, e salvaram seus senhores e os bens destes, tanto quanto suas habitações inteiras".

E ainda completa, em 777b-d:

> *"O ateniense:* O escravo não é uma propriedade nada fácil de se lidar. A realidade demonstra quantos males resultam da escravidão [...].
>
> [...] todos esses fatos o e como lidar com todas essas matérias se torna um quebra-cabeças. Só nos restam dois recursos a ser experimentados: o primeiro consiste em não permitir que todos os escravos, se quisermos que tolerem a escravidão sem rebeldia, pertençam ao mesmo país, mas sim, na medida do possível, tê-los de diferentes raças; o segundo consiste em dar-lhes tratamento adequado, não tanto em benefício deles, mas em benefício de nós mesmos".

---

[41] *"O ateniense*: O homem que se casa tem que se separar de seu pai e sua mãe, e tomar uma das duas habitações de seu lote para ser, por assim dizer, o ninho e lar de seus filhotes, realizar aí seu casamento e constituir a morada de si mesmo e de seus filhos."

A MATURIDADE PLATÔNICA EM *AS LEIS* | **123**

Conforme já mencionado em *A República*, acerca da condição da mulher diante da nova Constituição, "*O ateniense*" aplica uma análise rígida sobre como esse assunto foi negligenciado até então. E assevera que o papel da mulher deve ser revisto na nova Constituição. Em 780e, 781a-b:

> "*O ateniense*: Em vosso caso, *Clínias e Megilo*, *os* repastos públicos para homens foram, como eu afirmei, estabelecidos correta e admiravelmente por uma necessidade divina, mas para as mulheres essa instituição foi mantida, de modo inteiramente incorreto, não prescrita pela lei, não se efetivando para elas; em lugar disso, o sexo feminino, esta própria porção da humanidade que, devido à sua fraqueza é, em outros aspectos, muito dissimulada e intrigante [...].
>
> [...]. É melhor, portanto, para o bem-estar do Estado que tal instituição seja revista e reformada, regulamentando-se todas as instituições indistintamente para homens e mulheres".

Outra questão ainda deve ser discutida, a procriação. Dessa vez, o estrangeiro propõe normas para estabelecer como tal assunto será tratado pela Constituição. Em 783d-e, 784b:

> "*O ateniense*: Voltemos então aos recém-casados para os ensinarmos como e de que maneira devem gerar filhos e, se não conseguirmos persuadi-los, intimidá-los mediante certas leis.
>
> [...] Esposa e esposo devem ter em vista gerar para o Estado crianças da maior excelência e beleza possíveis. Todas as pessoas que são parceiras em qualquer ação produzem resultados belos e bons quando estão atentas a si mesmas e à ação; contudo, o resultado corresponde ao contrário quando lhes falta a atenção ou não sabem aplicá-la.
>
> [...] O período de procriação e supervisão deverá ser de dez anos e não superior quando houver um alto índice de procriação; mas se no término desse período nem sequer um filho tiver sido gerado, esposa e esposo procurarão aconselhamento em comum para decidir quanto aos termos mais vantajosos para ambos junto aos seus parentes próximos e aos magistrados femininos, e se divorciarão".

Depois, tratam sobre a possibilidade de adultério e as penalidades que serão aplicadas, caso ocorra. Depois, "O ateniense" acha conveniente que seja fixada uma idade apropriada para a procriação, e então observa, em 785b: "Para as moças a faixa etária para o casamento será entre dezesseis e vinte anos, limite máximo; para os rapazes de trinta a trinta e cinco anos".

Em relação a todo o exposto, salta aos olhos a ênfase que Platão confere ao fato de que nada pode escapar à lei, ou pelo menos de que em tudo o

124 | O ERRO DE KELSEN · *Alvaro de Azevedo Gonzaga*

que a lei puder regular, deve fazê-lo. Assinalam Luc Brisson e Jean-François Pradeau que o filósofo "baseia-se no pressuposto muito ambicioso que diz que a lei deve ser provedora de ordem e que a ela cabe coordenar os costumes em seu conjunto"[42]. Afinal de contas, como se dirá mais adiante na obra, "uma polis sem *nomos* revela-se um universo de animais"[43].

O livro VII – A educação física e mental dos jovens – se concentra em como deveria ser a educação dos jovens e começa com uma exposição sobre as dificuldades de se impor leis e fiscalizar sobre a vida privada. Porém, salienta a importância de que não haja infrações, como se vê em 788b-c:

> "*O ateniense*: Se por um lado não é conveniente nem decente submeter tais práticas a penalidades determinadas pela lei em função de sua trivialidade e assiduidade, por outro a autoridade da lei escrita é solapada na medida em que os seres humanos, mediante essas trivialidades reiteradas, se habituam a ser infratores. Consequentemente, se por um lado é impossível silenciarmos diante de tais práticas, por outro é difícil legislar no que concerne a elas".

"*O ateniense*" logo depois discute a importância de exercitar os corpos e as mentes das crianças desde cedo. De fato, propõe prescrever exercícios às gestantes; no entanto, reconhece que legislar com tanta minúcia seria ridículo, em 789d-e, 790a[44].

Em 790b, porém, conclui que as leis devem ser formuladas tendo em mente que o cidadão, o homem livre, entenderá que elas são feitas para o bem geral, e aplicá-las em seus assuntos privados, entendendo que as esferas pública e particular dependem uma da outra para o bem-estar social e, consequentemente, para atingir a felicidade.

> "*O ateniense*: [...] a menos que os assuntos privados num Estado sejam acertadamente administrados será vão supor que qualquer código legal que assuma vigência exista para os assuntos públicos; e quando o perceberem,

---

[42] BRISSON, L. & PRADEAU, J.-F. *As Leis de Platão*. São Paulo: Loyola, 2012. p. 78.

[43] Cf. PLATÃO. *As Leis*. 2. ed. Trad. Edson Bini. Prefácio de Dalmo Dallari. São Paulo: Edipro, 2010, 875a.

[44] "*O ateniense*: Iremos nos arriscar a ser ridicularizados promulgando uma lei segundo a qual a mulher grávida será obrigada a caminhar e a criança, ainda tenra, deverá ser modelada como cera e mantida nas fraldas até os dois anos de idade? [...] Um tal procedimento está fora de questão pois levaria a um grau desmedido [...] do enorme ridículo ao qual nos exporíamos, além de defrontarmos com a franca recusa em obedecer por parte das amas de leite [...]."

A MATURIDADE PLATÔNICA EM *AS LEIS* | 125

o cidadão particular poderá por si adotar como leis as regras que formularemos agora, e o fazendo e assim ordenando corretamente tanto sua casa quanto seu Estado lhe será possível atingir a felicidade".

Trata então sobre os tratamentos que se pode dar a uma criança e o resultado deles no indivíduo adulto, e afirma que a educação ideal evitaria tanto "a indolência" quanto "o rigor extremo, rude"; e propõe em 792c-d que ela deveria buscar "estado intermediário" ou, em chaves aristotélicas, o meio-termo:

> *O ateniense*: O que sustento é isto: que a vida acertada não deve nem visar [exclusivamente] os prazeres nem se esquivar inteiramente às dores, devendo sim encerrar aquele estado intermediário de leveza, [...] o qual [...] é a própria condição da divindade mesma".

Platão entende que o costume, para a educação, é uma fonte do Direito, pois o estrangeiro ateniense prossegue descrevendo em minúcias o procedimento pelo qual se devem educar as crianças, insistindo que o que detalha são "leis não escritas", que equivalem a "costumes ancestrais". Estes devem ser preservados, pois, em 793c-d:

> *O ateniense*: É preciso que conectemos este vosso Estado, que é novo, através de todo meio possível, sem omitir nada grande ou pequeno do ponto de vista das leis, costumes e instituições, pois é graças a todos esses meios que um Estado adquire coesão, e nenhuma espécie de lei é permanente sem os outros".

Existem, dessa forma, matérias que devem ser ensinadas às crianças, e a forma de ensino deve ser rigorosamente uniforme para garantir a continuidade da sociedade como é. Os magistrados, segundo 795d, seriam responsáveis por isso, devendo, com muito zelo, as mulheres supervisionarem os jogos e a alimentação das crianças e os homens a sua instrução visando que todos os meninos e todas as meninas possam "não ter, de modo algum, suas naturezas distorcidas por seus hábitos".

Estima o papel do educador, em 796b, dizendo que temos que impor a discípulos e mestres, ao chegarmos no modelo esperado, que os mestres transmitam suas lições de modo gentil, e que os discípulos as recebam com muita gratidão.

Demonstra uma visão conservadora, que confirma a tese exposta por Sócrates no Livro IV de *A República*[45]. Sócrates afirma que os jogos e as brinca-

---

45   *A República*, em 425a: "Então, como dissemos antes, desde o princípio os próprios jogos das crianças ficarão regulados por lei, por não ser concebível que de crianças rebeldes e jogos ilegais saiam cidadãos obedientes e de conduta exemplar".

deiras de crianças podem ser censurados. O estrangeiro de *As Leis* considera que mesmo os jogos infantis têm de ser prescritos de determinada forma, de modo a perpetuar a sociedade como é, e, portanto, não seriam admitidas inovações. Em 797c-d, expõe que:

> *"O ateniense*: E eu reitero que um Estado não pode ser vítima de dano pior do que o causado por uma tal sentença e doutrina. Simplesmente escutai enquanto vos falo de que magnitude é esse mal.
>
> *Clínias:* Estás te referindo ao modo como as pessoas reprovam o que é antigo nos Estados?
>
> *O ateniense:* Exatamente".

O ateniense presume que eles já estejam vivendo sob as leis divinas, como visto em 798a-b[46]. Ademais, considera o ateniense que a alteração dos jogos desviá-los-ia levando-os a "adultos diferentes de seus pais, e o sendo buscam um sistema diferente de vida, que sendo buscado os leva a desejar outras instituições e leis [...]", o que seria nocivo para a proposta que vem se construindo, em 798c.

E o ateniense continua corroborando com a tese de censura apresentada em *A República*, em 377c. Diz que cumpriria ao cidadão, então, impedir que as crianças desejem imitar modelos diferentes de dança e canto, e aos sacerdotes expulsarem qualquer um que proponha novos hinos e danças além dos previamente estipulados, e que estes se tornem "leis que não se possam violar nem por um som vocal nem por um passo de dança", em 800a.

E permanece criticando a produção da poesia, em 801c-d:

> *"O ateniense*: A lei segundo a segundo a qual o poeta não comporá nada que ultrapasse os limites daquilo que o Estado tem como legal e correto, belo e bom; nem mostrara ele suas composições a nenhuma pessoa privada enquanto não tiverem sido primeiramente mostradas aos juízes designados para lidar com esses assuntos e aos guardiões das leis, e tendo estes as aprovado".

---

[46] "*O ateniense*: [...] se existem leis sob as quais a humanidade foi formada e que pela providência divina permaneceram inalteradas por muitos séculos a ponto de não existir qualquer memória ou registro de jamais terem sido diferentes do que são agora, então a alma na sua totalidade está proibida pela reverência e o temor a alterar qualquer uma das coisas instauradas outrora. É necessário, portanto, que o legislador conceba a todo preço um meio pelo qual possa assegurar ao Estado esse benefício."

A MATURIDADE PLATÔNICA EM *AS LEIS* | **127**

Para garantir que não haja inovação, a seleção das músicas, danças e hinos será feita por "homens de idade não inferior a cinquenta anos", em 802b. Ele detalha também o tipo de música que deve ser feito, sobre o qual os legisladores deverão determinar ao menos um esboço.

Essa conformidade tem objetivo claro, em 804a-b:

> "*O ateniense*: Nossos lactentes deverão compartilhar de mentalidade idêntica e acreditar que o que lhe dissermos basta e que seus *dáimons* e a Divindade lhes sugerirão tudo o mais no que tange aos sacrifícios e às danças".

Para ele, "todas as matérias que se relacionem com a guerra e a música" deverão ser ensinadas nas instituições de ensino. E sugere que o estudo seja obrigatório, mesmo a contragosto dos pais, pois os rapazes "mais do que filhos de seus pais eles são filhos do Estado", em 804d.

De acordo com ele, a idade avançada dos magistrados não constitui empecilho para o bom funcionamento das instituições educacionais, no ver do ateniense, que, em 813c-d, diz:

> "*O ateniense*: [...] pois a lei lhe concede e continuará a conceder o direito de se associar a todos os homens e mulheres que desejar que o apoiem nessa direção e supervisão. Ele saberá quais as pessoas certas a serem escolhidas, e se manterá ansioso para não cometer deslizes nesses assuntos, reconhecendo a grandeza de seu cargo e sabiamente o tendo em elevado respeito, e conservando também a convicção de que enquanto os jovens forem bem educados, o Estado navegará [em águas tranquilas] como é preciso; caso contrário, as consequências serão tais que seria proibitivo a nós a elas nos referirmos, como não o faremos ao nos ocuparmos com um novo Estado [...]".

Ainda que tenha abordado o assunto quanto a rapazes, "*O ateniense*" acredita que o mesmo tenha que ser imposto às meninas, para que não "cedam à indolência, ao luxo e aos modos desregrados de vida", em 806c, incluindo ao ensino relativo à guerra para o caso que expõe em 814a que, se em algum dia for necessário que os homens deixem o Estado em nome de uma guerra, será preciso que as mulheres sejam capazes de tomar os seus lugares.

> "*O ateniense*: [...] se algum dia for necessário que os guardiões das crianças e o resto do Estado deixem a cidade e marchem na totalidade das tropas, essas mulheres sejam, pelo menos, capazes de tomar seus lugares".

O estrangeiro ateniense prossegue com detalhes a respeito do ensino das letras, da lira e da aritmética, "de modo a suprir os objetivos da guerra, da administração doméstica e da administração da cidade", em 809c.

Acerca da censura, em 811b, ele teme o ensino demasiado da poesia, pois "[...] todo poeta proferiu muito de bom e muito também que é mau, de forma que sou levado a afirmar que uma ampla dama de aprendizado envolve perigo para as crianças".

Diante do exposto, entende o ateniense que, ao atingir o que se espera como ideal, deverá permanecer imutável para preservar a uniformidade da sociedade, como se percebe em 816c-d[47].

Depois de arrazoar sobre o ensino do cálculo, das medidas e da astronomia, "O ateniense" passa à caça e seus regulamentos. Ao concluir suas observações quanto à caça, ele termina também sua exposição sobre as leis relativas à educação.

No tocante ao legislador, faz algumas considerações, em 822d-e, diz:

> "A obrigação que compete ao legislador, provavelmente vai além da simples tarefa de promulgar leis; além das leis, há algo mais que cai naturalmente entre o conselho e a lei – algo em que esbarramos várias vezes ao longo de nosso discurso, como por exemplo em conexão com a alimentação dos bebês – tais matérias, dizemos, não podem ficar sem regulamentação, mas seria contudo, demasiado tolo considerar essas regras como leis promulgadas. Quando então, as leis e toda a constituição estiverem assim escritas, nosso louvor do cidadão que é preeminente pela virtude não será completo quando dizemos que o homem virtuoso é aquele que passa através da vida obedecendo coerentemente às regras escritas do legislador tal como dadas em sua legislação, aprovação e reprovação".

Essa fala do "ateniense", e todo o exposto no sétimo livro, evidencia que a virtude perfeita não requer apenas o acatamento das leis positivadas, mas também a observância às regras e aos costumes que são apontados pelo legislador, que podem vir de forma mais branda, como uma admoestação. Quanto ao papel do legislador em si, Platão o incentiva a não somente redigir leis por escrito, mas a entrelaçá-las com: "[...] tudo o que lhe parecer ser belo ou não; e é preciso que essa opinião amarre o cidadão eminente tão estritamente quanto as penas de que se servem as leis para dar força às suas prescrições (823a)".

---

[47] "*O ateniense*: E quando tiver consagrado assim todas essas coisas na devida ordem, deverá doravante não fazer qualquer alteração em tudo que se refira à dança e ao canto, de sorte que a cidade e seu corpo de cidadãos prossiga de uma e mesma maneira, desfrutando os mesmos prazeres e vivendo semelhantemente de todos os modos possíveis, e assim passar suas vidas felizes e bem."

A MATURIDADE PLATÔNICA EM *AS LEIS* | **129**

No Livro VIII – Legislação das festividades e sacrifícios às divindades, os jogos militares, amor e riquezas, perversões amorosas, o amor, as questões da agricultura, relações entre vizinhos, comércio e economia coletiva –, condizendo com a visão platônica de que o Estado deve servir aos deuses, o livro começa tratando da legislação das festividades e dos sacrifícios às divindades, e os relaciona diretamente ao bem-estar público, em 828d-e, 829a:

> *"O ateniense*: Ademais, se pretendem estabelecer essas matérias adequadamente, essas pessoas terão que acreditar que não há nenhum outro Estado que possa se comparar ao nosso relativamente ao grau de lazer e controle quanto às necessidades da vida, e acreditar que ele, como indivíduo, deve levar uma boa vida".

E acresce, com uma visão dualista: "Um Estado poderá obter uma vida pacífica se se tornar bom, mas se for mau, tudo que obterá será uma vida de guerra tanto no estrangeiro quanto domesticamente".

Embora valorize a paz, destaca, como no livro anterior, a importância de se treinar para a guerra, o que será feito por meio de competições em tais festivais, mesmo que isso pareça ridículo aos olhos de outros Estados, em 829a-b e 830a[48].

Porém, observa que tais medidas não são tomadas atualmente, e aponta como uma das causas o desvio das pessoas da virtude para acumular riqueza, nas suas palavras: "Um amor pela riqueza que não permite que a pessoa disponha de tempo para se dedicar a outra coisa exceto aos seus próprios bens pessoais", em 831c, e disposição de certos indivíduos a se submeter a trabalhos árduos, "contanto que ele seja capaz de saciar-se ao extremo, como um animal selvagem, de todo o tipo de alimento, bebida e sexo", em 831d-e. A outra causa seria a má vontade dos governantes das formas de governo da época em relação ao bem de seus súditos.

Por conseguinte, o estrangeiro aborda os pormenores das competições, sempre deixando claro que elas servem como treino para a guerra.

Um dos obstáculos observados pelo ateniense para o bom funcionamento do Estado é o desejo sexual entre os jovens, que causam males tanto para o indivíduo quanto para o Estado. *"O ateniense"* define então os concei-

---

[48] *"O ateniense*: Assim sendo, todos deverão treinar para a guerra e não em tempo de guerra, mas em tempo de paz.
[...] Se fôssemos pugilistas, por um grande número de dias que antecedessem a competição, deveríamos estar aprendendo como lutar, e trabalhando duro [...]."

tos de amizade, amor e desejo para que seja mais claro o modo de reprimir esse obstáculo.

Se ele acredita, por um lado, na importância de promulgar leis que coíbam as práticas sexuais indevidas, ou seja, não destinadas à reprodução, por outro reconhece que sua realização será difícil. Ele antecipa certa manifestação dos jovens, em 839b, "mas é possível que algum jovem dotado de extrema virilidade, ao nos ouvir promulgar tal lei, nos denuncie por produzir regras tolas e impossíveis cobrindo-nos de injúrias e vociferando por todo o lugar [...]".

Assevera, no entanto, que os bons cidadãos acatarão as regras por entenderem seus benefícios. Aos que não as acatassem, haveria de se promulgar uma segunda lei com o intuito de, em 841a, "privar o máximo possível esses prazeres da força que adquirem por sua atividade natural desviando seu curso e desenvolvimento mediante trabalhos duros para outra parte do corpo".

E afirma que os que sentirem tal ímpeto serão coagidos por três ideias: "O temor aos deuses, o amor à honra e a aquisição do hábito de desejar em lugar das belas formas do corpo, as belas formas da alma", em 841c.

"*O ateniense*" passa então a falar sobre a alimentação. Como visto no Livro VII, a caça deveria limitar-se aos animais terrestres, o que facilitaria a legislação, pois, segundo 842d:

> "*O ateniense*: [...] o legislador de nosso Estado está majoritariamente livre de negócios marítimos, operações mercantis, problemas de alojamentos e estalejarias, questões de tributos alfandegários, questões financeiras envolvendo juros, empréstimos, usura e mil outras matérias de feitio semelhante; poderá dizer adeus a tudo isso e legislar para fazendeiros e agricultores, pastores e apicultores e a respeito dos instrumentos utilizados nessas ocupações".

Expõe em seguida as leis que ele julga serem necessárias no "código agrícola", a respeito da demarcação de terras, que considera sagrada, e propriedades nelas contidas; da época certa das colheitas; da utilização da água; e do transporte das colheitas. Em todas elas regulamentam-se punições para atos de má-fé. Leis semelhantes são propostas para artífices.

Depois, o estrangeiro ateniense alude as leis que concernem à importação e exportação, enfatizando que se deve importar apenas o estritamente necessário, e exportar apenas o que não se faz necessário no próprio Estado.

A distribuição de alimentos prevê o comércio, mas não o estimula, antevendo, em 848ª, a divisão em três parcelas:

A MATURIDADE PLATÔNICA EM *AS LEIS* | 131

> "*O ateniense*: [...] das quais a primeira será para os cidadãos nascidos livres e a segunda para seus servos. A terceira parte caberá aos artífices e estrangeiros em geral [...] E esta terceira parcela de todas as mercadorias necessárias ao consumo será a única passível de ser levada obrigatoriamente ao mercado para venda, sendo proibido vender qualquer parte das outras duas parcelas".

Isso implica também a divisão entre os doze distritos, cada um consagrado a um deus.

Depois de estabelecidas as regras em relação ao comércio e à estada de estrangeiros no país (onde não poderiam ficar mais do que vinte anos), finaliza o livro.

O Livro IX – O direito criminal – aborda as questões judiciais acarretadas pelas leis sugeridas até então, e "*O ateniense*" logo indica, em 853a-b, que:

> "*O ateniense*: [...] nosso próximo passo consistirá em enunciar [as matérias que envolvem os procedimentos judiciais] na totalidade, indicando minuciosamente que penalidade corresponderá a cada ofensa, e perante que tribunal deverá ser julgada".

Segundo ele, "é, num certo sentido, vergonhoso" que se faça necessário promulgar leis para prevenir o crime em um Estado como o que ele propõe, onde se presumiria que os cidadãos buscam a virtude; porém, reconhece a fraqueza humana, e também que há certos homens que "não recebem a influência das leis, por mais enérgicas que sejam". Ele admite também a possibilidade da advertência *antes* do crime ser cometido, apelando para a razão de quem sente ímpeto criminoso[49].

Na sequência imediata, o filósofo faz questão de contemporizar sua "deprimente" (853c) fala inicial.

Apesar disso, vale ressaltar que, de resto, a existência inexorável do mal no mundo é prevista e até tomada como um pressuposto de toda a elaboração política platônica pelo menos desde que a cidade desenhada na República não ocorra. Veja-se:

> "Se os filósofos não forem reis nas cidades ou se os que hoje são chamados reis e soberanos não forem filósofos genuínos e capazes e se, numa

---

[49] Essa observação muito se relaciona com o capítulo anterior, em que mostramos a necessidade de leis justas coercíveis.

mesma pessoa, não coincidirem poder político e filosofia e não for barrada agora, sob coerção, a caminhada das diversas naturezas que, em separado, buscam uma dessas duas metas, não é possível, caro Gláucon, que haja para as cidades uma trégua de males e, penso, nem para o gênero humano (473c-d)".

Se impossível, na prática, a implantação da melhor cidade (da República), em *As Leis* Platão constrói teoricamente a segunda melhor cidade, como admite no Livro V:

"A que tentamos criar neste momento é a que, depois de pronta, alcançará de mais perto a imortalidade e em valor merecerá o segundo lugar (739e)".

Do mesmo modo, no Livro IV, já se havia disposto sobre como o mal é mais fácil de ser seguido e vivido:

"Pois nem são fáceis de encontrar nem muito numerosos os que dispõem a ficar melhores no menor tempo possível, sendo que a maioria aprova a sabedoria de Hesíodo, naquilo de ser plano o caminho da maldade, que o homem percorre sem suar, e eminentemente curto, ao passo que no da virtude, conforme declara, 'os imortais colocam o suor'. Longa e escarpada é a picada que pode levar à virtude, e, no começo, muito áspera. O cimo, porém, alcançado, fácil se torna, por mais que antes fosse bastante penoso (718d-e)".

Dessa forma, embora a cidade de *As Leis* seja voltada para a virtude na maior medida possível, o mal não pode ser completamente eliminado, e os homens estão, por natureza, sujeitos à sua influência, de modo que tais constatações parecem o bastante para justificar a imposição de leis penais pela cidade.

"*O ateniense*" crê no poder de regeneração da punição, ao mesmo tempo igualando reincidência a incorrigibilidade, que incorrerá em pena de morte, como vemos em 854d-e:

"*O ateniense*: Entendemos que toda punição legalmente aplicada não visa ao mal, mas via de regra produz um destes dois efeitos: ou torna a pessoa que sofreu a punição melhor ou a torna menos má. Mas qualquer cidadão é reiteradamente condenado por esse ato, ou seja, a perpetração de alguma falta gravíssima e infame contra os deuses, os pais ou o Estado, o juiz o considerará como já incurável, reconhecendo que, apesar de todo o treinamento que recebeu desde a infância, não se conteve, a ponto de cometer a pior das iniquidades. Para ele a pena será a morte [...]".

A MATURIDADE PLATÔNICA EM *AS LEIS* | **133**

E acresce que os crimes do pai não se estenderão aos filhos e à família, que "serão honrados e citados honrosamente", caso seu comportamento seja virtuoso, razão pela qual também os bens de tal pessoa não serão confiscados. No caso de crimes afiançáveis, a multa não deve ultrapassar o excedente de produção do criminoso, para que a falta de recursos não faça que seu lote de terra se torne improdutivo. Caso não possa pagar, ele prevê outras punições como prisão, açoitamento e humilhações. "Mas ninguém ficará absolutamente à margem da lei", salienta.

Também prevê que no caso da pena de morte[50] deve haver votação entre os guardiões da lei. "Um discurso será feito primeiramente pelo reclamante, seguindo-se pelo discurso do acusado." Depois de exame cuidadoso e interrogatório, os guardiões farão votação e darão fim ao julgamento.

O mesmo procedimento é imposto aos que cometem crimes contra a constituição do Estado, prevendo também o crime de omissão.

Nos casos relativos a roubo de patrimônio do Estado ou de outrem, o ateniense propõe que como pena o ladrão seja aprisionado até que pague o dobro do que roubou ou seja perdoado por quem foi roubado.

Começa-se abordando os crimes contra os deuses, oportunidade em que salta aos nossos olhos contemporâneos como Platão cuidou de elaborar uma espécie de incipiente código de processo penal que em muito se assemelha aos atuais, notadamente no que diz respeito às noções de contraditório, de duração razoável do processo e de publicidade:

"Quanto à instauração do processo e às citações em juízo e tudo o mais do gênero e a maneira de encaminhar a causa, é tarefa dos legisladores mais moços; porém, nossa obrigação é legislar sobre a maneira de votar. Os juízes darão seu voto a descoberto, colocados em fila, por ordem da idade, na frente do acusador e do réu; os cidadãos que dispuserem de lazer, acompanharão esses processos com a maior atenção. Cada parte só falará uma vez; primeiro o acusador; depois, o réu. Terminados esses discursos, o juiz mais velho começará a interrogá-los, até penetrar a fundo no sentido de suas respostas. Depois do mais velho, os outros o interrogarão por ordem, conforme deseje saber do que foi dito ou omitido nos dois discursos. O que não quiser interrogá-los, cederá vez ao vizinho. O essencial dos debates será reduzido a escrito, a que todos os juízes aporão sua chancela, sendo

---

[50] A pena de morte é aplicada no caso de roubo ou profanação de templos, ou de desonra aos pais. Ou seja, a pena de morte é aplicada a todos aqueles que cometem crimes que sejam um desrespeito aos deuses. Essa pena é diversa da do assassinato, como veremos mais à frente.

depositado o documento no altar de Héstia. Na manhã seguinte, voltarão a reunir-se no mesmo local para prosseguir no exame da causa, quando aporão de novo a chancela no que ficar apurado. Depois de assim procederem pela terceira vez e de reunirem provas e testemunhos suficientes, cada um deporá seu voto sagrado, comprometendo-se, em nome de Héstia, a julgar, tanto quanto possível, com verdade e justiça. Com isso encerra-se o processo" (855d-856a).

Por meio dessas exposições, Platão, valendo-se da análise de diversos tipos de crimes, procede a uma reflexão sobre os fundamentos do direito penal. Interessante notar que os teóricos do direito brasileiro, bem como os pensadores do chamado direito continental (França, Espanha, Alemanha), não titubeiam em assumir o direito romano como sua origem remota, mas quase nunca reconhecem que, em alguma medida, o direito romano se valeu do direito grego, sendo diversos os paralelos nas discussões que se podem encontrar, por exemplo, na obra de Platão, especialmente em *As Leis*.

De modo abrasivo, sabemos que para que haja crime é imperioso que haja tipicidade (texto legal previsto anteriormente), a ocorrência prática do fato anteriormente capitulado como típico e, além disso, que tal ocorrência seja considerada antijurídica e culpável (matar alguém, por exemplo, pode não ser crime).

Uma das questões mais discutidas pelo direito penal contemporâneo diz respeito ao componente da culpabilidade, ou seja, da verificação do dolo ou da culpa (negligência, imprudência, imperícia) na conduta do agente supostamente delitivo. Isso porque se transpõe a visão mais rasa das noções de dolo e culpa e se procura discutir a própria concepção do ser humano, de sua ação, de sua vontade humana e de sua liberdade.

Platão, na ânsia de justificar suas previsões penais – e, claro, no interior do arcabouço de tudo o que já havia assentado em sua filosofia –, vai enfrentar problema semelhante ao citado. Podemos igualmente melhor formular o dilema de Platão: como fazer que o direito penal seja justo, baseado na realidade da ação humana, se pela antropologia platônica sabemos que ninguém é perverso, injusto, pratica o mal porque quer? Como justificar conceitos como dolo, culpa, intenção, maldade voluntária? As perguntas são graves porque, como se sabe, para ele é tudo uma questão de ignorância. Diz o filósofo:

> "Que o homem injusto é mau, mas que este só o é involuntariamente. Ora, não terá sentido dizer-se que é voluntário o ato praticado involuntariamente. Para quem aceita que a injustiça é algo involuntário, o homem injusto pare-

A MATURIDADE PLATÔNICA EM *AS LEIS* | 135

cerá que procede sem deliberação, o que me apresso a confirmar, pois para mim não há quem pratique de caso pensado nenhuma injustiça" (860d-e).

Com base nessa teoria, os interlocutores parecem ter encontrado a verdadeira sentença de morte do direito penal. A discussão parece quase perdida, até porque antes o ateniense havia alertado que as dificuldades do tema eram muitas, e que eles estavam apenas mirando o *status* de legisladores, mas ali não o eram, realmente (essa não é, afinal, a própria condição do filósofo, que não é sábio, mas amigo da sabedoria?).

Uma solução parece surgir quando se tem em conta que o direito penal precisa dar conta das diferenças dos crimes praticados, ou ao menos das condutas que se pretendia postular criminosas (por exemplo: como distinguir o assassinato cometido por emoção ou crime de homicídio premeditado). Não há maldade voluntária, apenas ignorância. Ainda que se conceda, pois, que há ignorância nos dois casos, quais seriam as diferenças?

Praticamente, a perversidade intencional é um conceito que ficaria deslocado na antropologia platônica. A impressão que se tem até aqui é que corremos risco, ao impingir penas aos criminosos nas cidades, de fazer que a justiça e o bem se separem (sua união é a meta preferencial platônica desde *A República*).

Platão desistira da tese de que, se eu cometi um crime por ignorância, deve ser-me imposto um mal (que leva nome de justiça porque é lei) como mera questão de retribuição. Isso seria combater o mal com mais mal. Esse posicionamento é exatamente um dos primeiros que Sócrates desconstitui em *A República*. Para Platão, tem-se de pagar pelo mal cometido sofrendo medida justiça (afinal, para o filósofo, ser bom e justo é uma coisa só).

Se as penas precisam ser um bem, Platão deve escapar da concepção retributiva/punitiva de direito penal, e faz isso oferecendo um contexto educacional para tal matéria (proposta de reforma do cidadão). Para tanto, e aqui reside a chave da existência do direito penal para Platão, forja-se a distinção entre injustiça e dano: nem todo dano é injustiça (pode-se aqui pensar, por exemplo, nas chineladas de um pai, que procura fazer o bem, sendo justo, mas de certo modo causando dano; assim também quando limita a liberdade de um filho, proibindo que saia de casa etc. O que se vê nesses exemplos, se bem compreendidos, é que o bem continua alinhado à justiça):

> "O que ninguém deve concluir, quando parte do princípio de que todo dano é injusto, é que nos danos em si mesmos a injustiça pode ser dupla: em parte voluntária e em parte involuntária [...] O fato, Clínias e Megilo, é que se alguém causa algum dano a outra pessoa, sem querer e sem nenhuma

intenção de prejudicá-la, não direi que cometeu injustiça, embora involun-tária, nem redigirei nenhuma lei nesse sentido" (862a-b).

Além disso, e cabe aqui uma distinção ainda mais cristalina, que por vezes há injustiças que não causam danos, pelo contrário, são os benfei-tores que causam injustiças (pense-se, por exemplo, em adultos que "mi-mam" excessivamente as crianças, deformando assim suas almas). Sobre isso, diz Leo Strauss:

> "O Ateniense distingue agora entre causar dano e agir injustamente. Se al-guém prejudica outra pessoa involuntariamente, não se deve dizer que ele age injustamente se involuntariamente ele o fez, mas deve-se dizer que ele não age injustamente, independentemente de quão grande é o dano"[51]:

No direito penal platônico, no entanto, o dano que é imposto pela san-ção é visto como bom e justo, consubstanciando oportunidade que é dada ao criminoso de "refazer-se", de reformar-se, de vencer a própria ignorância, de viver uma "tomada de consciência". As penas, assim, são expiatórias. Mesmo para o caso limite da pena de morte o raciocínio se aplica: as penas de morte cabem em casos irremediáveis, contra sujeitos que não podem, entende o Ateniense, ser persuadidos. Trata-se de sujeitos que só sabem fazer o mal, e o mal que fazem antes de tudo prejudica a si próprios. Assim sendo, a pena de morte faz um bem ao próprio condenado, que se livra de si mesmo, além de fazer o que de outro modo ele não conseguiria: um bem à cidade.

O direito penal e a sua meta educativa, por seu turno, tornam-se eviden-tes no caso dos suicidas. O sujeito, nesse caso, diz o Ateniense, mata quem mais deveria preservar, cometendo um ato de desamor e traição a si mesmo (o filósofo exclui, claro, o suicídio pela honra, pela cidade etc.). A isso se lhe atribuem penalidades como: distinções quanto ao lugar onde pode ser enter-rado, quanto às pompas e aos ritos funerários. Tudo isso de modo a permitir que o evento sirva de modelo, de exemplo para a cidade.

Desse jeito, na filosofia platônica de *As Leis*, penas são danos justos, e os crimes serão divididos conforme seu grau de justiça, independentemente do dano que causam e especialmente da intenção (escapamos do problema

---

[51] STRAUSS, L. *The argument and the action of Plato's Laws*. Ed. Univ. de Chicago, s/d. p. 131. Tradução nossa do trecho: "The Athenian now distinguishes between doing damage and acting unjustly. If someone harms another involuntarily, he should not be said to act unjustly if involuntarily toward him, but he must be said not to act unjustly at all, regardless of how great the damage is".

A MATURIDADE PLATÔNICA EM *AS LEIS* | **137**

acima exposto). Não é preciso falar em ato voluntário, em vontade de se fazer o mal; tudo se resolve pelo viés do dano.

Conforme Platão, o escopo eminente das penas é tratar as causas da ignorância, e aí o autor passa a recuperar a antropologia que estava delineada desde o primeiro livro. Assim, de modo sumário, tem-se que os piores crimes são aqueles cometidos porque o homem se deixa levar pelos princípios do prazer e da dor (esse homem traz para o centro do seu ser as partes mais baixas da alma – e isso é injustiça no sentido de *A República*, que ocorre quando sensações comandam, em prejuízo do autodomínio). Depois disso, há os crimes praticados por raiva e medo, além daqueles verificados dada a ignorância propriamente dita (que pode simples ou dupla; o último caso ocorre quando o homem não sabe algo, mas acha que sabe).

Então, o que se tem em *As Leis* afinal é uma hierarquia de crimes baseada na antropologia, ou seja, dependente da investigação de onde brota o ato injusto. E Platão admite medir a justiça e a injustiça pelo grau de integração, de ajuste, de hierarquia e ordem das partes da alma do homem.

Assim sendo, se o direito penal é considerado fundado na hierarquia da antropologia que Platão idealiza ou, mais propriamente, que as penas são definidas conforme a violação da hierarquia das partes da alma, pode-se dizer que o filósofo é, ao menos nesse sentido, um realista jurídico, fazendo o direito penal derivar diretamente da realidade humana.

Especialmente sobre os crimes tratados na obra, temos que o estrangeiro sugere leis para o assassinato[52]. No caso de alguém matar um amigo durante os jogos, nas guerras ou nos treinos para ela, não ocorrerá processo, assim como quando o paciente morre contra a vontade do médico, este será isento. Os assassinatos involuntários têm punição diferente se cometidos contra um escravo, tendo-se que reparar o dono do escravo; ou contra um homem livre, caso em que o assassino deve desterrar-se por um ano para não sofrer processo. Em todos os casos deve haver purificação. Também fazem parte desse caso os crimes passionais sem intenção. Os intencionados terão exílio maior como punição. Reincidentes sofrerão exílio perpétuo.

"*O ateniense*" declara então as punições para diversos casos mais específicos, e passa a discorrer sobre assassinatos voluntários, "movidos pelo prazer, os apetites ou a inveja" e também a covardia, diferenciando os casos. As penas para tal também incluem a pena de morte ou o exílio, e o assassino aguarda o julgamento em ostracismo. Os pormenores de

---

[52]   864d-e até 869e.

138 | O ERRO DE KELSEN · *Alvaro de Azevedo Gonzaga*

cada tipo de assassinato são propostos, como no caso dos involuntários, em 870a-e até 873d.

Para o estrangeiro, as leis e a religião não se separam e muitas das punições propostas vão além da vida e se baseiam em castigos dos deuses e das reencarnações; e às vezes até se pune o cadáver. É o caso também dos suicidas. Nota-se, em 873d:

> *"O ateniense*: [...] os túmulos serão, em primeiro lugar, numa posição isolada, nem sequer um outro túmulo adjacente, e em segundo lugar, deverão ser enterrados naqueles limites dos doze distritos que são desérticos e inominados, sem qualquer menção, sem qualquer lápide nem nome que indiquem seus túmulos".

Os animais assassinos também são mortos. A respeito dos homicídios de autor desconhecido, o homicida será morto e seu corpo exilado, caso seja descoberto.

O estrangeiro ateniense finaliza então as leis sobre o homicídio e passa a discorrer sobre os casos em que o assassino será absolvido, que incluem legítima defesa contra ladrões e estupradores, e nesse último caso os parentes também podem exercer a vingança.

"O ateniense", em 874e, 875a, reitera a importância de se promulgar leis, o que nos diferencia dos animais: *"O ateniense*: [...] é realmente necessário aos seres humanos fazerem eles mesmos leis e viver de acordo com as leis, sem o que a humanidade não diferirá em absoluto das bestas mais selvagens".

E "a verdadeira arte política necessariamente zela pelo interesse público".

Ele volta então à punição de ferimentos, afirmando que, pela infinidade de casos em que ela pode ocorrer, somente alguns serão legislados, enquanto os outros terão a punição decidida em tribunal[53]. Depois do preâmbulo, novamente discorre acerca dos pormenores de cada caso, que servirão de exemplos para "impedi-los de ultrapassar os limites da justiça". As punições incluem reparações, exílio e açoites.

O desígnio de tais leis e a sua relação com a educação são explicitados em 880d-e:

---

[53] Hodiernamente, isso pode ser visto como a discricionariedade do juiz ou como a possibilidade da criação de uma jurisprudência.

A MATURIDADE PLATÔNICA EM *AS LEIS* | 139

"*O ateniense*: As leis [...] são feitas em parte para a segurança dos homens de bem, para propiciar-lhes instrução quanto ao relacionamento que será mais seguro na sua amistosa associação entre ele, e em parte também por causa daqueles que se furtaram à educação e que, sendo donos de um temperamento obstinado, não contaram com um tratamento atenuador que impedisse que cedessem a todo tipo de perversidade".

O estrangeiro ateniense dá especial atenção ao crime de lesão aos pais ou avós, e, além das suas penas, lista as recompensas para as testemunhas que prestarem socorro, assim como as punições para aquelas que se omitirem.

Depois de listar mais algumas punições em caso de agressão, "*O ateniense*" conclui o livro, em 876e até 882c.

O Livro X – A impiedade, suas formas e hierarquias, a alma – cita um grande diálogo a respeito da religiosidade como algo primordial a ser adotado no governo. Nas palavras de Alysson Mascaro: "Em *As Leis,* uma espécie de caráter religioso do direito toma um maior relevo"[54]. Os debatedores levantam importantes questionamentos em relação aos deuses, ao homem na ordenação do Universo, à perfeição e à supremacia dos seres divinos, à alma, ao corpo, à superioridade da alma ao corpo, à natureza e à arte, aos diversos movimentos que regem as relações divinas e humanas, às inúmeras espécies de ímpios, novamente às virtudes e vícios, e outras coisas que circundam a principal temática. Além disso, dá conta de postular as penas contra os ultrajes aos deuses.

Elucidativa a nota de Vasconcelos Diniz:

"No Livro X das Leis, a discussão de que se ocupa Platão gira em torno de refutar o materialismo como princípio que se encontra na origem da Natureza. Ao contrário dos que afirmam que o acaso e o movimento desordenado constituem a Causa Primeira do Ser, Platão mostra que nada existe sem que tenha, por princípio; uma causa inteligente e imaterial. A presença de Deus (*parousia*) em todas as coisas torna-as belas, ordenadas e mensuradas e, portanto, tudo que existe participa da Divindade. Além disso, mostra que a alma é anterior ao corpo e, portanto, é o espiritual e não o físico que comanda a origem e a evolução da Natureza"[55].

---

[54]   MASCARO, A. L. *Filosofia do direito*. São Paulo: Atlas, 2010. p. 61.

[55]   VASCONCELOS DINIZ, M. A. de. A teologia de Platão. Disponível em: http://www.buscalegis.ufsc.br/revistas/index.php/buscalegis/article/viewDownloadInterstitial/25297/24860. Acesso em: 14 abr. 2016.

Rachel Gazolla de Andrade de tal modo se manifesta:

"No livro X das *Leis*, talvez a última obra de Platão, um comentário sobre a alma é apresentado tendo como pano de fundo a visão dos 'físicos', onde a alma é compreendida a partir das noções de geração e corrupção de todas as coisas da *physis*, visão que, utilizada também no *Fédon* com o sentido de mostrar a mortalidade da quando da fala de Cebes, fora rejeitada por Sócrates por ter sido pensada como forma elementar, corpórea, semelhante ao fogo ou à água. No Livro X, Platão, utilizando-se da figura interminada de um ateniense como fez no *Sofista* com o estrangeiro, estabelece uma visão da alma na perspectiva do movimento de todas as coisas"[56].

Em 885d, "*O ateniense*" vislumbra como será o enfrentamento àqueles que não acreditam nos deuses e demonstra a "*Clínias*" o sentimento dos ateus:

"*O ateniense*: Em tom cínico e de chacota diriam provavelmente o seguinte "[...] deveríeis primeiramente tentar nos convencer e nos ensinar pela apresentação de provas adequadas que os deuses existem e que são bons demais para se deixarem seduzir por presentes e se voltarem contra a justiça"[57].

Ao que "*Clínias*" indaga, em 885e, 886a: "Certamente não parece fácil, estrangeiro, afirmar com base na verdade que os deuses existem?".

De tal modo, os dialogantes começam a arquitetar o que deverá ser feito para que consigam atingir a meta de levar aqueles que não acreditam nas divindades ao caminho da crença, ou seja, do bem e do belo. Já de princípio, o estrangeiro ateniense observa que as doutrinas modernas podem ser causa da descrença das pessoas, em 886b-e:

"*O ateniense*: Nós atenienses dispomos de narrativas preservadas por escrito. [...] Tais narrativas antigas, entretanto, podemos passar de lado e descartá-las – que sejam narradas da maneira que mais agradar aos deuses. São mais as novas doutrinas de nossos sábios modernos que nos é imperioso apontar como responsáveis como causa dos males. [...] as pessoas que foram convertidas por esses sábios sustentarão que essas coisas são simplesmente terra e pedra, incapazes de prestar a menor atenção aos assuntos humanos

---

[56] ANDRADE R. G. de. *Platão*: o cosmo, o homem e a cidade – Um estudo sobre a alma. Petrópolis: Vozes, 1993. p. 30.

[57] Clara referência ao posicionamento de Glauco, em *A República*, com a narrativa do Mito de Er, ao afirmar que é possível comprar os deuses com presentes e com isso não ser penalizado por atos injustos.

A MATURIDADE PLATÔNICA EM *AS LEIS* | **141**

e que essas nossas crenças são sutilmente forjadas com argumentos para se tornarem plausíveis".

"O ateniense" permanece expondo seus pensamentos e conclui que um grande poder de persuasão se fará necessário para que os homens que desejam ser ímpios se convertam ao temor aos deuses. *"Clínias"* ainda argumenta, em 887b-c:

> *"Clínias*: E é da maior importância que nossos argumentos, demonstrando que os deuses existem e que são bons e que honram a justiça mais do que o fazem os seres humanos, deveriam contar absolutamente com certo grau de persuasão, pois um tal prelúdio é o melhor que poderíamos ter em defesa, como se poderia dizer, de todas as nossas leis".

Determinam, então, qual será a forma de abordagem para com os descrentes. *"O ateniense"* diz, em 888a-b:

> *"O ateniense*: Desta feita, que seja nosso prelúdio de abordagem a tais indivíduos de mente corrompida em tom desapaixonado e atenuando o fogo de nossa paixão, lhes falemos suavemente como se iniciássemos a conversação com uma pessoa em particular desse tipo, nos seguintes termos; 'Meu filho, és ainda jovem e o tempo, à medida que avançar, te fará alterar muitas das opiniões que agora sustentas: assim aguarda até então antes de emitires juízos sobre matérias de suma gravidade e importância, e destas a mais grave de todas – embora presentemente a consideres como nada – é a questão de sustentar uma opinião correta sobre os deuses e assim viver bem, ou o oposto [...]".

Surge mais tarde um importante assunto, ao qual Platão, na voz do estrangeiro ateniense, reserva boa parte de seu discurso; é a origem do ser superior, aquele que possui em si plenitude e totalidade, o ser sem limitação ou restrição.

"O ateniense" dá forma à sua explicação mostrando o ponto de vista dos ateus. Nota-se, em 889e, 890a:

> *"O ateniense*: A primeira afirmação, meu caro senhor, que esses senhores fazem sobre os deuses é que eles existem *pela arte* e não *pela natureza* através de certas convenções legais que diferem de um lugar para outro, de acordo com o consenso de cada tribo ao formarem suas leis. Asseveram, ademais, que há uma classe de coisas que são belas por natureza, e uma outra classe que é bela por convenção; quanto às coisas *justas*, estas não existem em absoluto por natureza, os seres humanos estando em constante polêmica a respeito delas e também continuamente as alterando, e seja

qual for a alteração que façam em qualquer oportunidade, é de caráter puramente autoritário, embora deva sua existência *[e vigência]* à arte e às leis, e de modo algum à natureza. [...] E disso resulta que os jovens estão tomados por uma epidemia de impiedade, convencidos de que os deuses não são em absoluto deuses como os que as leis nos orientam a concebê-los; e, em consequência disso, surgem também facções quando esses mestres os atraem rumo à vida que é correta *de acordo com a natureza*, o que consiste em ser senhor sobre os outros em termos reais, em lugar de ser seus servos de acordo com a convenção legal".

"*Clínias*" enfatiza então que um legislador digno de sua função jamais deverá desistir de reforçar a importância da existência dos deuses, "devendo também encarar a lei e a arte como coisas que existem por natureza ou por uma causa não inferior à natureza, visto que segundo a razão são produtos do espírito [...]", em 890d.

Chegam, assim, a uma busca pela explicação da origem da alma, de sua relação intimamente ligada ao corpo e de sua superioridade. Vê-se, em 892a-c:

"*O ateniense*: Relativamente à alma, meu amigo, quase todas as pessoas parecem ignorar qual seja sua real natureza e potência, ignorância que não se restringe a outros fatos a seu respeito, mas que se refere, especialmente à sua origem – de como é uma das primeiras existências e anterior a todos os corpos, e que é ela mais do que qualquer outra coisa o que governa todas as alterações e modificações do corpo. E se é esta realmente a situação, não deverão ser as coisas que têm afinidade com a alma necessariamente anteriores (do ponto de vista da origem) às coisas que se referem ao corpo, percebendo-se que a alma é mais velha do que o corpo?

[...]. Pela palavra natureza pretendem designar aquilo que gerou as primeiras existências, mas se ficar demonstrado que a alma foi produzida em primeiro lugar (e não o fogo ou o ar) ela poderia muito verdadeiramente ser descrita como uma existência superlativamente natural".

A partir de 893b até 895b há uma grande exposição sobre os movimentos que existem no Universo, qual a relação que eles possuem com as coisas da alma e as coisas do corpo, qual ainda a relação dos movimentos com os Astros e com os elementos fundamentais e desses últimos com a superioridade divina. Em 894d, percebe-se uma descoberta, que existem dez movimentos e que o superior desses seria o movimento capaz de mover a si mesmo, sendo os demais secundários[58].

---

[58] "*O ateniense*: Do nosso total de dez movimentos, qual estimaríamos com maior rigor como sendo o mais poderoso de todos e o superior a todos em eficiência?

A MATURIDADE PLATÔNICA EM *AS LEIS* | **143**

Essa descoberta estimula os dialogantes a definirem, portanto, qual seria o movimento primordial, o primeiro a existir, aquele que dá a origem a todos os outros. E, em 895a-b, percebe-se a conclusão:

> *"O ateniense*: [...] supondo-se que a totalidade das coisas se combinaram e se imobilizaram – como ousam pretender a maioria desses pensadores – qual dos movimentos mencionados surgiria necessariamente no todo primeiramente? O movimento, é claro, que é automotor pois não será jamais mudado antecipadamente por uma outra coisa, visto que não existe nenhuma força de mutação nas coisas antecipadamente. Portanto, afirmaremos que visto que o movimento automotivo é o ponto de partida de todos os movimentos e o primeiro a surgir nas coisas em repouso e a existir nas coisas em movimento, ele é necessariamente a mais antiga e a mais poderosa das mutações, enquanto que o movimento que é alterado por uma outra coisa e ele mesmo move outras vem em segundo lugar"[59].

Mais uma vez voltam à discussão sobre a alma, na tentativa de definirem com clareza tudo o que ela comporta. Em 896a:

> *"O ateniense*: Qual é a definição daquele objeto que tem por nome alma? Será que podemos dar-lhe outra definição além dessa indicada há pouco: o movimento capaz de mover a si mesmo.
> *Clínias*: O que desejas afirmar é que o automovimento é a definição daquela mesmíssima substância que possui alma como o nome que universalmente lhe aplicamos?".

E, mais adiante, em 896e, 897a-c:

> *"O ateniense*: A alma impulsiona todas as coisas no céu, na Terra e no mar por meio de seus próprios movimentos, cujos nomes são desejo, reflexão, previdência, deliberação, opinião verdadeira ou falsa, júbilo, pesar, confiança, medo, ódio, amor e todos os movimentos que são afins a esses ou são movimentos primários; estes, quando assumem os movimentos secundários dos corpos, os impelem a todos ao crescimento e ao decrescimento, à separação e à combinação, e ao que se segue a estes, ao calor e o frio, o peso e a leveza, a dureza e a maciez, a brancura e o negrume, o amargor e a doçura, e todas

---

Clínias: Somos forçados a afirmar que o movimento que é capaz de mover a si mesmo é infinitamente superior aos demais, e que todos lhe são secundários."

[59]   Na mesma linha de pensamento, Aristóteles proporá a ideia de motor imóvel como ponto inicial do movimento do universo.

144 | O ERRO DE KELSEN · *Alvaro de Azevedo Gonzaga*

essas qualidades que a alma emprega, tanto quando associada à razão ela guia com retidão e sempre governa a tudo para sua justeza e felicidade [...]".

Nessa toada, os pensadores pretendem desvendar, então, qual é a natureza do movimento da razão. E em tal busca, concluem, em 898b-c:

> *"O ateniense*: Se descrevermos ambos (movimento das coisas em um único lugar e o movimento das coisas em vários lugares) como movendo regular e uniformemente num lugar idêntico, em torno das mesmas coisas e relacionados às mesmas coisas, de acordo com uma única regra e sistema – a razão, nomeadamente, e o movimento revolvente em um lugar (assemelhado ao revolver de um globo giratório) – jamais nos arriscaremos a nos condenarmos à inabilidade para construir belas figuras de linguagem.
>
> *Clínias:* Dizes algo inteiramente verdadeiro.
>
> *O ateniense*: Por outro lado não será o movimento que nunca é uniforme, ou no mesmo lugar, ou em torno ou em relação às mesmas coisas, não se movendo num único ponto nem em qualquer ordem ou sistema ou regra – não será este movimento aparentado à absoluta desrazão?
>
> *Clínias:* Será verdadeiramente".

Mais uma vez "*O ateniense*" aponta para a relação dos Astros com as almas. Em 899b:

> *"O ateniense*: No que diz respeito a todos os astros e a Lua, e no que tange aos anos, meses e todas as estações o que nos caberia fazer senão essa mesma afirmativa, a saber, que já que ficou demonstrado que são todos movidos por uma ou mais almas, que são dotadas de todas as virtudes, declararemos que essas almas são deuses, seja porque alojadas nos corpos, como seres vivos que são, organizam todo o céu, seja porque atuam de qualquer outra forma que se o queira. Será possível encontrar alguém que admita essa causalidade e, todavia, negue que 'tudo está repleto de deuses'?"

A partir de então, os dialogantes observam uma nova preocupação. Como abordar aqueles que acreditam nos deuses e os temem, porém ignoram certos assuntos humanos? E acham uma maneira de falar a essas pessoas. Em 899d-e:

> *"O ateniense*: Entretanto, quanto ao homem que sustenta a existência dos deuses mas que não cuida dos assuntos humanos, este nós temos que advertir. 'Meu bom senhor,' nós lhe diremos, 'o fato de acreditares em deuses é devido provavelmente a uma divina afinidade que te atrai para o que é

A MATURIDADE PLATÔNICA EM *AS LEIS* | 145

de natureza semelhante, levando-te a honrá-los e reconhecer sua existência; mas as fortunas dos seres humanos maus e injustos, tanto privadas quanto públicas – fortunas que embora na verdade não sejam realmente venturosas, são excessiva e impropriamente louvadas como tais pela opinião pública te conduzem à impiedade pela maneira errada em que são celebradas, não só na poesia como também em narrativas de toda espécie [...]".

Em relação às virtudes e aos vícios da alma, eles chegam à conclusão de que prudência, inteligência e coragem compõem a virtude e são características muito nobres, enquanto a covardia, a negligência, a ociosidade e a indolência são vícios, e que os deuses não podem possuir tais características tão vis. O estrangeiro e *"Clínias"* entendem, então, em 901a:

"O ateniense: E então? Aquele que é indolente, negligente e ocioso será aos nossos olhos o que o poeta descrevia como 'um homem muito semelhante a zangões destituídos de aguilhões'?

Clínias: Uma descrição deveras justa.

O ateniense: Que os deuses possuam tal caráter temos certamente que negar, constatando que eles o abominam, e tampouco é cabível que permitamos que alguém tente afirmá-lo.

Clínias: Seguramente não poderíamos tolerá-lo".

Dando prosseguimento ao assunto, o ateniense trata dos abismos do homem e da providência divina. Tem-se, em 906a-c:

"O ateniense: [...] o céu está repleto de coisas que são boas, e também do tipo oposto, e que, aquelas que não são boas são as mais numerosas, tal batalha, nós o afirmamos, é imortal e requer uma vigilância excepcional – os deuses e os *dáimons* sendo nossos aliados e nós a propriedade deles; o que nos destrói é a iniquidade e a insolência combinadas com a loucura, e o que nos salva, a justiça e temperança combinadas com a sabedoria, as quais habitam nos poderes animados dos deuses, e das quais alguma partícula pode ser claramente vista aqui também residindo dentro de nós.

[...] Mas asseveramos que a falta aqui mencionada, a extorsão ou *ganho excessivo* é o que é chamado no caso dos corpos de carne de *doença,* no caso das estações e dos anos de *pestilência* e no caso dos Estados e formas de governo, recebe o nome de *injustiça*".

Argumenta ainda que, por possuírem muitas virtudes, os deuses jamais seriam vítimas das seduções humanas. Em 907b: "[...] que os deuses existem, que se importam [com os assuntos humanos] e que são inteiramente incapazes de serem vítimas da sedução que visa a transgredir a justiça [...]".

146 | **O ERRO DE KELSEN** · *Alvaro de Azevedo Gonzaga*

Como derradeira pauta do Livro, o estrangeiro acha devido postular as leis e as penalidades contra os vários tipos de impiedade, e assim o faz em 907d-e:

> *"O ateniense*: Para aqueles que desobedecem esta será a lei relativa à impiedade: se alguém cometer impiedade quer por palavras quer por ações, aquele que o encontrar em seu caminho defenderá a lei comunicando o fato aos magistrados, e os primeiros magistrados a serem informados conduzirão a pessoa ao tribunal designado para decidir esses casos em conformidade com a lei".

Em 908b ainda, informa que os infratores da lei precisarão ser distinguidos em categorias e que, de acordo com cada infração, uma pena específica será aplicada: "[...] *já que requerem penas que são tanto diferentes quanto dessemelhantes*".

Desse modo, do parágrafo 908c ao 909d, "*O ateniense*" pondera precisamente sobre cada caso e sua penalidade.

Por derradeiro, termina seu discurso salientando a proibição do culto privado, em 909d-e:

> *"O ateniense*: De maneira a abarcar todos esses casos sem exceção, será promulgada a seguinte lei: ninguém possuirá um santuário em sua própria casa; quando alguém estiver motivado em espírito a realizar um sacrifício, deverá dirigir-se aos locais públicos para sacrificar e apresentará suas oblações aos sacerdotes e sacerdotisas aos quais diz respeito a sua consagração; aí ele mesmo, em companhia daqueles que escolher, unir--se-á nas orações".

Igualmente, o Livro X traz um grande diálogo a respeito da religiosidade como algo primordial a ser adotado no governo. A bem dizer, como vimos, tal trecho da obra revela uma disputa derradeira na qual o filósofo deve enfrentar o ateísmo.

Se é a religião que sustenta toda a proposta legislativa da obra, o maior perigo para a sua estabilidade reside no surgimento de posições ateias, porque estas, se não refutadas, podem vir a esvaziar o componente de consentimento popular para com as normas dadas, ou seja, podem vir a lhe ferir a legitimidade, reduzindo-as ao convencionalismo que Platão critica tanto quanto a antecedente civilização pautada nas normas constantes da poesia.

Dá-se que o ateísmo não é algo que se possa curar com alusão à persuasão dos elementos musicais e poéticos ordinários que a legislação

A MATURIDADE PLATÔNICA EM *AS LEIS* | **147**

prevê. Trata-se realmente, e Platão sabe disso, de uma posição filosófica madura, e que assim só é contestável no mesmo nível, ou seja, mediante uma demonstração filosófica, racional[60]. De fato, reconhece Clínias, um tal discurso seria "o mais belo e excelente prelúdio para nossas leis"[61]. Segundo Brisson e Pradeau:

> "[...] o livro X, com exceção de algumas partes, é totalmente ocupado por um preâmbulo legislativo cuja particularidade é não ser de tipo retórico e sim consistir em uma vasta demonstração racional. Com efeito, esta é dirigida a determinados cidadãos: aqueles que não creem na existência dos deuses por terem seguido um ensinamento científico que os persuadiu que tudo no mundo era constituído por elementos e movimentos corporais, sem presença ou intervenção dos deuses. O livro X [...] propõe a eles, assim como a todos os cidadãos em geral, uma prova racional da existência dos deuses"[62].

Com certeza, a impiedade que é prejudicial à legislação se articula ou a partir da crença de que deus não existe, ou a partir da crença de que deus não é como tais normas o descrevem. Qualquer que seja o caso, cabe ao filósofo defender que a razão está do seu lado e que essa posição divergente, portanto, só expressa uma ignorância.

O Livro XI – O direito civil e o direito comercial – traz vários assuntos relacionados à vida em sociedade. Situações que devem ser regulamentadas por leis para que o novo governo tenha eficácia. Especificamente, "*O ateniense*" vai falar sobre: a atividade do comércio, a posse de bens, a propriedade de escravos, a contestação da propriedade de um objeto legitimamente adquirido de terceiro, a probidade nas relações comerciais, as falsificações e declarações mentirosas, o trabalho dos artífices, o direito ao testamento, a tutela dos órfãos, desavenças familiares entre pais e filhos e entre mulher e marido, a condição do filho no caso de os pais se divorciarem ou falecerem, as obrigações legais em relação aos pais, o envenenamento e os malefícios, as injúrias e o sarcasmo, a mendicância, as testemunhas e, finalmente, sobre a atividade da advocacia.

---

[60] PLATÃO. *As Leis*. 2. ed. Trad. Edson Bini. Prefácio de Dalmo Dallari. São Paulo: Edipro, 2010, 887a.

[61] PLATÃO. *As Leis*. 2. ed. Trad. Edson Bini. Prefácio de Dalmo Dallari. São Paulo: Edipro, 2010, 887c.

[62] BRISSON, L. & PRADEAU, J.-F. *As Leis de Platão*. São Paulo: Loyola, 2012. p. 149.

O estrangeiro começa o diálogo, na tentativa de regulamentar a questão da posse de bens, em 913a:

"O ateniense: Devemos nos ocupar agora da regulamentação de nossas transações mútuas. O seguinte servirá de regra geral: na medida do possível ninguém locará meus bens nem os moverá no menor grau, se não tiver, de modo algum, obtido meu consentimento, tendo eu que agir de maneira idêntica com relação aos bens das outras pessoas, mantendo-me prudente".

E adverte sobre um importante valor, em 913b-c: "e preferindo ganhar em justiça em minha alma do que em dinheiro em minha bolsa, trocando um maior bem por um menor, e isto, inclusive, numa parte melhor de mim". Logo depois, do parágrafo 913c ao 915c, faz um longo esclarecimento de como a lei para tal matéria deverá ser delineada.

Aparece, então, a preocupação com relação à contestação da propriedade de um objeto legitimamente adquirido de terceiro. Assim, "*O ateniense*" explica a "Clínias", em 915c-d:

"O ateniense: Se alguém reivindicar como de sua propriedade o animal de qualquer outra pessoa, ou qualquer de seus bens, aquele que faz a reivindicação deverá comunicar a matéria à pessoa que, sendo seu proprietário substancial e legal, deverá indicar para quem o vendeu ou o deu, ou o transferiu sob qualquer outra forma válida [...]".

Adiante, o estrangeiro dá importância à forma como deverão ser feitas as relações de compra e venda e desaprova totalmente tal relação realizada sob crédito. Percebe-se, em 915d-e:

"O ateniense: E quando alguém realizar uma transação comercial com outra pessoa mediante um ato de compra ou venda, a transação será feita por uma transferência da mercadoria para o lugar apontado no mercado, e em nenhum outro lugar mais, e por pagamento do preço na praça e nenhuma compra ou venda será feita sob crédito".

Relacionado à posse de escravos e à compra e venda deles, "*O ateniense*" assevera em 916a-b que, se um homem vende um escravo que está sofrendo de tuberculose pulmonar, cálculo renal, estrangúria ou da *doença sagrada*, como é chamada, ou de qualquer outro mal mental ou corporal, que as pessoas em geral não conseguem perceber, no caso de o comprador ser um médico, ou um treinador, não será possível para ele conseguir restituição do valor; entretanto, se qualquer profissional vender um escravo a uma pessoa leiga, o comprador reclamará restituição.

A MATURIDADE PLATÔNICA EM *AS LEIS* | **149**

O estrangeiro começa então a discorrer quanto à probidade na atividade comercial e acha necessário se expressar a respeito da falsificação, adulteração ou declarações mentirosas nas relações comerciais. Explica, em 916d-e, 917a (e depois em 917a-e, 918a, regulamenta a lei que será aplicada às mencionadas infrações):

> *"O ateniense*: [...] no tocante a toda falsificação dessa ordem (que aqui possa ocorrer], como também no caso de outras leis, escutemos um prelúdio. A adulteração deve ser classificada por todos na mesma categoria da mentira e do embuste – uma classe de ações em relação à qual o vulgo costuma dizer que é, geralmente, correta, se executada oportunamente; porém a devida *oportunidade*, o quando c o onde não são nem prescritos nem definidos, de modo que baseado nessa fórmula acarreta perdas para si e para os outros. Mas não convém ao legislador deixar esse assunto indefinido. Este deverá sempre declarar claramente as limitações, máximas ou mínimas, e isto será feito agora; ninguém, convocando aos deuses como testemunhas, cometerá por palavras ou ações qualquer falsidade, fraude ou adulteração, a não ser que queira tornar-se sumamente odioso aos deuses [...]".

Recorda, então, duas matérias que estão relacionadas ao comércio, a saber, a prática do varejo e os serviços de estalagem, assim informa em 918d-e[63]. E conclui que, se tais atividades fossem regulamentadas com norma que impedisse a corrupção, seriam bem vistas, em 918e, 919a: "[...] se todas essas atividades pudessem ser praticadas em conformidade com uma regra que impedisse a corrupção, seriam honradas com a honra que se dedica a uma mãe ou uma ama de leite". Nos parágrafo 919c-e, 920d, tem-se a regulamentação da lei que visa à prática do varejo.

O estrangeiro fala a respeito do trabalho dos artífices, em 921a-b, postulando suas funções e seus deveres:

> *"O ateniense*: Se um artífice deixar de executar seu trabalho dentro do prazo estabelecido por vileza (faltando ao respeito pelo deus a quem deve sua existência, preferindo, no seu em bota monto de espírito, julgar o deus indulgente devido à afinidade que, os une) começará por ser punido pelo deus e, em segundo lugar, haverá uma lei promulgada de modo a enquadrar esse caso [...]. Numa cidade de homens livres, é errado que um artífice

---

63 "*O ateniense*: A disposição da massa da humanidade é exatamente o contrário disso; quando desejam, desejam ilimitadamente, e quando podem obter ganhos moderados, preferem se empenhar ilimitadamente em obter ganhos enormes; e é devido a isso que todas as classes envolvidas no comércio varejista, transações comerciais em geral e estalagens são alvo de depreciação e submetidas até ao opróbrio."

tente, por meio de sua arte (que, é essencialmente verdadeira e sincera), agir artificiosamente com as pessoas leigas, caso em que a pessoa prejudicada gozará do recurso de processar aquele que o prejudicou [...]".

E continua sua exposição da lei que dará conta de tal assunto, nos parágrafos 921c-e, 922a.

O próximo contexto a ser abordado será a questão do direito ao testamento. "*O ateniense*" entende prudente normatizar tal assunto, pois vê que, muitas vezes, à beira da morte, o homem se desespera, perde as habilidades cognitivas e tende a agir, diante da morte e da transmissão de seus bens, de uma maneira irracional. Nota-se, em 922b-c:

> "*O ateniense*: E é de fato impossível deixá-los sem regulamentação pois aos indivíduos é possível indicar os mais diversos desejos tanto contraditórios entre si quanto contrários às leis e às disposições dos vivos se, mesmo, até contrários às suas próprias disposições antigas na época antes de se proporem a fazer um testamento (se é que qualquer testamento que alguém faça mereça receber validade absoluta e incondicional) independentemente de sua condição mental ao fim da vida, pois a maioria de nós nos encontramos numa condição mental mais ou menos embotada e debilitada quando imaginamos que nossa morte está próxima".

Igualmente, segue-se um longo discurso, do parágrafo 923a-e até o 925c, no qual o estrangeiro estabelece como a lei se comportará em todos os aspectos do testamento. Em 925c, aponta uma nova questão: "No caso de morte sem testamento e sem nenhum descendente, filho ou filha, todos os outros assuntos estarão submetidos à prévia lei [...]". E continua a postular as especificidades concernentes à matéria.

Em seguida, faz-se necessário prestar atenção às crianças órfãs. Dessa forma, "*O ateniense*" organiza a forma como o novo governo tratará o assunto. Vê-se, em 926d-e, 927a:

> "*O ateniense*: [...] crianças órfãs serão submetidas a uma espécie de segundo nascimento. [...] sua condição de órfãos possa ser a mais livre possível de uma impiedosa e vil miséria, condição a que podem ficar expostos os órfãos. Em primeiro lugar, apontaremos legalmente os guardiões das leis para desempenharem o papel de seus pais, a propósito nada inferiores [aos seus pais naturais]; encarregaremos três dos guardiões das leis para anualmente cuidar dos órfãos como se fossem seus próprios filhos, já tendo nós fornecido tanto a estes quanto aos tutores um adequado prelúdio de instruções referentes à formação dos órfãos".

E, novamente, segue-se uma grande narrativa que dá vida à normatização dos deveres para com os órfãos, que vai do parágrafo 927a-e ao 928d.

Os vários tipos de desentendimentos entre pais e filhos também são motivo de exame minucioso e pedem cuidado da lei na nova Constituição. Em 928d-e:

> *"O ateniense*: Entre pais e seus filhos, e filhos e seus pais, irrompem desentendimentos mais graves do que o que se poderia esperar, em meio aos quais os pais, por um lado, são passíveis de supor que o legislador lhes facultasse permissão legal para proclamar publicamente mediante arauto, se o desejarem, que seus filhos cessaram legalmente de ser seus filhos, enquanto os filhos, por outro lado, reivindicam a permissão de indiciar seus pais por insanidade quando se encontram numa condição vergonhosa em função da doença e da senilidade. Tais fatos ocorrem ordinariamente entre homens que têm um caráter inteiramente mau, visto que quando apenas a metade deles é má – o filho sendo *mau* e o pai não, ou *vice-versa* – uma tal inimizade não produz consequências calamitosas".

A lei que vinculará essa pauta será descrita no parágrafo 929a-e.

Depois da explanação sobre as desavenças entre pais e filhos, os pensadores resolvem regulamentar a lei para os casos de brigas entre marido e mulher. Observa-se, em 929e, 930a:

> *"O ateniense*: Se um marido e a esposa, por discórdia gerada por diferença de temperamentos, não conseguem de modo algum entrar em acordo, será conveniente que fiquem sob o constante controle de dez membros do corpo dos guardiões das leis, de idade média, associados a dez das mulheres encarregadas do casamento".

Tal norma será esclarecida no parágrafo 929b-e.

A seguir, vê-se que o estrangeiro aborda um tema que julga muito importante para a base de uma sociedade sadia, o respeito que os filhos devem ter para com seus pais e com os ascendentes mais velhos. Esse respeito agrada aos deuses e deverá ser premissa no desenvolvimento dos valores mais nobres do homem. Nota-se, em 929e, 931a:

> *"O ateniense*: A negligência com os pais é algo que nenhum deus e nenhum ser humano sensato jamais recomendariam a alguém [...]. Assim, se qualquer indivíduo tem um pai ou uma mãe, ou um avô ou uma avó em sua casa reduzidos à incapacidade num leito em função da velhice, que nunca suponha que enquanto tiver uma tal figura junto ao seu fogo doméstico terá qualquer estátua de maior poder, desde que dela cuide e lhe renda verdadeiramente o devido culto".

Dessa feita, a lei que cuidará de tamanha importância estará retratada em 931e, 932a-d.

Adiante, o envenenamento e os seus malefícios serão colocados em pauta pelos dialogantes, que deixarão registrada a lei responsável por tal fato no parágrafo 933a-e. Em 932e, 933a, o estrangeiro diz:

> *"O ateniense*: Faz-se necessária uma subdivisão em nosso tratamento dos casos de envenenamento porquanto, em função da natureza da raça humana, pertencem a dois tipos distintos. O tipo que mencionamos agora explicitamente é aquele no qual o dano provocado é realizado contra os corpos por corpos conforme as leis naturais. Distinto é o tipo que utilizando sortilégios, encantamentos e enfeitiçamentos (como são chamados) não apenas convence aqueles que tentam causar dano que eles têm o poder de fazê-lo, como também convence suas vítimas que estão de fato sendo atingidas por aqueles que possuiriam o poder mágico".

Atos de violência ou roubo serão tratados nos parágrafos 933e a 934d. Para clarear seus pensamentos, "*O ateniense*" explica, em 933e, 934a:

> *"O ateniense*: Em todos os casos em que alguém causa danos a outrem mediante atos de violência ou roubo, se o dano for grande, o agressor pagará uma larga soma a título de compensação à parte lesada e uma pequena soma se o dano for pequeno: como regra geral, toda pessoa deverá em todos os casos pagar uma soma correspondente ao dano provocado até que a perda seja ressarcida; e além disso, toda pessoa arcará com a penalidade vinculada ao seu crime mediante um corretivo".

Com relação aos tratamentos abusivos e às injúrias, serão refutados a partir do que regula o estrangeiro nos parágrafos 934e, 935a-d. Nessa passagem, entende-se sua declaração:

> *"O ateniense*: No que tange ao tratamento abusivo, teremos esta única lei para cobrir todos os casos: ninguém agredirá abusivamente ninguém. Se duas pessoas estão discutindo, uma delas falará e a outra escutará, alternando-se, sem agressões verbais mútuas [e descontrole emocional] e mesmo em relação às eventuais pessoas presentes, pois a partir dessas coisas leves, isto é, *palavras,* brotam, realmente, situações quase insustentáveis e mesmo ódios e rixas quando as pessoas principiam a proferir imprecações, se xingando entre si mediante termos vergonhosos e difamatórios como mulheres desbocadas [...]. Ninguém, portanto, jamais proferirá, sob qualquer molde, tais palavras em qualquer lugar sagrado, em qualquer sacrifício público ou jogos públicos, ou na *ágora* ou num tribunal ou qualquer assembleia pública".

A MATURIDADE PLATÔNICA EM *AS LEIS* | **153**

Mais tarde, é hora de discutir o sarcasmo, e quais serão suas punições, quem poderá se valer dele e em quais situações. Encontra-se tal matéria discutida e regulamentada em 935d-e, 936a-e. Para ilustrar: "Mas e quanto ao humor dos cômicos, sempre pronto a expor as pessoas ao ridículo, nós o toleraremos na sua linguagem por ser destituído de cólera?".

Em relação à mendicância, os pensadores atentaram para como os homens devem se comportar diante de outrem que se encontra em tal situação. Para "*O ateniense*", não se deve ter compaixão com os "que padecem de fome ou outra privação semelhante", mas, ao contrário, será diferente com aquele que, apesar de praticar virtudes, seja importunado por tal atividade. Observa-se, em 936b:

> "*O ateniense*: Diante disto seria espantoso realmente que no seio de um Estado e de acordo com sua constituição, supondo que esse Estado fosse moderadamente bem organizado, uma tal pessoa (escravo ou homem livre) fosse tão cabalmente abandonada a ponto de ser reduzida à completa indigência".

E, dando continuidade à matéria em 936b-d, fica definida a lei pertinente.

Quase ao fim do Livro XI, o estrangeiro aborda a questão da testemunha. Aponta quais as penas serão aplicadas àquele que se negar a testemunhar em momentos em que seu testemunho for necessário, ao falso testemunho, também diz que a mulher poderá ser testemunha. Regulamenta como crianças e escravos poderão servir como testemunhas e mais coisas que permeiam essa matéria. Pode-se notar isso em 936e, 937a-d.

Por fim, o último assunto que vem à luz é a atividade da advocacia. "*O ateniense*" desaprova o ofício, uma vez que acha que as habilidades da oratória e performance de um advogado podem levá-lo a cometer erros nocivos, de forma desvirtuada. Em 937e:

> "*O ateniense*: E se a justiça é bela, como negar que a profissão de advogá-la também não o é? Mas estas belas coisas estão perdendo a boa reputação devido a uma espécie de arte nociva, que se disfarçando sob um belo nome sustenta [...]".

E acresce, em 938a:

> "*O ateniense*: Essa arte – quer seja realmente uma arte ou um ardil artificioso aprendido pela experiência e prática regular – não deverá, jamais, se possível, surgir no nosso Estado; e quando o legislador exigir o acatamento

154 | O ERRO DE KELSEN · *Alvaro de Azevedo Gonzaga*

e o não afrontar da justiça, ou o afastamento de tais *artistas* para um outro Estado, se eles atenderem a isso, a lei, de sua parte, se manterá em silêncio, mas se eles não atenderem, a lei se pronunciará [...]".

Finaliza, então, o Livro XI expondo como o Estado deverá agir com os advogados, em 938a-c.

O Livro XII – A proposta sobre o justo e outras questões – dá continuidade à regulamentação das leis pertinentes aos assuntos mais importantes do novo governo. Fala propriamente sobre a probidade no exercício dos cargos públicos, legislação militar, reparadores dos magistrados, administração da justiça, proibição dos juramentos, relações com estrangeiros e sua recepção no Estado, viagens ao estrangeiro, sequestro de bens e busca, violência ao direito, receptação, o papel do Estado quando se faz paz em tempo de guerra, corrupção dos servidores, impostos, oferenda aos deuses, o bom juiz, cerimônias fúnebres, o conselho noturno e sua importante função e a unidade da virtude.

Quanto aos bens, "*O ateniense*" retoma o assunto já tratado em outros Livros, dessa vez para discorrer sobre o furto. Em 941b-c:

> "*O ateniense*: O furto de bens não é civilizado, o roubo escancarado é vergonhoso; nem um nem outro dos filhos de Zeus os praticaram extraindo prazer na fraude ou na violência. [...] e quem quer que assim agir ilegalmente não é, em absoluto, um deus nem um filho de deus [...]".

E oferece contorno à lei que assegurará a punição de quem praticar tal ato, nos parágrafos 941d-e, 942a.

Em seguida, discorre sobre como se dará a organização militar na nova sociedade (do parágrafo 942a-e ao 945b). Para isso, adverte um ponto fundamental para que essa organização dê certo. Em 942c-d:

> "*O ateniense*: Este hábito de comandar e ser comandado por outros tem que ser praticado pacificamente desde a mais tenra infância; porém, a anarquia precisará ser inteiramente eliminada das vidas de toda a humanidade, e inclusive das vidas dos animais que estão submetidos ao ser humano".

Quanto aos reparadores dos magistrados, precisará ser avaliado com cuidado, uma vez que cabe a eles a honrosa tarefa de reparar o funcionamento dos magistrados de acordo com a virtude. Assim, os dialogantes reservam bastante atenção ao tema. Em 945b-e:

> "*O ateniense*: Falemos agora dos reparadores que examinarão a gestão dos diversos magistrados, uns eleitos pelo acaso do sorteio para um ano de man-

A MATURIDADE PLATÔNICA EM *AS LEIS* | 155

dato, outros para vários anos e escolhidos a partir de um elenco de pessoas já seletas. [...] de qualquer modo é preciso tentar descobrir alguns reparadores ele uma qualidade divina. [...] Ora, no que se refere à preservação ou a dissolução e o desaparecimento de uma constituição política, o cargo de reparador representa um tal fator crítico, e dos mais sérios, pois se aqueles que atuam como reparadores dos magistrados são melhores homens do que eles, e se agem irrepreensivelmente mediante justiça irrepreensível, então todo o Estado e território floresce e é feliz. [...] Diante disto, é absolutamente imperioso que os reparadores sejam homens da mais rematada virtude".

Do mesmo modo, ao longo dos parágrafos 945e a 948b, estabelecem-se as normas que abarcarão toda a matéria citada acima.

Posteriormente, "*O ateniense*" discorre sobre como o homem deverá agir quando mover uma ação contra outrem e como a resposta a tal ação prosseguirá. Fica proibido o juramento. Tudo o que tiver relação com a lide terá que ser escrito e entregue ao magistrado competente para análise. Vê-se, em 948c-d:

> "*O ateniense*: Considerando-se, por conseguinte, que as opiniões dos seres humanos acerca dos deuses mudaram, assim também deverão suas leis ações legais, leis elaboradas inteligentemente devem impedir que as partes em litígio façam juramentos. Aquele que está movendo uma ação contra alguém deve registrar suas acusações por escrito, mas não prestar qualquer juramento, e o acusado de maneira análoga deverá registrar por escrito sua negativa e entregá-la aos magistrados sem um juramento".

A fim de regularizar o tema das visitas de estrangeiros ao território, a viagem ao estrangeiro e quem tem competência tanto para entrar no território quanto para sair dele, os dialogantes traçam um longo discurso a fim de que a lei proposta seja muito clara e não negligencie nenhum aspecto. Dessa forma, do parágrafo 950a-e ao 953e, podem-se notar os postulados.

Determinadas passagens sobre o assunto: respectivamente em 950a, 950a-b, 950d-e, 952d-e, 953a, 953b e 953c:

> "*O ateniense*: O intercâmbio entre Estados naturalmente resulta numa mistura de caráteres de todo tipo, na medida em que estrangeiros importam entre estrangeiros costumes novos, e tal resultado provocaria um imenso dano aos povos que desfrutam de uma boa forma de governo e uma boa legislação.
>
> *O ateniense*: Ora, constitui uma política inconcebível proibir terminantemente aos estrangeiros que visitem o Estado ou aos cidadãos que visitem outros Estados, parecendo ademais, aos olhos do resto do mundo, uma postura insociável e rude [...].

O ateniense: Portanto, quanto à questão de ir para o estrangeiro, para outras terras e lugares e a admissão de estrangeiros no Estado temos que agir da seguinte maneira: em primeiro lugar, nenhum homem com menos de quarenta anos terá a permissão de ir para o estrangeiro, para nenhum sítio; em segundo lugar, não será permitido que um homem se dirija ao estrangeiro na qualidade de indivíduo particular, mas a permissão na qualidade de representante público será concedida a arautos, embaixadores e certas comissões de inspeção.

O ateniense: Há quatro tipos de estrangeiros visitantes que requerem menção. O primeiro e inevitável visitante é aquele que escolhe o verão, de ordinário, para suas visitas anuais, semelhante a aves migratórias [...].

O ateniense: O segundo tipo de estrangeiro é o inspetor no sentido literal da palavra, que com seus olhos e seus ouvidos inspecionará tudo que diz respeito às exibições musicais [...].

O ateniense: O terceiro tipo de visitante estrangeiro que exige uma recepção pública é aquele que provém de um outro país para o trato de algum negócio público [...].

O ateniense: O quarto tipo de estrangeiro nos visita esporadicamente, se é que algum dia o faz [...]".

Nesse ponto, o estrangeiro ateniense acha prudente voltar à questão dos bens e, dessa vez, discorrer sobre o sequestro deles e o direito à sua busca. De tal modo, propõe, em 954a:

"*O ateniense*: O corretor do bem em garantia numa venda atuará como fiador do vendedor caso este último não detenha efetivo direito sobre os bens vendidos ou seja completamente incapaz de garantir sua posse; tanto o corretor como o vendedor assumirão responsabilidade legal. Se alguém quiser fazer uma busca na residência de uma outra pessoa, deverá colocar-se nu da cintura para cima e não usar cinto, e depois de ter feito um juramento pelos deuses designados [pela lei] de que verdadeiramente espera encontrar seu bem nessa residência, ele fará a busca; aquele cuja residência for objeto da busca lhe concederá o direito de vasculhar sua casa, incluindo tanto coisas seladas quanto não seladas. Mas se alguém pretender executar a busca e a outra parte lhe recusar a permissão de fazê-lo, quem se defrontou com a recusa tomará medidas legais, declarando o valor estimado do bem que é objeto de busca".

E amplia sua lei no parágrafo 954b-e.

Depois, fala sobre a possibilidade de alguém ser impedido de comparecer à corte sob a força da violência. Deixa claro de 954e a 955a como seguirá a sanção à infração a qual se refere. Em 954a:

A MATURIDADE PLATÔNICA EM *AS LEIS* | 157

"O ateniense: Se alguém impedir pela força que alguma pessoa compareça a uma corte, quer seja o demandista ou suas testemunhas, sendo a pessoa seu escravo ou escravo de outro senhor, a ação será anulada e invalidada [...]".

Mais tarde, vê-se na obrigação de discorrer sobre o tema "recepção". E afirma, em 955b: "Aquele que, conscientemente, receber qualquer objeto furtado estará sujeito à mesma penalidade do ladrão, e dar abrigo a um exilado constituirá um crime a ser punido com a morte".

Ainda há de ter mais uma infração que deverá ser punida com a privação da própria vida: aquele que decidir por si só celebrar a paz ou fazer a guerra sofrerá a maior sanção que há. Em 955c: "Se qualquer porção do Estado celebrar a paz ou fazer a guerra por sua própria decisão contra este ou aquele partido, os estrategos convocarão os autores de tal ação perante a corte e a pena para aquele que for condenado será a morte".

No que concerne aos impostos, estes deverão ser pagos ao Estado, e *"O ateniense"* deixa registrada a forma como se dará tal contribuição. Em 955d-e:

"O ateniense: Quanto às contribuições em dinheiro feitas ao tesouro público, será necessário, por muitos motivos, que cada propriedade particular seja avaliada e também que o cômputo da renda anual seja entregue por escrito aos *agorânomos* pelos comissários das tribos, de modo que o tesouro possa optar pelo método de contribuição existente que preferir, e possa determinar ano a ano se exigirá uma proporção rio valor estimado na totalidade, ou uma proporção da renda anual atual, sem incluir os tributos pagos relativos aos repastos comuns".

Argumenta posteriormente quanto às oferendas aos deuses. Conclui, em 955e, que: "Quanto às oferendas votivas aos deuses, é conveniente a um homem moderado apresentar oferendas de valor moderado".

No tocante à questão da organização do Estado, ou seja, do novo governo, os pensadores se veem na obrigação de dar mais profundidade ao assunto; e do parágrafo 956c-e ao 957b desenvolvem leis que darão respaldo a determinações suplementares sobre a administração da justiça.

Depois dessa fase, o estrangeiro, então, concentra-se na figura do "bom juiz", de como as virtudes dessa figura deverão prevalecer para que tal título tenha valor diante dos homens e dos deuses. Percebe-se, em 957b-c:

"O ateniense: Todas as regras relativas no silêncio e discurso discreto e o oposto destes da parte dos juízes e tudo o mais que diferir das regras vigentes em outros Estados concernentes à justiça, à bondade e à beleza

– todas essas regras foram formuladas em parte, e em parte serão formuladas antes que encerremos nossos discursos. Todo aquele que se propõe a ser um juiz correto e imparcial terá que atender a todas essas matérias, tendo, também que estudar a exposição escrita delas que tiver em mãos, pois entre todos os estudos, o das regulamentações legais, contanto que seja corretamente estruturado, é o que será mais eficiente em fazer daquele que a ele se devota um ser humano melhor visto que, se assim não fosse, seria em vão que nossa lei divina e admirável ostentasse um nome aparentado à razão".

A morte é um tema já abordado em outros Livros; aqui, no Livro XII, a matéria volta à pauta para que sua real significação e seus acessórios sejam mais explorados. Assim, com minúcia, os dialogantes estabelecerão o modo como ela deve ser celebrada e, diante dessa celebração, quais ações os parentes e próximos deverão ter. Em 959a-b:

"*O ateniense*: Como em outras matérias, é mister confiar no legislador, o que nos induz também a nele acreditar quando nos sustenta que a alma é plenamente superior ao corpo e que nesta própria vida o que faz com que cada um de nós seja o que é nada mais é do que a alma, enquanto o corpo é para nós a imagem concomitante, estando certo quem diz que o corpo sem vida não é senão a imagem do morto e que o eu real de cada um de nós, que chamamos de alma imortal parte para prestar contas perante outros deuses [...]".

Portanto, de 959d-e a 960c encontra-se toda a lei pertinente ao caso.

Mais à frente, há um breve momento de filosofia sobre a virtude, novamente. Mais que necessária, ela é primordial na atmosfera do novo Estado. Platão, na voz dos dialogantes, enfatiza numerosas vezes tamanha importância na vida do homem. Assim, pode-se notar, em 963a:

"*Clínias*: E não seria, estrangeiro, o parecer que expressamos já há muito tempo atrás o acertado? Dissemos que todas nossas leis devem sempre visar um único objetivo, o qual, segundo nosso consenso, é denominado *virtude* com absoluta propriedade".

E, adiante, em 963c-d:

"*O ateniense*: E, no entanto, as chamamos todas por um único nome: afirmamos que a coragem é virtude, que a sabedoria é virtude e as duas outras o mesmo, como se realmente não constituíssem uma pluralidade, mas tão só esta coisa única, *virtude*".

A MATURIDADE PLATÔNICA EM *AS LEIS* | **159**

Ainda, em 965d:

> *"O ateniense*: Naturalmente nos será forçoso obrigar os guardiões de nossa constituição divina a observarem meticulosamente, em primeiro lugar, qual é o elemento idêntico que permeia todas as quatro virtudes, e que – considerando-se que existe como uma unidade na coragem, temperança, justiça e sabedoria – possa com justeza ser denominado, como o afirmamos, pelo único nome de *virtude"*.

Referindo-se ao conselho noturno, que é de suma relevância na ordem do Estado, já que compete a ele a fiscalização e a boa manutenção dos magistrados e da sociedade, tem-se, em 966b:

> *"O ateniense*: [...] verdadeiros guardiões das leis devem conhecer efetivamente a verdadeira natureza delas, além de serem capazes tanto de expô-la pelo discurso quanto agir em conformidade com ela em suas ações, julgando boas e más ações de acordo com sua verdadeira natureza?"
>
> *Clínias:* Certamente".

Avante, em 968a-b: "[...] o conselho noturno dos magistrados será legalmente instaurado e participará de toda a educação que descrevemos, de sorte a manter a guarda do Estado e assegurar sua preservação".

Para que haja uma formação adequada quanto ao conselho noturno, "O ateniense" expressa, em 968c:

> *"O ateniense*: Não é possível neste estágio, Megilo e Clínias, promulgar leis para esse conselho. É preciso que seja antes devidamente organizado. Isto feito, seus membros deverão eles mesmos determinar de que autoridade se revestirão. Mas já se mostra evidente que o que é necessário para formar um tal conselho, se o pretendermos corretamente formado, é o ensino por meio de contínuas conferências".

Quanto ao conselho noturno, bem compreendem Brisson e Pradeau para sua particular relevância na estrutura da obra *As Leis*:

> "[...] para que a pólis viva excelentemente, para que seja governada de modo a ser virtuosa, ela deve exercer uma forma de reflexão própria, e portanto possuir uma faculdade ou uma instância que dispense os saberes necessários a essa vida virtuosa. A observância das leis, até mesmo sua modificação ou sua supressão, é possível somente sob a condição de que ela repouse sobre uma reflexão e sobre um saber legislativos e políticos. Nesse quesito, o argumento que Platão faz valer para a pólis é exatamente o que sua ética

160 | O ERRO DE KELSEN · *Alvaro de Azevedo Gonzaga*

não cessa de defender para os indivíduos humanos: somente o saber torna virtuoso. A pólis, por ser considerada um ser vivo, possui não apenas um corpo, mas também uma alma provida de um intelecto; ela pensa e pode adquirir um saber. Não apenas porque ela é o sujeito de uma reflexão, mas ainda mais precisamente porque as *Leis* lhe atribuem, como vimos há pouco, um intelecto: o conselho noturno"[64].

Seth Benardete comenta da seguinte maneira o tema:

"Se o conselho noturno, com sua mente, olhos e ouvidos, é comparável à alma e à cabeça de um animal, seu objetivo poderia ser sua própria salvação junto com a cidade; E se a cidade é o tronco, com o exército seus pés e os artesãos suas mãos, e incapaz de ser mais do que saudável (964e), então a virtude da cidade pertence unicamente ao conselho noturno, enquanto o saudável da cidade, que não deve ser tomada como uma virtude da alma, é a sua obediência à lei"[65].

Metaforicamente, os membros do conselho noturno são, para a cidade, aquilo que o intelecto é para o organismo. Em relação à obra *A República*, fica clara sua proximidade, em termos de função, do papel dos governantes-filósofos.

O conselho noturno é o mais importante e derradeiro e a magistratura da cidade. É o órgão que funciona como o centro e ao mesmo tempo como o formulador daquilo que há de racional na cidade[66], sendo tal órgão reservado àqueles que têm reconhecida capacidade para a astronomia e as ma-

---

64 BRISSON, L. & PRADEAU, J.-F. *As Leis de Platão*. São Paulo: Loyola, 2012. p. 145-146.

65 BENARDETE, S. *Plato's Laws*: the discovery of being. Chicago: The University of Chicago Press, 2000. p. 341. Tradução nossa do trecho: "If the nocturnal council, with its mind, eyes, and ears, is comparable to the soul and head of an animal, its goal could be its own salvation along with the city's; and if the city is the trunk, with the army its feet and the craftsmen its hands, and incapable of being more than healthy (964e), then the virtue of the city belongs solely to the nocturnal council, while the healthy of the city, which is not to be taken as a virtue of soul, is its law-abidingness.

66 Contemporaneamente, os membros das cortes constitucionais dos diversos países atuam como intérpretes finais das respectivas constituições, sendo sua composição deliberadamente aristocrática do ponto de vista intelectual (a Constituição Federal brasileira, por exemplo, em seu art. 101, exige que os juízes do Supremo Tribunal Federal, eleitos pelo presidente da República, tenham "notável saber jurídico e reputação ilibada"). Por isso, em alguma medida, tais cortes aproximam-se da ideia do conselho noturno platônico.

A MATURIDADE PLATÔNICA EM *AS LEIS* | **161**

temáticas, disciplinas cujo estudo aprofundado "não é ocupação da maioria, senão de muito pouca gente"[67].

Diante das competências intelectuais de seus membros, o conselho noturno sabe a meta mais profunda da constituição, bem como se espera que conheça a unidade da virtude, e, portanto, é a instância que tem como dever precípuo evitar que a cidade desvie dos fins estabelecidos, especialmente da qualidade – intrínseca às suas leis racionais – de cuidado com o bem comum[68]. Segundo Leo Strauss: "Apenas os membros do conselho noturno podem ser os verdadeiros juízes da cidade como um todo"[69].

O Livro termina, mais uma vez, com o estrangeiro discorrendo sobre a supremacia do conselho noturno e deixa claro que o Estado, uma vez estabelecido tal conselho, estará em suas mãos.

---

[67] PLATÃO. *As Leis*. 2. ed. Trad. Edson Bini. Prefácio de Dalmo Dallari. São Paulo: Edipro, 2010, p. 238, 818a.

[68] Uma das funções do conselho noturno é lidar com a impiedade nas diversas formas em que ela aparece, indicadas no Livro X. A respeito dessa incumbência do conselho, comenta Voegelin: "[...] um tribunal espiritual que julga as infrações ao credo. Os descrentes nos deuses serão confinados durante cinco anos num reformatório. Nessa reclusão, eles receberão visitas apenas dos membros do conselho noturno, que tentarão influenciá-los e despertar seu discernimento espiritual. Se o esforço educativo ao longo dos cinco anos não surtir efeito, eles serão condenados à morte" (VOEGELIN, E. *Ordem e história*: Platão e Aristóteles. São Paulo: Loyola, 2009. v. III. p. 321).

[69] Tradução nossa para o trecho: "Only the members of the nocturnal council can be truly rulers, or magistrates, of the whole city" (STRAUSS, L. *The argument and the action of Plato's Laws*. Chicago: The University of Chicago Press, s/d. p. 184). Para Trabattoni, o conselho noturno é formado por pessoas capazes daquele "conhecimento que é, para Platão, o grau mais elevado da filosofia: um dar conta, fundado em procedimentos de análises e sínteses, capaz de identificar o belo e o bom presente em cada coisa" (TRABATTONI, F. *Platão*. São Paulo: Annablume, 2010. p. 310).

Capítulo 4

O ERRO DE KELSEN

4.1
As pretensões do positivismo jurídico de Kelsen no quadro do projeto filosófico da modernidade e seus limites

"[...] a distância entre o como se vive e o como se deveria viver é tão grande que quem deixa o que se faz pelo que se deveria fazer contribui rapidamente para a própria ruína e compromete sua preservação"[1].

"O que é, pois, a verdade? Um exército móvel de metáforas, metonímias, antropomorfismos, numa palavra, uma soma de relações humanas que foram realçadas poética e retoricamente [...] as verdades são ilusões das quais se esqueceu que elas assim o são"[2].

As referências a Maquiavel e a Nietzsche apresentam-nos o "espírito" geral que anima as filosofias moderna e contemporânea. Hobbes, outro autêntico representante da aurora da modernidade, anuncia claramente a busca e a satisfação de afetos e paixões como paradigmas para o "novo" homem (o homem moderno), estando a razão a partir de então a serviço dos ideais da autopreservação (segurança) e da vida cômoda, confortável[3].

---

[1] MAQUIAVEL, N. *O príncipe*. São Paulo: Penguin Companhia, 2010. p. 97.
[2] NIETZSCHE, F. *Sobre verdade e mentira*. São Paulo: Hedra, 2007. p. 36-37.
[3] HOBBES, T. *Leviatã*. São Paulo: Martins Fontes, 2003. p. 111.

164 | O ERRO DE KELSEN · *Alvaro de Azevedo Gonzaga*

Com a referência aos três filósofos indicados e com apoio em ensaio clássico de Leo Strauss[4], "As três ondas da modernidade", pode-se caracterizar com alguma segurança tal período da história do ponto de vista das ideias. No texto citado, o autor diz que por modernidade deve-se compreender "uma modificação radical da filosofia política pré-moderna" ou, melhor dizendo, uma rejeição da filosofia política pré-moderna: pois, se aquela possuía uma unidade fundamental, essa teria uma distinção por reflexo. E Strauss indica quem foram os dois grandes precursores dessa ruptura: "o rompimento radical de Hobbes com a tradição da filosofia política apenas continua, mesmo que de maneira bastante original, o que foi primeiro feito por Maquiavel".

A elevação da "dignidade" das paixões feita pelo pensamento moderno é acompanhada pelo redesenho do sujeito, que ganha centralidade e liberdade: pensemos, por exemplo, em Descartes e suas *Meditações metafísicas*, que giram em torno do "eu", da descoberta do *cogito* como ponto arquimediano de reconstrução dos saberes.

Com efeito, o Estado, as leis e a sociedade passam a ter sua justificativa nos benefícios que oferecem ao indivíduo – como somos nós, atualmente, de algum modo herdeiros desse homem cartesiano, talvez possamos melhor compreender o estatuto da inovação desse modelo de maneira "negativa", isto é, lembrando como os modernos consideravam os homens antigos, que não gozavam de nenhuma liberdade individual, visão essa sustentada, por exemplo, por Fustel de Coulanges em seu clássico *A cidade antiga*[5].

A mesma trilha é seguida por Benjamin Constant, para quem:

> "Conclui-se que devemos ser bem mais apegados que os antigos à nossa independência individual. Pois os antigos, quando sacrificavam essa independência aos direitos políticos, sacrificavam menos para obter mais; enquanto que, fazendo o mesmo sacrifício, nós daríamos mais para obter menos. O objetivo dos antigos era a partilha do poder social entre todos os cidadãos de uma mesma pátria. Era isso o que eles denominavam liberdade. O objetivo dos modernos é a segurança dos privilégios privados; e eles chamam liberdade as garantias concedidas pelas instituições a esses privilégios"[6].

---

4   STRAUSS, L. The three waves of Modernity. In: *Political philosophy:* six essays. Indianapolis: Pegasus-Bobbs-Merrill, 1975.

5   COULANGES, F. de. Da onipotência do Estado; os antigos não conheceram a liberdade individual. In: *A cidade antiga.* 5. ed. São Paulo: Martins Fontes, 2004. p. 246-251.

6   ATHÉNÉE ROYAL DE PARIS, 1819. 1980, Paris. *Da liberdade dos antigos comparada à dos modernos.* Tradução de Loura Silveira. Traduzido da edição dos textos

O ERRO DE KELSEN | 165

Para além disso, a modernidade impõe um imenso golpe na orientação do pensamento filosófico clássico, que buscava pela virtude em um bom modelo de governo. Isso quer dizer, segundo Strauss, que sob o signo de uma modernidade filosófica não há mais como nos orientar para uma filosofia política que culminaria em utopias, em descrição de regimes cujas realizações são improváveis, como é o caso de Aristóteles, por exemplo, que na *Política* indica as formas boas e degeneradas de governos, como se as formas boas existissem e fossem possíveis em sua plenitude descrita na obra.

Segundo o olhar moderno, não devemos mais nos voltar ao pensamento do que é virtuoso ou bom em si mesmo para uma comunidade ou um regime político, mas devemos ter como norte aquilo que se fundamenta no bem comum dos indivíduos que compõem o regime, ou seja, a leitura moderna considera que não devemos pensar no governo centralizador (ainda que virtuoso) que despreza as individualidades, como os antigos e medievais, mas levar em conta as individualidades que gerariam um governo mais atento às necessidades comuns. Em vez de vincular-se à pergunta fundamental que se atribui aos antigos, notadamente a Sócrates, qual seja a indagação "O que é isto?", a pergunta fundamental da modernidade deve vincular-se sempre ao sujeito que a promove, e deve ser este o sujeito que se prestará a raciocinar sobre as coisas políticas.

Assim, de um lado esse novo sujeito é visto pelo referido corte cartesiano como alguém que usa o bom senso, que calcula e que quer submeter a razão a um "método" para que se possa efetivamente atingir o conhecimento claro e distinto, científico, mas de outro lado aparece com marcada ascendência maquiaveliana e é concebido como ingrato, volúvel, fingido e dissimulado, avesso ao perigo e ávido de ganhos[7].

É digno de nota, por fim, o dado de que nesse quadro moderno a noção de "natureza" (*physis*), tão cara ao pensamento grego clássico, perde terreno para as ideias de "história", "progresso" e "fim", e isso implica, entre outras coisas, que a concepção moderna de direito natural seja distante da concepção antiga, esta que também pressupunha outra antropologia, menos pessimista (ou "neutra", por assim dizer).

Afinal, no pensamento antigo a noção de *physis* se constrói a partir do questionamento sobre aquilo que permanece na mudança. Isso significa, em

---

escolhidos de Benjamin Constant, organizada por Marcel Gauchet, intitulada *De la Liberté cliez les Modernes*, Le Livre de Poche, Collection Pluriel. Paris.

[7] MAQUIAVEL, N. *O príncipe*. São Paulo: Penguin Companhia, 2010. p. 102.

outros termos, que a noção plurívoca "natureza" no pensamento antigo se enraíza em um quadro universalizante, válido para todas as épocas, concretizada na demanda pelo □□ □□ □□□□:(o que é isto?).Como ensina Pierre Hadot, a palavra *"physis"*, "que primitivamente significava um acontecimento, um processo, a realização de uma coisa, passou a significar a potência invisível que realiza esse acontecimento"[8].

Por ora nos interessa assinalar que a matriz teórica desse tempo moderno que aqui nos ocupa, o positivismo, supõe o progresso da história e propõe que o conhecimento genuíno é o conhecimento científico, e este nunca pode legitimar qualquer julgamento de valor. A distinção entre fatos e valores e o historicismo, como assevera Leo Strauss, são os dois maiores inimigos da noção clássica de direito natural. Nesse passo, Weber nos dá o diagnóstico sobre o direito:

> "O positivismo jurídico tem avançado irresistivelmente, ao menos no momento presente. O desaparecimento das velhas concepções de direito natural acabou com toda possibilidade de se atribuir ao direito uma dignidade metafísica em virtude de suas qualidades imanentes"[9].

Quanto ao positivismo jurídico, é preciso dar voz a uma de suas figuras de maior expressão, nosso interlocutor nesta obra: Hans Kelsen. Primeiro, uma palavra sua a respeito de Platão:

> "[...] é um poeta no sentido de que se preocupa pouco com o que dizem seus personagens; se suas declarações são mais ou menos verdadeiras é questão de pouca importância para ele. Aquilo a que Platão dá suprema importância é o efeito produzido por essas falas, o seu movimento dialético rumo a um clímax empolgante, e ao alívio descendente; mas essa técnica não é produtora de conclusões científicas"[10].

Sua posição quanto ao direito natural não é menos negativa:

> "Do ponto de vista da ciência, tal método é inteiramente destituído de valor. Mas, do ponto de vista da política, como um instrumento intelectual na luta pela realização de interesses, a doutrina do direito natural pode ser considerada útil. [...]. Que a doutrina do direito natural, como pretende, seja capaz

---

8   HADOT, P. *O véu de Isis*. São Paulo: Loyola, 2006. p. 46.

9   WEBER, M. *Economia e sociedade*. Brasília: Ed. da UnB, 2000. v. II. p. 221.

10   KELSEN, H. *O que é justiça?* São Paulo: Martins Fontes, 2001. p. 175.

O ERRO DE KELSEN | **167**

de determinar de modo objetivo o que é justo, é uma mentira; mas quem a considera útil pode usá-la como uma mentira útil"[11].

A alternativa que Kelsen oferece à teoria do direito, o positivismo jurídico, trabalha com o princípio metodológico de que para se constituir uma ciência é preciso que haja uma exclusividade do seu objeto de conhecimento, o que impõe ao jurista que cuide apenas do direito positivo (essa proposta para o direito já estava presente, ainda que de maneira embrionária, em escritos bem anteriores da modernidade[12], como no *Leviatã*)[13].

Não se nega que a ética, a psicologia, a sociologia e outras disciplinas se relacionem com o direito, mas se este é tema daquelas, o cientista do direito em seu ofício nada tem que ver com isso, visto que a sua postura ao conhecer o objeto – o direito posto – deve por definição ser neutra quanto a qualquer juízo de valor relativo aos caminhos adotados pelos editores de normas: sua tarefa é tipicamente dogmática.

Considerando impossível superar cientificamente a diversidade de doutrinas morais apresentadas pela história da filosofia, Kelsen não vê motivo para se preocupar em avaliá-las. Fazer qualquer enunciado acerca do que está além da experiência sensível, ou seja, falar de metafísica (por exemplo: falar de justiça à maneira de Platão – que ele criticava, como vimos), não tem para ele sem sequer sentido. Pois é isso que significará para Kelsen realizar uma leitura da filosofia platônica[14].

---

[11] KELSEN, H. *O que é justiça?* São Paulo: Martins Fontes, 2001. p. 175.

[12] Não é de se ignorar, também, que ao tempo do desenvolvimento das ideias fundamentais da teoria pura do direito – que, não obstante tenha tido o lançamento de sua primeira edição no ano de 1934, já contava com suas estruturas básicas bem definidas na sua *Hauptprobleme der Staatrechtslehre* (*Principais problemas do Direito*), de 1911 –, o direito carecia de um reconhecimento pacífico como ciência.
As ciências sociais buscavam tornar o direito apenas ramificação sua. Daí é compreensível a preocupação kelseniana com o excessivo corte epistemológico – típico da modernidade – que caracterizaria a autonomia científica do direito, separado de todos os demais ramos das ciências humanas e sociais.
Havia, então, um cenário propício ao surgimento da própria teoria pura, advinda da aliança entre o não reconhecimento científico do direito e do modelo de ciência predominante a partir da modernidade, cujo repúdio à metafísica é uma de suas características basilares.

[13] HOBBES, T. *Leviatã*. São Paulo: Martins Fontes, 2003. p. 225-246.

[14] LEISTER, A. C. C. da C. & CHIAPPIN, J. R. N. O direito como ciência e a interpretação jurídica de Hans Kelsen. *Revista do Instituto dos Advogados de São Paulo*, v.

168 | O ERRO DE KELSEN · *Alvaro de Azevedo Gonzaga*

Ainda que realista científico, de toda maneira, tendo sido o campo do direito precisamente delimitado – e diminuído – pelo positivismo jurídico nos séculos XIX e XX, o problema da justiça obviamente não desapareceu, mas foi apenas deslocado e, parece, tornou-se especialmente grave: a título de exemplo, e sem entrar em detalhes historiográficos, é sabido que Hitler foi eleito chanceler do *Reich* de acordo com a Constituição de Weimar (e também os seus poderes para governar mediante decretos foram votados e renovados pelo parlamento alemão, ou seja, suas ações atenderam à legalidade). Outras ditaduras e governos totalitários, no passado e no presente, igualmente se sustentaram e sustentam-se em aparatos legais para atuar e existir.

Isso porque a pretensa neutralidade do direito no positivismo jurídico conduz à naturalização de toda essência axiológica que está no âmago do próprio direito. Reduz, assim, as discussões e questões do direito ao campo da lógica formal, mascarando tudo aquilo que é mais crucial ao fenômeno jurídico. Assim, vemos no cientificismo positivista um claro distanciamento do mundo da vida (*lebenswelt*), tal como noticiado pela fenomenologia de Husserl, sobretudo em suas *Investigações lógicas* (1900/1902).

São conhecidas as palavras de Gustav Radbruch a esse respeito:

> "Ordens são ordens, é a lei do soldado. A lei é a lei, diz o jurista. No entanto, ao passo que para o soldado a obrigação e o dever de obediência cessam quando ele souber que a ordem recebida visa a prática dum crime, o jurista, desde que há cerca de cem anos desapareceram os últimos jusnaturalistas, não conhece exceções deste gênero à validade das leis nem ao preceito de obediência que os cidadãos lhes devem. A lei vale por ser lei, e é lei sempre que, como na generalidade dos casos, tiver do seu lado a força para se fazer impor. Esta concepção da lei e sua validade, a que chamamos positivismo, foi a que deixou sem defesa o povo e os juristas contra as leis mais arbitrárias, mais cruéis e mais criminosas. Torna equivalentes, em última análise, o direito e a força, levando a crer que só onde estiver a segunda estará também o primeiro"[15].

24, p. 118-119, 2009. Ainda que sustentando que Kelsen propõe um sistema aberto e não reduzindo a Teoria Pura do Direito como mera técnica, como fazem alguns críticos, os autores separam sua teoria das Ciências naturais e das concepções axiológicas: "[...] a Teoria Pura do Direito de Kelsen como disciplina científica separada das ciências naturais, de um lado, e das concepções axiológicas, de outro, e caracterizar Kelsen como adepto do realismo científico, em vez de reduzir o Direito a mera técnica, e sua concepção científica ao instrumentalismo, como fazem alguns de seus críticos".

[15] RADBRUCH, G. *Filosofia do direito*. 5. ed. Coimbra: Armênio Amado Editor, 1974. p. 415.

O ERRO DE KELSEN | 169

O que se busca destacar com essas observações é que a pretendida "purificação" do direito pelo positivismo talvez tenha sido um ingrediente que, se não contribuiu, ao menos tornou o direito *insuficiente* para conter o avanço de fenômenos totalitários como o mencionado[16]. E, afinal de contas, depois de eventos como aos que assistimos no século XX, como continuar defendendo a tese de que todo o direito se esgota nas normas que devem ser neutras ideologicamente e positivas quando sentimos cotidianamente a necessidade de nos referimos a leis injustas ou a decisões judiciais injustas? Encerremos essas notas com uma bela e ilustrativa passagem de Albert Camus, que bem nos conduz à conclusão que buscamos extrair até aqui:

"Se todos nós que viemos do nietzscheanismo, do niilismo ou do realismo histórico disséssemos em público que estávamos errados e que existem valores morais e que no futuro devemos fazer o que for necessário para implantá-los e ilustrá-los, não lhes parece que isto seria o começo de uma esperança?"[17].

4.2
A alegoria do jurista agrilhoado:
o complexo de Estocolmo do operador do direito

No tópico acima nos referimos ao fato de que na modernidade a noção de natureza (*physis*), talvez a noção mais fundamental para a filosofia política clássica (da qual se extrai, entre outras coisas, a ideia de direito natural), perdeu espaço para a noção de história. O intuito aqui, pois, é discutir esse contexto metodológico em que o pensamento de Kelsen se coloca. Em um

---

[16] O positivismo é o modelo útil ao Poder, independentemente da ideologia. Assim, para Estados de pretensões totalitárias, o direito sob o modelo positivista torna-se o instrumento perfeito para justificativa do modelo posto, não sendo nem sequer intenção desse modelo a contenção de avanço de um tal governo. Tal ponto fica claro na afirmação fundamental da teoria pura do direito de que "não há conteúdo que não possa ser direito", bastando, para tanto, a juridicidade a partir da aferição de validade pela legalidade conforme o ordenamento e sua mínima eficácia social.

[17] CAMUS, Albert. *Notebooks*: 1942-1951. New York: Paragon House, 1991. p. 145-146. Tradução nossa para o trecho: "Don't you believe that if all of us who come from Nietzscheanism, from nihilism, or from historical realism said in public that we were wrong and that there are moral values and that in the future we shall do the necessary to establish and illuminate them, don't you believe this would be the beginning of a hope?".

170 | O ERRO DE KELSEN · *Alvaro de Azevedo Gonzaga*

segundo passo, nosso debate irá apontar quais são os pressupostos nos quais emerge e os objetivos buscados no pensamento de Platão e que, em *A ilusão da Justiça*, Kelsen ou ignora propositadamente – exercendo assim o papel de um ilusionista –, ou demonstra simplesmente desconhecer – o que faria do autor um pobre e simplório iludido.

Pois bem, podemos conceituar o historicismo como uma doutrina segundo a qual todos os padrões de significado são em último plano temporários, ou melhor: são históricos – inclusive o conceito de natureza e, decorrência disso, o de direito natural. Não seria possível para o homem, em nenhuma hipótese, compreender algo que é eterno, imutável – se é que existe algo que é eterno e imutável.

Nesse ponto, e antes de prosseguirmos, é preciso que aprofundemos a compreensão do que significa, a nosso ver, esse pressuposto historicista para os juristas, notadamente para Kelsen, segundo a leitura do autor que aqui se faz. Bem ao gosto de Platão e valendo-nos de uma paródia filosófica de sua famosa alegoria da caverna, faremos isso por meio de uma alegoria autoral que podemos intitular "a alegoria do jurista agrilhoado: o complexo de Estocolmo do operador do direito".

Como se sabe, a alegoria da caverna[18] contém uma imagem que bem ilustra o significado da atitude filosófico-científica para Platão, que é justa-

---

[18] Sobre a distinção de mito e alegoria já nos manifestamos em A Alegoria da Caverna e Matrix. In: GONZAGA, A. de A. & GONÇALVES, A. B. *(Re)pensando o direito*: estudos em homenagem ao Professor Cláudio De Cicco. São Paulo: Revista dos Tribunais, 2010, p. 54: "Embora muito importante, pouco se discute a distinção entre alegoria e mito. A grande maioria dos comentadores utilizam os termos como sinônimos. Nós, entretanto, consideramos importante apresentar a distinção entre os termos em comento.

Alegoria, ou Alegourein (Αλεγουρειν), significa *falar outra* coisa, ou seja, consiste em dizer algo significando outra coisa. Assim define André Bazin: 'ficção que representa uma coisa para dar ideia de outra' (BAZIN, André. *O cinema*: ensaios. São Paulo: Brasiliense, 1991. p. 201). A alegoria consiste em algo exotérico, ou seja, pode ser ensinada ao grande público e não somente a um grupo seleto pessoas. // Mito, ou Mith (Μιτη), por seu turno, em sua tradução literal, consiste em *calar*, ou seja, o mito consiste naquilo que deve ser ouvido e calado, deve ser apresentado a um grupo seleto de pessoas. Por essas características, o mito é esotérico, ou seja, possui princípios e conhecimentos que não podem, ou não devem, ser 'vulgarizados', sendo comunicados a um restrito número de discípulos escolhidos. Normalmente, o mito engloba ideias conflitantes, porém não excludentes: dentro/fora do grupo; Bem/Mal; Força/Fragilidade; Civilização/Selva. // Na Antiguidade, a alegoria sempre foi muito utilizada, muitos pensadores dispunham sua doutrina através da alegoria".

O ERRO DE KELSEN | **171**

mente a imagem do esforço que o prisioneiro liberto faz para enxergar o que está fora da caverna. Remontemos em linhas gerais essa passagem, talvez a mais famosa de toda a história da filosofia, narrada por Sócrates no Livro VII de *A República*[19].

De início, Sócrates pede a Gláucon, seu interlocutor nesse momento do diálogo, que imagine pessoas morando numa caverna. Pela entrada dessa caverna vem a luz de uma fogueira que está em um lugar mais alto do terreno, na frente da caverna. Essas pessoas estão lá dentro desde a infância, algemadas por correntes nas pernas e no pescoço. Não conseguem mover-se nem olhar para trás e para os lados. Os prisioneiros acorrentados, portanto, não veem a si próprios nem fitam uns aos outros: só podem ver o que ocorre à sua frente. Entre aquela fogueira e a entrada da caverna há um caminho, e ao longo dele um pequeno muro, como se fossem os tapumes que escondem os apresentadores da vista do público em um teatro de fantoches.

Em continuidade, solicita a Sócrates que imagine também que pelo caminho ao longo do muro passam pessoas levando sobre a cabeça todo tipo de objetos: estatuetas de figuras humanas e de animais, feitas de pedra, madeira ou qualquer outro material. Como é natural, essas pessoas passam conversando ao longo do muro. Nessa situação, assinala o filósofo, os habitantes da caverna nada conseguem ver a respeito de si mesmos e dos outros além das sombras que o fogo projeta na parede do fundo da caverna. E aí chega Sócrates ao primeiro ponto fundamental de sua alegoria: nesse contexto, os habitantes da caverna pensam que as sombras são os objetos reais que existem, já que são a única coisa que podem ver! Dito de outro modo, da perspectiva na qual estão inscritos os habitantes da caverna, a eles só faz sentido pensar que a realidade é aquilo que nós, de perspectiva externa e superior, designamos de sombras – sombras que são, portanto, na melhor das hipóteses, aspectos ou frações da realidade.

Chegamos aqui no segundo movimento importante da alegoria da caverna, quando Sócrates pede que imaginemos o que se daria caso um dos habitantes fosse libertado das correntes e curado da ignorância em que vivia. Na alegoria, diz Sócrates, um dos prisioneiros é libertado e forçado a se levantar de repente, a olhar para trás, e caminhar dentro da caverna em direção à luz – ele que sempre viveu agrilhoado e, assim, não tinha a musculatura desenvolvida, além de nunca ter tido experiência de contato visual com uma luminosidade mais intensa que aquela da distante fogueira. Nas palavras de Platão:

---

[19] PLATÃO. *A República*. São Paulo: Martins Fontes, 2006.

"Observa agora, disse eu, como seria para eles a libertação dos grilhões e a cura da ignorância, se isso lhes ocorresse de forma natural. Sempre que um deles fosse liberado dos grilhões e obrigado a pôr-se de pé de repente, a virar o pescoço, a andar e olhar para a luz, tudo isso o faria sofrer e, sob a luminosidade intensa, ficaria incapaz de olhar para aqueles objetos cujas sombras havia pouco estava vendo" (515d)[20].

Ao fazer isso, como se aludiu, o prisioneiro liberto sofreria e, ofuscado, não conseguiria ver os objetos dos quais só tinha visto as sombras. É claro e incontestе que um estado de confusão se instalaria no indivíduo. Que seria possível dizer se alguém afirmasse a uma pessoa nessas condições que tudo o que ela tinha visto até então, durante toda a vida, não passava de sombras, e que a partir de agora ele estaria mais perto da realidade e poderia ver os objetos mais reais? Não ficaria perplexo se lhe mostrassem algum dos objetos transportados ao longo do muro e o obrigassem a dizer o que era? Não pensaria a princípio serem mais reais as sombras de antes do que os objetos de agora?

Com o tempo, tal sujeito já fora da caverna se habituaria a ver as coisas que existem nessa região superior e luminosa: de início veria melhor as sombras no chão, depois veria as imagens dos homens e dos objetos refletidas na água e, por último, conseguiria ver os próprios objetos. Depois disso, poderia contemplar o que há no céu e o próprio céu, durante a noite, olhando para a luz das estrelas e para a luz do sol refletida na lua, com muito mais facilidade do que se olhasse o sol à luz do dia. Só depois de toda essa maturação ele poderia olhar diretamente para o sol e contemplá-lo, agora não mais através de sua imagem refletida na água ou em outra superfície, mas o próprio astro lá no céu, tal como ele é.

O terceiro e último degrau da alegoria da caverna de Platão trata da volta do indivíduo liberto, tornado agora um sujeito filosófico, para o seu mundo originário. É certo que se essa pessoa voltasse à caverna ficaria temporariamente cega em meio às trevas, e que teria dificuldades para se acostumar de novo às sombras. E aí, enfim, poderíamos imaginar o que aconteceria caso soubéssemos que, na caverna, havia sempre uma competição entre os prisioneiros, e uma competição considerada muito importante por eles, para avaliar quem consegue examinar melhor os detalhes daquelas sombras lá embaixo, no fundo da caverna.

Indaga-se: aquele homem agora livre e desacostumado às sombras não provocaria reações entre os prisioneiros que tivessem permanecido na caver-

---

20 PLATÃO. *A República*. São Paulo: Martins Fontes, 2006.

O ERRO DE KELSEN | 173

na? Não diriam seus compatriotas que o abandono da caverna prejudicou sua visão e o deixou sem condições de competir? Não diriam eles, portanto, que não é nada positivo e saudável tentar sair da caverna? Não iriam eles, inclusive, tratar de matar quem tentasse libertá-los e levá-los para fora?

Pois bem, ensina Platão, toda essa história, a bem dizer, é apenas uma comparação entre o que é visível aos olhos e o que se vê na caverna, entre a luz da fogueira que ilumina o interior da caverna e a força da luz do sol. É, igualmente, uma comparação entre a subida ao mundo superior com a visão do que existe lá, e o caminho da alma em sua ascensão ao mundo inteligível.

Michael Sandel elabora em poucas palavras um resumo que aponta para o sentido da alegoria da caverna:

> "Na República, de Platão, Sócrates compara os cidadãos comuns a um grupo de prisioneiros confinados numa caverna. Tudo que veem é o movimento das sombras na parede, um reflexo de objetos que não podem apreender. Apenas o filósofo, nesse relato, pode sair da caverna para a luz do dia, sob a qual vê as coisas como realmente são. Sócrates sugere que, tendo vislumbrado o sol, apenas o filósofo é capaz de governar os habitantes da caverna, se ele, de alguma forma, puder ser induzido a voltar para a escuridão onde vivem.
>
> Na opinião de Platão, para captar o sentido de justiça e da natureza de uma vida boa, precisamos nos posicionar acima dos preconceitos e das rotinas do dia a dia"[21].

O sentido de tais comparações, para Platão, é o seguinte: no mundo da realidade que podemos conhecer, a ideia do que é o bem e o justo é a que se vê por último, e só se consegue vê-la – ou, melhor dizendo, apreendê-la – a muito custo. Porém, uma vez conhecida, compreende-se que essa ideia é a causa de tudo o que há de justo e de belo. Compreende-se também que no mundo visível ela é geradora da luz e que no mundo inteligível ela dá gênese à sabedoria e à verdade. Além disso, compreende-se que é preciso vê-la para agir com sabedoria, tanto na vida particular quanto na vida política.

Na mesma trilha, Maurice Merleau-Ponty, em *O visível e o invisível*, estabelece uma comparação entre sonho e realidade que nos ajudará a avançar nas teses platônicas e na nossa alegoria do jurista agrilhoado:

---

[21] SANDEL, M. *Justiça*: o que é fazer a coisa certa. Rio de Janeiro: Civilização Brasileira, 2012. p. 38.

174 | O ERRO DE KELSEN · *Alvaro de Azevedo Gonzaga*

"Há uma diferença de estrutura e, por assim dizer, de grânulo entre a percepção ou visão verdadeira, dando lugar a uma série aberta de explorações concordantes, e o sonho, que não é *observável* e, quando examinado, é quase só lacunas. Efetivamente, isso não liquida o problema de nosso acesso ao mundo: nada mais faz, ao contrário, do que iniciá-lo, pois resta saber como podemos ter a ilusão de ver o que não vemos, como os farrapos do sonho podem, diante do sonhador, ter o mesmo valor do tecido cerrado do mundo verdadeiro, como a inconsciência de não ter observado pode, no homem fascinado, substituir a consciência de ter observado"[22].

É interessante notarmos que uma das críticas que Platão pretende levar a termo mediante essa alegoria pode ser direcionada aos sofistas, pensadores que dominavam o mundo prático de Atenas naquele tempo, um mundo no qual, lembre-se, vigorava a democracia direta. Naquele registro, o exercício do discurso e o uso da racionalidade até eram, em alguma medida, valorizados. Contudo, não estava presente o ingrediente fundamental para Platão, que é a busca da verdade superior. Retomando os termos da alegoria da caverna, a política dominada pelos sofistas é reduzida a uma grande competição na qual tudo o que interessa conhecer são as sombras, ou seja, as aparências, as imagens falsas e superficiais a respeito de cada assunto.

O que Platão destaca na conclusão da alegoria da caverna é que o verdadeiro sábio, aquele realmente digno desse nome, não é quem se interessa pelas distinções e honrarias que pode ganhar com a sua forte argumentação retórica e suas belas ideias. O filósofo não é o sofista ou o orador excelente, mas sim aquele que é capaz de superar a caverna, superar as aparências superficiais – e por vezes contraditórias – que marcam o cotidiano e contemplar a verdade.

Para os sofistas, ao contrário, as concepções de bem e mal, certo e errado, justo e injusto, são privadas. Sendo privadas, naturalmente há uma pluralidade de valores na sociedade, e a expectativa de que haja uma unificação a respeito desses temas importantes é sempre baixa. É expressiva e vai nesse caminho a fala de Trasímaco no Livro I de *A República*[23]: "o interesse do mais forte é o que é justo, e o que é injusto é útil e vantajoso a ele" (344c).

Observe-se que o uso da palavra "justo" na primeira parte da oração sofística é feito dentro dos parâmetros da gramática privada e relativista dos sofistas. De outro lado, a palavra "injusto" é adotada na parte final da frase a

---

[22] MERLEAU-PONTY, M. *O visível e o invisível*. São Paulo: Perspectiva, 2005. p. 17.

[23] PLATÃO. *A República*. São Paulo: Martins Fontes, 2006.

O ERRO DE KELSEN | **175**

partir do registro socrático-platônico de busca da essência das coisas: a essência da verdade, a essência do bem, a essência do belo, a essência do justo.

Nesse ponto já estamos preparados para ingressar na nossa própria alegoria, na qual talvez possamos ver em Kelsen o exemplo de um jurista que, preso à caverna pelas correntes, não só lá permanece como faz também questão de lá permanecer. De um ponto de vista geral na modernidade, ao que parece, o homem assumiu que pertence inexoravelmente à caverna, da qual jamais pode sair. Em absoluta contradição com os conceitos platônicos, entende-se que apenas no interior da caverna é possível pretender filosofar, pois é sempre um homem cultural, de uma dada cultura e, portanto, de um tempo determinado.

Há um esforço revolucionário e transcendente na filosofia de Platão que se perdeu no projeto de Kelsen: transcendente porque na intenção originária do direito natural está inscrita a busca da ordem jurídico-política natural, ou da melhor ordem jurídico-política. Revolucionário porque isso por si só, ou seja, a procura por princípios racionais que se pretende serem melhores e naturais, faz que o homem imperiosamente estabeleça um cotejamento do paradigma investigado com aquilo que lhe é dado, com a realidade histórica na qual está inserto – e isso pode levá-lo a se rebelar contra o que lhe é dado, contra a sua realidade histórica concreta.

Nas palavras de Giovanni Casertano:

> "Uma filosofia que fosse apenas contemplação, teoria pura, pesquisa sobre as causas ou sobre a alma, não seria uma filosofia, pois o horizonte no qual e em vista do qual nasce uma filosofia, é sempre a cidade, a comunidade dos homens. No mito da caverna é justamente a conquista da ideia do bem, sua visão ou seu conhecimento, isto é, o conhecimento da dimensão política da filosofia, que exerce a coerção" (tradução nossa)[24].

Não é por outro motivo que a figura de Sócrates é vista até hoje por muitos, por exemplo, por Martin Luther King, como fundamental para a procura da justiça e para a realização dos direitos humanos. Sobre o caráter revolucionário da obra do filósofo grego, diz King: "Até certo ponto, a liberdade acadêmica é hoje uma realidade porque Sócrates praticou a desobediência civil"[25].

---

[24] CASERTANO, G. La caverne: entre analogie, image, connaissance et praxis. In: DIXSAUT (org.). Études sur la Republique de Platon 2: de la Science du bien et des mythes. Paris: Vrin, 2005. p. 59.

[25] KING, M. L. Letter from Birmingham Jail. In: *Herbert Storing What Country Have I?* Political Writings by Black Americans. New York: St Martin's Press, 1970. p. 117-131.

O ERRO DE KELSEN · Alvaro de Azevedo Gonzaga

Ora, não podemos ser ingênuos e deixar de atinar para o fato de que, com a prevalência da tese sofística da multiplicidade do conceito de justiça, defendida em *A República* por Trasímaco no Livro I – e posteriormente ventilada por Gláucon no Livro II, personagem que coloca tal tese e depois clama para Sócrates rebatê-la –, viveremos em um Estado de direito em que o direito posto é sempre e inexoravelmente o "direito do mais forte", o que Trasímaco admite sem problema, sem revelar nenhum constrangimento.

Para além disso, mesmo naquilo que poderia ser lido rigorosamente como parte de sua argumentação, Kelsen parece deixar de se ater aos detalhes da filosofia platônica. A ideia – no sentido rigoroso que Platão empresta ao termo – possui um caráter normativo para o qual o autor não se atenta. Essa discussão sobre a normatividade da ideia existirá também na leitura de Hannah Arendt da parábola da caverna. A autora, baseando-se em Heidegger, irá observar que o filósofo deixa a caverna indo em direção e procurando a verdadeira essência do ser sem ter em conta qualquer aplicabilidade prática dessa pesquisa.

Apenas em um segundo momento, retornando às sombras e diante da hostilidade de seus antigos companheiros, começará a pensar a ideia com um "caráter normativo"[26]. Não se trata somente, como outrora se afirmou, de um dever-ser desvinculado do esforço especulativo de fundação da boa *polis*, mas um projeto de formação que demanda essa modificação terminológica e conceitual, que culminará na ideia como norma.

Kelsen, como já vimos na Parte II, ventila reiteradamente as teses de Trasímaco, que no famoso Livro I de *A República* defende a tese básica de que o direito e o justo coincidem. Diz o jurista:

> "Trasímaco fala do governo e do direito por ele declarado justo como ambos realmente *são*; Sócrates fala de um governo e um direito como eles *deveriam ser*. Na verdade, não falam um com o outro"[27].

O excerto é notável porque Kelsen, dizendo que dois personagens de Platão a rigor não conversam entre si, dá a ver que é ele, Kelsen, quem de fato não consegue conversar com Platão. Se o faz sem perceber, iludido, ou se é intencional, como ilusionista, não é o caso de afirmá-lo categoricamente.

Tradução nossa do trecho: "To a degree, academic freedom is a reality today because Socrates practiced civil disobedience".

[26] WAGNER, E. S. *Hannah Arendt*: ética e política. São Paulo: Ateliê Editorial, 2015.

[27] KELSEN, H. *O que é justiça?* São Paulo: Martins Fontes, 2001. p. 281.

O ERRO DE KELSEN | **177**

Contudo, importa agora retornarmos ao projeto platônico para que tenhamos clareza de seus ambiciosos alvos e pretensões. Talvez Kelsen, mais humilde que o filósofo antigo nas suas intenções, não tenha tido possibilidade de apreender a beleza e a grandeza do seu pretenso interlocutor – beleza e grandeza que, claro (e o próprio Platão o reconhece), vêm acompanhadas de dificuldades e riscos.

A alegoria disposta neste tópico ganhará mais contornos a partir da proposta do próximo tópico, e, com isso, entenderemos que a alegoria do jurista agrilhoado revela uma pessoa que não só se prende ao sistema fechado normativo, como também se esforça para fechá-lo e prestigia em demasia a norma a ponto de não perceber que esta, isolada, pode trazer malefícios imensuráveis.

4.3
Kelsen: notas sobre os indevidamente desconsiderados pressupostos e propósitos do pensamento de Platão

Com efeito, na raiz de toda a discussão sobre o direito natural está a descoberta da natureza. Em resumo, a ideia de natureza se coloca como um termo de distinção do todo: no conjunto de todos os fenômenos que o homem acessa, percebeu-se que alguns são naturais e outros são só costumes ou convenções. Designam-se naturais os que se passam em todo lugar e sempre, enquanto os outros podem variar, não sendo necessários nem universais. Ora, o que caracteriza um agrupamento humano e seus membros (uma *pólis*), constituindo a sua identidade material, é exatamente aquilo que é variável, ou seja, os seus costumes ou convenções particulares. Atravessando diversos aspectos da vida humana, do idioma à religião, os costumes são marcados pela ancestralidade, pela perpetuidade histórica (visto que passam de geração a geração), e possuem uma autoridade, um peso para o homem, capaz não apenas de rivalizar, mas de ofuscar a natureza, afinal são eles que guiam os homens e suas relações sociais, conferindo-lhes sentido.

Porém, esse homem que mencionamos até aqui é o homem "comum", já que aquele que faz filosofia, para Platão, tem por tarefa ascender do que é primeiro para nós (ou seja, dos costumes pertinentes à comunidade específica de que ele faça parte, ou de qualquer comunidade, enfim, daquilo que é convencional) ao que é primeiro por natureza[28]. Foi isso o

---

[28] STRAUSS, L. *The city and man*. Chicago: The University of Chicago Press, 1978. p. 239-240.

que fizeram os primeiros filósofos, os pré-socráticos. Foram eles os responsáveis por distinguir o que indicamos no interior dos fenômenos, a natureza da convenção.

Sucede que, aprofundando-se no estudo da natureza, muito do que se aprendia colocava em xeque as convenções. Então, se tivermos em conta que para os não filósofos a totalidade dos fenômenos era idêntica às suas convenções (pois não faziam a citada distinção), podemos vislumbrar o incômodo que estava por se instalar.

E é preciso que não deixemos de notar a profundidade do drama existencial que essa situação apresenta: como foi dito, a ancestralidade era – e é, arriscaríamos dizer – a marca mais forte na vida humana em geral, e o próprio filósofo passa por apuros para realizar-se como tal, pois precisa abandonar ou ao menos suspender o juízo sobre os seus costumes, crenças e hábitos, o que é o mesmo que questionar aquilo que lhe é mais caro e íntimo, aquilo que até então definira a sua existência (é sobre isso que Platão fala quando aborda as dores causadas pela luz na alegoria da caverna em *A República* – 514a-518b)[29].

É importante notar que essa atividade da primeira filosofia, que resultou em várias descobertas, entre elas a fundamental descoberta das coisas que sucedem sempre e em toda parte da mesma maneira (natureza), decorre do exercício da razão (*logos*), da crítica, do exame e da pesquisa (*skepsis*). De outro lado, o irracional é o que pauta o cotidiano da humanidade, ou seja, é o irracional que permeia os costumes, tanto que estes exigem crença ou, no mínimo (e talvez seja assim na maioria das vezes), uma adesão inconsciente. Nas palavras de Leo Strauss:

> "A faculdade humana que, com o auxílio da percepção sensorial, descobre a natureza é a razão ou o entendimento, e a relação da razão ou do entendimento com os seus objetos é fundamentalmente diferente da obediência automática que a autoridade propriamente dita impõe"[30].

A filosofia parece sugerir, pois, que o padrão humano de avaliação deve ser a racionalidade – que descobre a natureza –, e não mais os costumes impostos pela autoridade, pela tradição. Ao expor os seus primeiros resultados (que iam de encontro, especialmente, às crenças religiosas), talvez os filósofos pretendessem convidar todos a superar a "dor nos olhos" e a

---

[29] PLATÃO. *A República*. São Paulo: Martins Fontes, 2006.

[30] STRAUSS, L. *Direito natural e história*. Lisboa: Edições 70, 2010. p. 80.

O ERRO DE KELSEN | **179**

assumir essa nova maneira de encarar o mundo, caracterizada por uma confiança exacerbada nos poderes da razão (*hybris*).

Não foi o que aconteceu, contudo. De fato, Platão acabaria por reconhecer que a grande maioria dos homens age, nos termos do modelo desenhado no Livro IX de *A República* (588b-589a), alimentando bastante as paixões e o ímpeto, e deixando a razão, que por natureza já é a menor parte da alma se comparada às outras duas, "passar fome e perder suas forças"[31].

Portanto, ao contrário do que promete o iluminismo moderno, Platão indica que nem todos podem conhecer a natureza tão facilmente, que nem todos podem ser filósofos de uma hora para outra, bastando para isso uma boa intenção. Antes de aprender isso, contudo, a filosofia bateu de frente com a cidade e sofreu: Sócrates foi condenado à morte, acusado de não crer nos deuses oficiais e de corromper os jovens, sentença que foi proferida em perfeita consonância com as leis da democracia ateniense.

Vejamos como exemplo disso a noção de filósofo que se constrói em *O Banquete*, obra que Kelsen lê, porém sem se atentar para o fato de que Eros tem vínculo com a formação do filósofo. Em determinado sentido, Eros é uma metáfora do filósofo. Eros é um *daimon*, um ser intermediário entre os deuses e os homens, entre os mortais e os imortais. Sócrates se assemelharia à figura de Eros, um amoroso, de pés descalços e com uma velha manta cobrindo seu corpo.

Como diz Pierre Hadot: "Sócrates ou o filósofo é então Eros: privado da sabedoria, da beleza, do bem, ele deseja, ama a sabedoria, a beleza, o bem. Ele é Eros, o que quer dizer que ele é o desejo, não um desejo passivo e nostálgico, mas um desejo impetuoso, digno do 'caçador perigoso' que é Eros"[32]. A redução kelseniana de Eros ao amor homossexual, portanto, parece indicar mais um preconceito seu do que uma verdade exegética.

O filósofo sempre foi, na famosa expressão cunhada por Thomas Jefferson, um *enfant terrible*, um *outsider*, um iconoclasta, um não crente do *ouï-dire* muitas vezes perseguido pela sua *polis* natal. Por isso mesmo, o comediógrafo Aristófanes, em *As nuvens*, já alertava sobre a crise de valores que havia

---

[31] PLATÃO. *A República*. São Paulo: Martins Fontes, 2006.

[32] HADOT, P. *Qu'est-ce que la philosophie antique*. Paris: Folio, 1995. p. 79. Tradução nossa do trecho: "Socrate ou le philosophe est donc Éros: privé de la sagesse, de la beuaté, du bien, il désire, il aime la sagesse, la beauté, le bien. Il est Éros, ce qui veut dire qu'il est le Désir, non pas un désir passif et nostalgique, mais un désir impétueux, digne de ce 'dangereur chasseur' qu'est Éros".

se instalado na cidade com a chegada da filosofia (nesse caso ele acusava como filósofos não só os que chamamos de pré-socráticos, que praticavam uma física ou uma fisiologia, mas também os oradores, mestres da retórica – a quem Platão combate).

Assim, se a filosofia queria estar presente na cidade, a cidade tal como ela é também deveria ser encarada como um objeto de sua reflexão, e mais, já se tendo percebido que nem todos podem ser filósofos, era imperioso que fosse feita uma efetiva proposta alternativa de civilização, para ocupar o lugar do corroído mundo fundado no ancestral (notaremos que, uma vez constatada a presença da irracionalidade, a filosofia precisará, em muitos casos, revestir-se de uma retórica).

Obrigada a voltar-se para o homem e suas relações sociais, a filosofia de certo modo continuará na mesma trilha: procurando descobrir a natureza, doravante especialmente a natureza relativa às coisas políticas.

Como tentamos indicar, uma das maiores diferenças filosóficas entre a Antiguidade e a Modernidade diz respeito ao tratamento conferido à razão: no nosso tempo, em regra, a razão é rebaixada como um instrumento para a satisfação do corpo e das paixões; na Antiguidade, pelo contrário, ela define a própria filosofia e guia todo o seu caminho, e em geral o ideal é que as paixões, vistas como arbitrárias e tirânicas, sejam eliminadas (390b-391e)[33]. Vejamos o que diz Aristóteles a esse respeito no início da *Política* (1253)[34].

> "Dizemos, de fato, que a natureza nada faz em vão, e o homem é o único entre todos os animais a possuir o dom da fala. Sem dúvida os sons da voz (*phoné*) exprimem a dor e o prazer e são encontrados nos animais em geral, pois sua natureza lhes permite experimentar esses sentimentos e comunicá-los uns aos outros. Mas quanto ao discurso (*lógos*), ele serve para exprimir o útil e o nocivo e, em consequência, o justo e o injusto. De fato, essa é a característica que distingue o homem de todos os outros animais: só ele sabe discernir o bem e o mal, o justo e o injusto, e os outros sentimentos da mesma ordem; ora, é precisamente a posse comum desses sentimentos que engendra a família e a cidade".

Disso, extraímos que o fato de a natureza ter nos distinguido com o *lógos*, com a razão, deve-nos inclinar para a sua autovalorização, para buscar na sua operação aquilo que se espera do homem e o que verdadeiramente

---

[33] PLATÃO. *A República*. São Paulo: Martins Fontes, 2006.

[34] ARISTÓTELES. *Política*. 3. ed. São Paulo: Martins Fontes, 2006.

O ERRO DE KELSEN | **181**

o realiza como tal. E então muito do que se pode concluir é contrário às posições modernas: por exemplo, entende-se que essa capacidade indicaria que o homem é um animal político por natureza (Platão também havia concluído a sociabilidade natural humana – 369a-e)[35].

Outro aspecto importante, abordado expressamente no referido trecho da *Política*, propõe que a justiça só pode ser expressa pelo *lógos*. Isso nos interessa porque o ataque de Kelsen ao direito natural não raro faz uso do argumento de que a história mostra uma variedade infinita de noções de direito e de justiça, esperando assim provar que não há nenhum princípio imutável de justiça.

É preciso ver que, no contexto da filosofia antiga, especialmente do proceder socrático, a diversidade de opiniões sobre a justiça, antes de ser prova da inexistência do direito natural, era uma condição deste, isso porque a dialética parte da discussão das opiniões, observa suas consequências e contradições para, enfim, assentar-se numa concepção superior sobre o ponto em questão, concepção essa mais próxima da natureza, do *eidos* da coisa (ainda que talvez inconclusivamente, como no caso dos diálogos socráticos de Platão, que terminam em aporia – "O direito natural clássico")[36].

A cidade da República é concebida como uma cidade justa, pois é governada pelo elemento excelente da alma humana, a razão, em sua expressão política: o filósofo. Nessa obra, vejamos o que Platão[37] estabelece como a justiça para o homem em relação ao que se dá em seu íntimo e àquilo que o compõe:

> "Não permite que cada uma das partes que há nele faça o que não lhe compete, nem que os três princípios de sua alma interfiram uns nas funções dos outros, mas, ao contrário, manda que ele disponha bem o que é dele, mantenha o comando sobre si mesmo, estabeleça ordem, venha a ser amigo de si mesmo e ponha em harmonia as três partes de sua alma como se nada mais fossem que os termos da escala musical, o mais agudo, o mais grave e o médio e todos os termos intermediários que possam existir, e, ligando todos esses elementos, de múltiplo que ele era, torne-se uno, temperante e pleno de harmonia. Assim, em tudo que fizer, seja a respeito da aquisição de bens ou do cuidado com o corpo, seja a respeito da política ou dos contratos particulares, considere, como ação bela e justa, a que preserva esse

---

[35] PLATÃO. *A República*. São Paulo: Martins Fontes, 2006.

[36] STRAUSS, L. *Direito natural e história*. Lisboa: Edições 70, 2010. p. 108-109.

[37] PLATÃO. *A República*. São Paulo: Martins Fontes, 2006.

estado da alma e, como sabedoria, a ciência que preside essa ação e com ela colabora, mas, como ação injusta, a que sempre o destrói e, como ignorância, a opinião que preside essa ação" (443d-444a).

Da diferença entre as partes que constituem a natureza da alma humana decorre que cada uma delas tem aptidão para uma função diferente. Sabemos que os três princípios da alma a que o filósofo se refere são a razão (*logos*), o impulso (*thymos*) e os desejos ou paixões (*epithimeticon*), e a ordem que ele pretende que se imponha para que o homem seja justo requer que se respeite essa diferenciação natural das funções, resultando no melhor caso – o do filósofo – no comando da razão sobre os desejos, exercido com o auxílio do impulso.

Igualmente, havendo um paralelismo estrutural entre o homem e a cidade, como proposto em *A República*, tem-se que esta será justa quando, no seu interior, cada uma de suas partes, ou melhor, cada tipo de cidadão, desempenhar bem a sua função: "Ocupar-se cada classe, a dos comerciantes, a dos auxiliares e a dos guardiões, com a tarefa que lhes é própria, realizando cada uma delas sua função na cidade" (434c)[38].

Nesse sentido é que, na cidade justa, o filósofo deve governar as classes produtoras com o auxílio dos guerreiros. É claro, entretanto, que essa é uma cidade traçada racionalmente, inclusive prevendo a irracionalidade que prepondera na maioria dos indivíduos. Assim é que a própria razão indica a necessidade do uso de expedientes irracionais como alegorias e mitos (é particularmente relevante, em *A República*, o mito dos metais, que permite a fixação, no entendimento popular, do referido aspecto da diferenciação de funções).

Sobre isso e particularmente sobre o mito dos metais contado no Livro II da obra, leiamos o comentário e a conclusão importante de Stanley Rosen:

> "Deixando os detalhes de lado, temos aí uma declaração direta da necessidade de mentir e isto hoje se chama 'lavagem cerebral'. Não faríamos nenhum favor a Platão se tentássemos minimizar este fato de modo a torná-lo compatível com a moralidade contemporânea. Agir assim é ocultar de nós mesmos a concepção de Platão, segundo a qual temos que pagar um preço pelo estabelecimento da cidade justa [...] *A República* é, em parte, um sonho desperto no qual Platão imagina como seria viver como um déspota benevolente"[39].

---

[38] PLATÃO. *A República*. São Paulo: Martins Fontes, 2006. p.

[39] ROBINSON, R. *Plato's earlier dialectic*. 2. ed. Oxford: Clarendon Press, 1966. p. 128-129. Tradução nossa do trecho: "Details aside, this is a straightforward statement of

O ERRO DE KELSEN | **183**

Platão realmente parece ter consciência disso, já que em pelo menos dois momentos do texto deixa indicações de que o objetivo da obra é definir a justiça teoricamente e no plano individual, e não apresentar um projeto político para ser implantado tal qual (471c-472e; 592a-b), até porque a própria descrição, no Livro VI (desde 485a), das condições e das dificuldades para que venha a existir um verdadeiro filósofo, sem o qual essa cidade não faz sentido, dá a entender que Platão dificilmente acreditava na reprodução do seu modelo (sucede que é difícil encontrar verdadeiros filósofos, como foi Sócrates).

De fato, em *A República* o filósofo é retratado quase como um deus, ou como um semideus: o "filósofo, convivendo com o que é divino e ordenado, torna-se ordenado e divino na medida do possível para um homem" (500d). A partir disso, notemos então o modo bastante realista com que Platão faz observações, essas sim, políticas, tanto em *A República* quanto em *As Leis*:

> "Se os filósofos não forem reis nas cidades ou se os que hoje são chamados reis e soberanos não forem filósofos genuínos e capazes e se, numa mesma pessoa, não coincidirem poder político e filosofia e não for barrada agora, sob coerção, a caminhada das diversas naturezas que, em separado, buscam uma dessas duas metas, não é possível, caro Gláucon, que haja para as cidades uma trégua de males e, penso, nem para o gênero humano" (473d)[40].

> "[...] a cidade não governada por um deus, mas por homens, não consegue livrar-se dos trabalhos e das desgraças [...]" (713e)[41].

Nesse sentido *As Leis*, cujo objetivo é colaborar na fundação de uma cidade real, parece colher as lições de *A República* e aplicá-las razoavelmente. Conforme visto, não se cogita que seja possível extirpar o mal do meio social. Ademais, conhecendo a natureza humana, o "Ateniense" preceitua: "o legislador não deve conferir autoridade muito grande que não seja temperada" (693b).

Portanto, de *A República* para *As Leis*, alguns elementos relativos à política variam: não se trata mais de estabelecer a justiça no mais alto grau que a razão humana concebe, mas de trabalhar, no interior do universo humano

---

the need for lying and what is today called 'brainwashing'. We do Plato no favors by trying to blur his meaning in a way that is compatible with contemporary morality. To do this is to conceal from ourselves Plato's conception of the price to be paid for the establishment of a just city [...] The Republic is in part a daydream in which Plato imagines what it would be like to be a beneficent despot".

40 PLATÃO. *A República*. São Paulo: Martins Fontes, 2006.

41 PLATÃO. *As Leis*. Belém: Editora da Universidade Federal do Pará, 1980.

184 | **O ERRO DE KELSEN** · *Alvaro de Azevedo Gonzaga*

dominado pelo *a-lógos* (que dificilmente aceitaria, mesmo com os mitos, a austeridade da cidade justa e o despotismo de um filósofo, ainda que benevolente), os elementos que possam aproximar o homem daquele panorama virtuoso.

Em outras palavras, mesmo sabendo que será impossível atingir aquele "paradigma no céu", pois, por exemplo, o mal sempre estará presente, a solução de Platão em *As Leis*, de um jeito ou de outro, busca aproximar-se dele. Evidentemente que isso não deve causar estranheza, já que o objetivo político não muda: alcançar a justiça.

Também o direito, exatamente por ser natural, não muda: continua associado à sabedoria, e então, se é preciso buscar um modo de conciliar a pluralidade que é a *pólis* (na definição de Aristóteles, *Política*, 1261a)[42,] a razão não pode deixar de ser a nossa guia (*Leis*, 756e-758a)[43]. É nesse cenário que surge, na última obra de Platão, um regime constitucional em que as leis (*nomoi*) derivam da inteligência (*noûs*). É claro que as leis nunca podem ser mais do que aproximações dos veredictos da sabedoria viva, mas acabamos de mostrar que o propósito, aqui, é nos aproximar ao máximo da justiça e da virtude, e não as obter por inteiro. Deixemos o filósofo falar:

> "Ora, há duas espécies de bens, humanos e divinos [...] Esses últimos bens [sabedoria, temperança, justiça, coragem] precedem naturalmente àqueles [saúde, beleza, vigor, riqueza], sendo nessa ordem que o legislador deve classificá-los. De seguida, precisará esforçar-se para que as demais prescrições impostas aos cidadãos fiquem coordenadas de tal modo, que as humanas olhem para as divinas, e as divinas para a inteligência, que tem o primado de tudo" (631b-d).

> "[...] dando o nome de lei ao que a razão determinar [...] o que afirmamos, é que não são legítimas as leis e as formas de governo que não forem estabelecidas com vistas no interesse da comunidade" (714a-715c)[44].

Finalmente, como em *A República*, o meio para que se possa obter dos membros da sociedade um desempenho virtuoso e comprometido com o bem comum é a educação, que deve tencionar o homem, na máxima medida possível, para o uso e aprimoramento contínuo do seu aspecto distintivo por natureza dos demais animais (e por isso visto como o seu aspecto superior na filosofia antiga): a razão.

---

[42] ARISTÓTELES. *Política*. 3. ed. São Paulo: Martins Fontes, 2006.

[43] PLATÃO. *As Leis*. Belém: Editora da Universidade Federal do Pará, 1980.

[44] PLATÃO. *As Leis*. Belém: Editora da Universidade Federal do Pará, 1980.

O ERRO DE KELSEN | **185**

Vimos, pela discussão sobre a justiça, diversas diferenças de valores entre a Antiguidade e a Modernidade. Vejamos a formulação e o posicionamento consciente de Allan Bloom a esse respeito:

> "Os grandes pensadores do iluminismo não negavam que essas mentiras [como a 'nobre mentira' de *A República*] eram necessárias para levar os homens a sacrificar seus desejos e cuidar do bem comum. Não nutriam mais esperanças do que Sócrates quanto à capacidade natural da maioria dos homens em superar suas inclinações e devotar-se ao bem público. Eles na realidade insistiam em que era possível construir uma sociedade civil na qual os homens não necessitariam preocupar-se com o bem comum, na qual o desejo seria canalizado antes do que controlado. Uma sociedade civil que propiciasse segurança e, para cada um, uma certa possibilidade de adquirir as posses mais almejadas seria, simultaneamente, uma solução mais simples e mais segura do que qualquer tentativa utópica de fazer os homens abandonarem seus desejos egoístas. Uma sociedade civil assim formada poderia contar com a adesão racional dos homens, pois ela seria um instrumento capaz de propiciar-lhes seu próprio bem tal como eles o veem. Portanto, a moderação dos apetites [ideal grego] seria não apenas desnecessária, mas indesejável, pois ela tornaria o homem mais independente do regime cujo propósito é o de satisfazer os apetites"[45].

A alternativa moderna, conforme narrada, parece razoável, e pode ocorrer de o problema da justiça ser a única fonte de dúvidas que nos faz parar para pensar nessa escolha, hoje em dia. Dizendo de maneira mais clara, talvez sejam as injustiças que presenciamos que apontem para o questionamento do projeto filosófico moderno e, particularmente, do positivismo jurídico de

---

[45]   BLOOM, A. Interpretative essay. In: *The Republic of Plato*. 2. ed. New York: Basic Books, 1991. p. 368. Tradução nossa do trecho: "The great thinkers of the Enlightenment did not deny that such lies are necessary to induce men to sacrifice their desires and to care for the common good. They were no more hopeful than Socrates concerning most men's natural capacity to overcome their inclinations and devote themselves to the public welfare. What they insisted was that it was possible to build a civil society in which men did not have to care for the common good, in which desire would be channeled rather than controlled. A civil society which provided security and some prospect of each man's acquiring those possessions he most wishes would be both a more simple and more sure solution than any Utopian attempt to make men abandon their selfish wishes. Such a civil society could count on men's rational adhesion, for it would be an instrument in procuring their own good as they see it. Therefore moderation of the appetites would be not only unnecessary but undesirable, for it would render a man more independent of the regime whose purpose it is to satisfy the appetites".

Kelsen. Isso significa que, de todo modo, também falhou Kelsen, ao menos no sentido de não conseguir o consentimento de todos.

O que se apresenta, então, é que cada projeto – o antigo e o moderno, e dentro deles, cada uma das propostas autorais – reivindicou certos valores para privilegiar algo em detrimento de outra coisa, e em cada um deles a justiça se posiciona de maneira diferente. É assim que a pergunta sobre a justiça parece se relacionar intimamente, afinal de contas, com a questão política fundamental que Platão coloca no diálogo *Górgias* (500c): afinal de contas, "[...] qual o gênero de vida devemos adotar"?

Esta obra vem sugerindo desde o início que Kelsen equivocou-se em diversos momentos ao se referir à filosofia platônica. Um dos erros mais graves, tentamos mostrar aqui, foi desconsiderar que Platão não era historicista e tampouco relativista e, assim sendo, não visava falar apenas ao seu próprio tempo.

Acolhendo uma posição de Newton, para quem só seria possível enxergar mais longe pendurando-se nos "ombros de gigantes", valhamo-nos das lições desses dois gigantes que aqui estudamos, Kelsen e Platão, e coloquemo-nos em diálogo. Se Kelsen pôde criticar Platão desconsiderando todo o pano de fundo de sua obra e seu intento mais amplo, concedamos a Platão a chance de respondê-lo, e façamo-lo permitindo ao filósofo que nos fale na forma que entendia ser a forma filosófica por excelência: o diálogo. Teremos a oportunidade de, se concluirmos com sucesso nosso projeto, mostrar que Platão, ainda hoje, tem muito a nos dizer e a nos provocar.

Kelsen como jurista agrilhoado é um positivista que se prende tanto no sistema fechado do direito, que não percebe que se encontra trabalhando no interior de uma caverna, que está inscrito em uma caverna determinada. A bem dizer, e isso parece ser ainda mais grave, o que nos parece é que Kelsen, conquanto ciente de que vive e pensa no interior de uma caverna, apaixonou-se pelas correntes que o prendem nela, em uma espécie de síndrome de Estocolmo – nome dado a um estado psicológico específico em que uma pessoa, submetida a um longo tempo de intimidação, passa a ter simpatia e até mesmo sentimento de amor ou amizade (*philia*) perante o seu agressor. No caso de Kelsen, sua *philia* parece dirigir-se às correntes, das quais ele recusa se desvincular.

Ora, essa paixão – palavra oriunda do termo grego "*pathos*", que também designa doença, patologia – de Kelsen pela caverna e pelas correntes impõe a ele que, mesmo descobrindo que a ciência jurídica é uma ficção e que alguns "Sócrates" possam dizer isso, não se dê chance de buscar abandonar o comodismo de viver seu desejo de permanecer na caverna, e irá fechar os

O ERRO DE KELSEN | **187**

olhos em um corte epistemológico para sustentar suas posturas. E isso mesmo que tal postura signifique infringir a noção mais sumária de filosofia, que, como ensinou Pitágoras de Samos, significa o sentimento de *philia* não por qualquer coisa, mas por algo muito específico: a sabedoria (*sophia*).

Não bastasse isso, a postura do positivista, ao não se preocupar com a produção da norma, que se dá no anteparo da caverna, tem como consequência para a sociedade a automática e passiva aceitação do direito posto, como se suas normas fossem válidas e vigentes mesmo quando, sabemos, elas pudessem representar escolhas feitas sob o signo das sombras da caverna na qual operam os legisladores.

Toda essa visão apenas reforça que o direito é uma ficção e que não pode acessar a realidade nos moldes positivistas. Kelsen, ao criticar a justiça e construir uma teoria "pura" do direito, gera uma pretensão insuportável pela ciência no sentido socrático-platônico da palavra. Daí a necessidade de compreender o direito como um fenômeno mais amplo que a ficção norma. Que tal tarefa seja difícil, não se nega. Contudo, trata-se de uma via que foi aberta por Platão e que Kelsen parece não querer admitir.

É como se Platão apontasse para a imensidão de um caminho que pudesse percorrer o universo e Kelsen preferisse ficar confinado nas vias de um só espaço: a sua "caverna jurídico-positiva". É impossível desenhar um mapa perfeito antes de se ter proposto aventurar-se e explorar o desconhecido com a pretensão rigorosa de conhecê-lo! O problema da "caverna jurídico--positiva" é que ela impõe um descolamento grave do direito em relação à realidade da vida dos homens. Kelsen reduz a teoria do direito a uma tentativa de explicar o direito que tem como limite dado as normas produzidas pelo poder legislativo – os legisladores, contudo, para insistir na alegoria de Platão, nada mais são do que operadores de fantoches, produtores de um teatro de sombras, que estão, também eles, dentro da caverna.

De outro lado, diz Platão, a filosofia implica ir além, enfrentar as sombras e, sim, partir delas, mas sempre em busca de algo superior, da verdade. No caso do direito, implica tomar como ponto de partida as diversas visões sobre o justo e o injusto que surgem na comunidade, e em especial isso deve ser feito em sociedades democráticas. Contudo, jamais se deve perder de vista que o começo por essas opiniões variadas deve sempre ter como paradigma a busca da verdade sobre a justiça.

Veja-se o que está dito no Livro VI de *A República*:

"Pois bem! Fica sabendo agora que eu digo que a seção das coisas inteligíveis é aquela em que é a própria razão as apreende com força dialética, considerando as hipóteses não como princípios, mas realmente como hipóteses, como degraus e pontos de apoio, para chegar ao princípio de tudo, aquele que não admite hipóteses"[46].

Isso, é claro, demanda coragem. O filósofo para Platão, na alegoria da caverna, é aquele que se escora nas paredes, nas superfícies irregulares, vence as dores musculares e as dores nos olhos para escalar para fora da caverna com o intento de conhecer a verdade. Não nos esqueçamos de que, para Platão, o filósofo possui a capacidade plena do *logos*, mas também é o ser humano que porta o aspecto da virtude a que chamamos coragem (*thymos*).

Platão usa o exemplo da matemática para revelar como deveríamos enfrentar todos os temas se fossemos encará-los da perspectiva filosófica – e, portanto, também o direito. Veja-se a seguinte passagem a esse respeito:

"– Creio que tu sabes que aqueles que se ocupam com a geometria, com cálculos e assuntos como esses põem como hipóteses o par e o ímpar, as figuras, três espécies de ângulos e outras coisas afins, de acordo com o objeto de sua pesquisa, e, de um lado, como se as conhecessem, tomando-nas como hipóteses e acham que não têm de prestar contas nem a eles mesmos nem a outras sobre isso que, segundo eles, é a coisa evidente para qualquer um, e, de outro lado, começando a partir dessas hipóteses, já ao expor o restante, de maneira consequente, acabam por chegar a demonstração daquilo que os levou a essa pesquisa.

– Isso eu sei muito bem, disse ele.

– Então, sabes também que ainda se servem de figuras visíveis, que discutem sobre elas, ainda que não estejam pensando nelas, mas naquelas com as quais elas têm semelhança. Discutem a propósito do próprio quadrado e da própria diagonal, não, porém, a propósito da diagonal que desenham, e o mesmo fazem a respeito de outras figuras. Das figuras que, modeladas e desenhadas por eles, produzem sombra e imagens na água, usam como se fossem também imagens, buscando ver neles próprios esses objetos que não poderiam ser vistos senão com o pensamento.

– É verdade o que dizes, disse"[47].

Maria Helena da Rocha Pereira, aprimorando as distinções em ensaio de introdução a *A República*, diz que:

"Portanto, o mundo visível (*horata* ou *doxasta*) tem em primeiro lugar uma zona de *eikones* ('imagens', reflexos nas águas), conhecidos pela

---

[46] PLATÃO. *A República*. São Paulo: Martins Fontes, 2006. p. 263.

[47] PLATÃO. *A República*. São Paulo: Martins Fontes, 2006. p. 262-263.

eikasia ('suposição' ou, como outros preferem, 'ilusão'). Num nível mais elevado, temos todos os seres vivos (*zoa*) e objetos do mundo, conhecidos através de *pistis* ('fé'). O mundo inteligível (*noeta*) tem também dois sectores proporcionais a estes, o inferior e o superior, o primeiro apreendido através da *dianoia* ('entendimento' ou 'razão discursiva') e o segundo só pela *noesis* ('inteligência' ou 'razão intuitiva'). Nesta última distinção poderá residir, como alguns supõem, a finalidade principal da analogia: o contraste entre o conhecimento pela *dianoia*, que é o das ciências, e o que é pela *noesis*, que é o da filosofia. Mas não é menos importante a antinomia entre opinião e saber, entre *doxa* e *sophia*, que tínhamos visto ao terminar do Livro VI e que vai tomar forma nítida na alegoria da Caverna (VII. 514-518b)" (Introdução à tradução feita por ela de *A República*, p. XXIX-XXX [48]).

Acrescente-se a isso a lição de Paul Friedländer:

"No entanto, depois que a nova ontologia foi elaborada no final do Livro VI, e depois que o caminho que leva ao bem foi esclarecido, percebemos que essas especificações de alguma forma adquiriram um novo conteúdo. Assim, os objetos de conhecimento aos quais a alma deve conformar-se (484c-d, 535a e seguintes) são agora reconhecidos como aquelas ciências de ordem que levam para cima ao reino do ser verdadeiro. Como antes (485c-d, 535d-e), o candidato deve ser um amante da verdade a quem a falsidade e o engano são estranhos"[49].

Assim, o que Platão mostra é que o direito positivo não merece em si nenhuma reprimenda, desde que não nos esqueçamos de usar esse direito posto, visível, para discutir *o* direito e *a* justiça verdadeiros. Kelsen, por outro lado, parece querer impor um direito que, platonicamente falando, é de saída antifilosófico e mesmo anticientífico.

---

[48] PEREIRA, M. H. da R. Introdução. In: *A República*. 14. ed. Coimbra: Editora Fundação Calouste Gulbenkian, 2014. p. XXIX-XXX.

[49] FRIEDLÄNDER, P. *Plato*: the dialogues, second and third periods. Princeton: Princeton University Press, 1960. p. 126. Tradução nossa do trecho: "Yet, after the new ontology has been worked out at the end of Book VI, and after the path leading to the good has been cleared, we realize that these specifications have somehow acquired a new content. Thus, the objects of knowledge to which the soul must conform (484c-d, 535a *et seq.*) are recognized now as those sciences of order that lead upward to the realm of true being. As before (485c-d, 535d-e), the candidate must be a lover of truth to whom falsehood and deception are alien".

190 | **O ERRO DE KELSEN** · *Alvaro de Azevedo Gonzaga*

Em prol do funcionamento confortável, perfeito e rigoroso de sua "caverna jurídico-positiva", Kelsen parece querer pretender fechar a caverna, de preferência deixando o filósofo do lado de fora. Pelo contrário, diz Heidegger em sua interpretação da alegoria platônica:

"O homem encontra-se, cada vez, um modo próprio do desencobrimento, da verdade. O modo e a maneira da verdade depende do modo e da maneira do homem. Com isso, no entanto, não se pretende que a verdade seja subjetiva, isto é, que dependa do arbítrio do homem"[50].

Vejamos, ainda, a visão de Hannah Arendt sobre a alegoria da caverna:

"O conflito entre verdade e política surgiu historicamente de dois modos de vida diametralmente opostos – a vida do filósofo [...] e o modo de vida do cidadão. Às flexíveis opiniões do cidadão acerca dos assuntos humanos, os quais por si próprios estão em fluxo constante, contrapunha o filósofo à verdade acerca daquelas coisas que eram por sua mesma natureza sempiternas e das quais, portanto, se podiam derivar princípios que estabilizassem os assuntos humanos"[51].

Finalmente, a visão de Plotino sobre a alegoria de Platão:

"Assim é dito com razão que a alma se encontra em uma tumba ou em uma caverna. Mas, mesmo assim, retorna para o alto, convertendo-se ao ato do intelecto [...], e pela memória contempla de uma nova maneira a essência das coisas. Porque temos que concordar que as almas têm necessariamente uma dupla vida (*amphibioi*): pois, por um lado, vivem em parte a vida inteligível; por outro, vivem também em parte a vida deste mundo"[52].

Platão diz que a matéria primeira que o filósofo deve conhecer é a aritmética, a segunda é a geometria plana, a terceira é a geometria sólida, a

---

[50] HEIDEGGER, M. *Ser e verdade*. Petrópolis/Bragança Paulista: Vozes/Editora da Universidade São Francisco, 2007. p. 153.

[51] ARENDT, H. *Entre o passado e o futuro*. 5. ed. São Paulo: Perspectiva, 2000. p. 289.

[52] PLOTINO. *Enéadas*: Libros III y IV. Madrid: Biblioteca Clásica Gredos, 1985, V,8[6]4. Tradução nossa do trecho: "Que el alma se halla en una tumba y en una caverna, pero que, vuelta hacia el pensamiento, se libera ya de esos lazos y emprende la marcha hacia arriba cuando parte de la reminiscencia para llegar a contemplar los seres... Por lo que hemos de convenir que las almas tienen necesariamente una doble vida ('amphibioi'): pues, por un lado, viven en parte la vida inteligible, y por otro viven también en parte la vida de este mundo".

O ERRO DE KELSEN | **191**

quarta é a astronomia e a quinta é a harmonia. Tais disciplinas são o básico do que o filósofo precisa aprender para atingir o mundo inteligível. É a dialética, contudo, a responsável por empreender com sucesso aquilo que a aritmética não é capaz de fazer, ou seja, escapar da caverna e contemplar aquilo que "sempre é o mesmo" por meio da intelecção.

A função da dialética é analisar todas as hipóteses, todas as versões, até chegar à verdade, abandonando o mundo sensível para atingir o inteligível, uma vez que as sensações não são jamais capazes de dar a percepção da unidade do objeto, dizendo o que cada coisa é de fato, em realidade. Sobre isso, interessante notar que um pensador como Robinson expõe, mostrando que à caricatura da dialética fica conhecida a arte que se chama de erística, que se entende como a disputa de argumentos, tendo como objetivo último a vitória, apenas, e não a verdade.

A erística é marcadamente o defeito da dialética, ou seja, enquanto a dialética é a determinação e a delimitação entre a ideia única, mediante o modelo de perguntas e respostas, a erística é o processo equívoco, a falha para pôr em prática esse objetivo, visto que seu compromisso não é com o uno, mas com a variedade. Portanto, ela é a degeneração do método platônico[53].

Voltemos por ora à contenda de Platão com os sofistas quanto ao conhecimento, que para o filósofo só se realiza do lado de fora da caverna – é nos mesmos termos que, entendemos, Kelsen merece ser advertido.

Para Platão, muito embora sejam chamados de "sofistas" (isto é, de "sábios" – no grego, *sophostes*), em verdade tais sujeitos eram apenas aparentemente sábios, ou falsos sábios, a bem dizer charlatões que fingiam ou pretendiam ser sábios para obter dinheiro, glória e honra na vida em sociedade. Se os tais sofistas (como Trasímaco, por exemplo) não eram realmente sábios, os sábios "verdadeiros", narra Platão, ainda não teriam se autoconhecido e compreendido completamente a relevância de sua própria sabedoria. Quem era sábio e compreendia isso não era simplesmente chamado de "sábio", mas passava a merecer ser chamado, no rigor do termo platônico, de "filósofo".

Segundo ele, o filósofo – e isso não será diferente no caso do filósofo que se ocupa do direito, por suposto – é alguém que está acima do que era simplesmente um "verdadeiro sábio". O filósofo – por exemplo, aquele que é tido como o pai da filosofia, Sócrates – é alguém que assumia uma postura ainda melhor, e isso implicava não se contentar com a sabedoria para si, pois, além de adquirir verdadeiro conhecimento da realidade, o filósofo é aquele

---

53   ROBINSON, R. *Plato's earlier dialectic*. 2. ed. Oxford: Clarendon Press, 1966. p. 85.

que desce de volta para a caverna para tentar esclarecer seus compatriotas, ou seja, em alguma medida despertá-los e, afinal de contas, libertá-los, revelando para todos que há uma realidade "superior" fora da caverna – rigorosamente, para Platão, apenas se pode falar em uma realidade, que é aquela conhecida pelo intelecto racional fora da caverna.

Assim, o filósofo de Platão é alguém que também tem uma marcada característica de pedagogo. É alguém que não somente atinge a verdade sobre as coisas, mas além disso busca ensinar às pessoas como chegarem elas também, por sua própria conta, à tal verdade. E por que Platão faz todo esse esforço? Nunca percamos de vista: para procurar mudar o mundo e as pessoas, e mudar para torná-los – o mundo e as pessoas – melhores.

Pode-se perceber que, na filosofia platônica, o mundo da caverna no qual estamos imersos no cotidiano é confuso, contraditório, desordenado, problemático e sempre em mudança. Um mundo que poderia encontrar boa descrição na filosofia de Heráclito, por exemplo. Vejam-se famosos fragmentos do pensamento desse pré-socrático:

> "Fragmento 12. Ao entrar nos mesmos rios, outras e outras águas correm.
>
> Fragmento 49. Nos rios, nos mesmos, entramos e não entramos, estamos e não estamos [ou: somos e não somos].
>
> Fragmento 62. Imortais mortais, mortais imortais, vivendo da morte destes, mas morrendo a sua vida.
>
> Fragmento 67. Deus [é] dia-noite, inverno-verão, guerra-paz, saciedade-fome; mas altera-se tal como o fogo, quando misturado com especiarias, é nomeado de acordo com o aroma de cada uma.
>
> 84. Mudando, permanece".

No entanto, para Platão o que Heráclito e os sofistas não perceberam é que, a despeito da aporia que vivenciamos na caverna, há, sim, uma verdade, e essa verdade se encontra fora da caverna, para além deste mundo cotidiano, em um plano só acessível pelo intelecto, pela razão. Talvez Platão tivesse em Parmênides uma espécie de predecessor nessa tese, ainda que tal pré-socrático tivesse incorrido em alguns equívocos. Sócrates, que certamente foi quem teve com clareza e originalidade esse conhecimento, nunca obteve êxito, contudo, em transportar as pessoas para fora da caverna – inclusive, como já dissemos, acabou sendo morto pela comunidade, como também ocorre com o prisioneiro liberto na narrativa da alegoria da caverna.

Se, de algum modo, Platão é herdeiro da ideia de Parmênides, para quem a única coisa que tem validade e verdade é algo eterno, imutável, perfeito e uno, não podemos desconsiderar as importantes novidades introduzidas pela sua filosofia: basicamente, Platão apresentou a ideia de gradação. Assim sendo, as coisas e as teses que são discutidas no mundo podem ser mais ou menos verdadeiras (de acordo com a sua proximidade com a essência, ou aquilo que chamamos de *eidos*). Nesse ato, criou também a noção de que as coisas e teses da caverna podem se mover em direção ao seu *eidos* e à verdade, aproximando-se cada vez mais da verdade (ou afastando-se dela).

É evidente que, na filosofia platônica, a aproximação da essência é algo bom; o afastamento dela, algo ruim. De toda maneira, importa notar aqui que Platão reconhece que, de algum modo, as coisas estão em movimento, seja em uma boa direção, seja em uma direção ruim, e nisso seu pensamento remonta, pelo menos em algo, ao pensamento de Heráclito.

Platão via na figura de seu mestre Sócrates alguém que praticava a filosofia não só naquele modelo crítico e questionador, mas também alguém muito sábio, dotado de muita sabedoria, nesse sentido alguém que tinha a posse de informações sobre o *eidos* das coisas. Dito de outro modo, Sócrates teria sido o primeiro a alcançar as essências absolutas, eternas, imutáveis e perfeitas das coisas. Sua dificuldade em vida era convencer as pessoas a aspirarem o mesmo caminho e a chegarem lá também – ou pelo menos se esforçarem para isso. Seu insucesso pode ser atribuído principalmente aos sofistas. Lembre-se: sofistas levam pessoas a se empenharem e a valorizarem somente as aparências, ou seja, as sombras que mais lhes interessam individualmente.

A imagem platônica dos sofistas era, a bem da verdade, ainda mais danosa: os sofistas e seus discípulos eram vistos como pessoas que desejavam apenas a vitória na grande competição democrática que era a vida na cidade de Atenas, com cada um tentando parecer sempre mais sábio que os outros.

Da perspectiva diametralmente oposta de Platão, vimos, há uma essência de todas as essências, uma verdade superior e suprema em relação a todas as essências de todas as coisas, e isso é a própria ideia pura de perfeição, com cujo conhecimento poderíamos visualizar como as coisas deste mundo seriam se pudessem ser perfeitas – na alegoria da caverna, isso está representado pelo sol.

Para Platão, então, há um "sol" inteligível, uma verdade de todas as verdades e perfeição superior a todas as perfeições, que para ele é o próprio Bem. O dado importante aqui se relaciona com a ideia de gradação a que nos referimos acima. Se vamos atingir o próprio Bem – e, portanto, a justiça plena, por exemplo – não sabemos, mas está em aberto a possibilidade de nos aproximarmos mais ou menos do próprio Bem.

A atitude dos sofistas – e, nesse sentido, Kelsen age exatamente assim também – de instigarem as pessoas a deixarem de buscar essa verdade absoluta e suprema por não acreditarem nela ou na possibilidade de alcançá-la faz que a comunidade fique afastada do próprio Bem, ou menos próxima do que poderia estar, tornando as pessoas e a comunidade moralmente piores.

Para Platão, os sofistas são danosos à sociedade porque desviam as pessoas do caminho do Bem, e, com isso, elas ficam evidentemente mais próximas do oposto do Bem, o Mal, abrindo-se flancos, dessa feita, para que se tornem elas próprias más: egoístas, oportunistas e superficiais, por exemplo. O conhecimento e a verdade não mudam, são um só e o mesmo sempre, mas os sofistas são aqueles que fazem as pessoas se contentarem em seguir apenas suas opiniões individuais, pessoais.

Como encarar Kelsen e, mais que isso, a modernidade filosófica a partir dessas considerações? Como mostramos, Kelsen está longe de ser original do ponto de vista de uma filosofia ou visão de mundo mais abrangente, visto que está perfeitamente inserido nos ditames e na gramática filosófica que passa a reger a modernidade. Regressemos por uma última vez aos nossos autores modernos de base.

Na conhecida expressão de Maquiavel, a política deve partir da verdade efetiva das coisas. Isso significa, para o pensador florentino, que devemos tomar por certo que a natureza humana tem um acentuado individualismo e é bastante negativa, algo aliás não muito distante daquele modo segundo o qual os sofistas, e particularmente Trasímaco em *A República*, como vimos, descreviam o ser humano. Veja-se: "[...] pode-se dizer que os homens são ingratos, volúveis, fingidos e dissimulados, avessos ao perigo, ávidos de ganhos"[54].

Na mesma linha, diz Hobbes na introdução de *Leviatã*: "[...] há um ditado do qual ultimamente muito se tem abusado: a sabedoria não se adquire da leitura dos *livros*, mas dos *homens*"[55].

Tais recados dos modernos, ainda que por vezes não de maneira aberta, têm como alvo claro o pensamento antigo, particularmente Platão. A ideia que é tomada como pressuposto básico é a de que, sendo os homens seres marcadamente individualistas e comandados por desejos e paixões, não mereceriam prosperar as propostas filosóficas antigas, que formula-

---

[54] MAQUIAVEL, N. *O príncipe*. São Paulo: Penguin Classics Companhia das Letras, 2010. p. 102.

[55] HOBBES, T. *Leviatã*. São Paulo: Martins Fontes, 2003. p. 12.

O ERRO DE KELSEN | **195**

vam um mundo pensando em seres humanos sábios e virtuosos de uma maneira geral.

Ora, o que parece que não ficou claro para esses autores, e também para Kelsen, é que Platão tinha total ciência das partes conflituosas que compõem o homem interiormente, como assinalamos acima. O dado de que não é fácil adequar a natureza humana e torná-la harmônica e justa do ponto de vista interno e também do ponto de vista político, contudo, nunca deixou Platão acomodado ou com medo.

Pelo contrário, o desafio de chegar à justiça verdadeira se lhe impunha e ele entendia que a missão do filósofo – e, entendemos nós, do filósofo do direito – era se aproximar ao máximo, ou tanto quanto possível, desse fim. Como o próprio Platão destaca no fim do Livro IX de *A República*, o belo, o bem, o justo, o harmônico e tudo o mais daquilo que falamos devem nos servir de paradigma.

No último movimento dessa obra, portanto, assumiremos o risco – mas com muita confiança, pois fundados em base sólida – de, com inspiração em Platão, apontar alguns caminhos que, conquanto mais difíceis, parecem por outro lado nos trazerem mais esperança a respeito do direito.

CONCLUSÃO

O percurso desta obra se iniciou com uma apresentação, no Capítulo 1, das principais ideias de Platão a respeito da justiça: nesse sentido, recuperou-se, numa interpretação autoral, as lições do filósofo grego sobre o direito e a justiça dispostas nas suas obras, particularmente em *A República* e *As Leis*.

Mais especificamente, demonstramos como os diálogos do Platão da primeira fase, que os comentadores denominam usualmente "aporética" ou "socrática", são marcados pela utilização de um método refutativo de investigação.

Em sua segunda fase ou fase média, Platão avança para um tipo de pensamento que restou caracterizado como "idealista", construindo o que se denominou "doutrina das ideias". O filósofo ateniense engendra, nesse momento, sobretudo em *A República*, sua teoria da ciência, basicamente dispondo que o conhecimento científico tem a ver com aquilo que não muda, com a tentativa de caracterizar o que é permanente. Dito de outro modo, a ciência diz respeito a uma unidade que ultrapassa as "particularidades dos particulares", que são sempre mutáveis.

Em *A República*, dado o caráter ideal do pensamento do filósofo como um todo, percebe-se, da perspectiva político-jurídica, a modelagem de um tipo de cidade e de governo que, por fornecer bases sólidas de educação, pode prescindir do elemento coercitivo, ou seja, da força, para seu perfeito funcionamento.

A terceira fase do pensamento platônico, também conhecida como o período de maturidade, vimos, expressa um momento no qual o filósofo grego está, sobretudo, impactado pelas suas próprias experiências pessoais, sendo elas fundamentais para sua principal fonte de amadureci-mento intelectual.

Há, com efeito, uma espécie de rebaixamento teórico de sua filosofia política se formos considerar paradigmática a cidade desenhada em *A República*. Sua obra final, *As Leis*, por exemplo, é reconhecida como um diálogo que apresenta a "segunda melhor" cidade – o que se faz justamente em vista da cidade de *A República*, que seria a melhor.

No Capítulo 2, procuramos mostrar como Kelsen lê a filosofia platônica em sua obra *A ilusão da Justiça*. Retomando ponto a ponto o argumento da obra, centramo-nos nessa parte, sobretudo, no objetivo de apontar, nas pas-sagens específicas do texto, os diversos equívocos nos quais Kelsen incorre ao promover sua interpretação sobre Platão.

Primeiro, tratamos de estabelecer Kelsen como um dos comentadores de Platão – um no sentido de que, como se comprovou, há uma série de notáveis comentadores de Platão ao longo da história (não nos esqueçamos de que falar de Platão é falar de textos que foram redigidos há quase dois milênios e meio).

Por meio da análise e exposição de passagens do texto de *A ilusão da Justiça*, mostramos como Kelsen acaba cometendo alguns equívocos inter-pretativos da obra platônica. E faz isso, sobretudo, por não compreender a evolução do pensamento do autor grego.

Tal apontamento causa ainda mais surpresa se levarmos em conside-ração que o próprio Kelsen modificou seu entendimento e, assim, escreveu uma versão diferente da *Teoria Pura do Direito*, sendo a obra final aquela que expressa uma visão da norma hipotética fundamental que está coadunada com sua perspectiva mais ampla ou com sua teoria geral das normas.

Envolvemos o pensamento de Kelsen, no Capítulo 3, com *As Leis*. Nessa obra, Platão está convencido de que, muito embora seja dever do Estado ofe-recer uma educação de qualidade para que, em resumo apertado, as pessoas compreendam os motivos racionais pelos quais a legislação deve ser seguida, não se pode olvidar da relevância do elemento coercitivo: assim sendo, inde-pendentemente da apreensão da racionalidade das leis pelos habitantes de uma cidade, as leis serão sempre satisfatoriamente cumpridas.

No Capítulo 4, pudemos articular de maneira mais evidente o argumen-to central e o fechamento de nosso livro. Nele, o escopo foi o de demonstrar, de uma perspectiva mais ampla, completa e integral, os motivos mais gerais pelos quais Kelsen tem dificuldade em dialogar com a obra de Platão: a filo-sofia de Platão parece estar distante e mesmo inacessível para Kelsen porque ambos partem, em suas obras, visando alvos distintos.

CONCLUSÃO | **199**

Para conferir legitimidade à sua proposta positivista de direito, Kelsen precisa recusar a pretensão do direito natural de Platão. Recusando-a pelos motivos que utiliza, Kelsen incorre em um perigoso anacronismo, ou seja, atribui a Platão uma série de críticas pautadas em uma visão de mundo moderna, de uma época outra que não a de Platão. Kelsen projeta para o mundo antigo ideias e ideais que absolutamente inexistiam no momento em que Platão havia escrito.

Kelsen recupera a complexidade da matéria enfrentada por Platão e pretende resolver tudo simplesmente restringindo todo direito a um critério de decidibilidade fixado nos termos da norma. Nossa crítica a isso ficou consignada no que chamamos de a alegoria do jurista agrilhoado.

A pretensão de Kelsen é formular um direito que não dependa da justiça no sentido moral do termo. Com efeito, ele tem em vista um mundo no qual ou as pessoas acreditam que jamais conhecerão a essência da justiça, ou não acreditam que exista "a" justiça verdadeira (poder-se-ia falar, no máximo, em concepções privadas de justiça).

De nossa perspectiva platônica, mostramos que Kelsen nada mais faz do que reproduzir simulacros de uma falsa realidade. Dá as costas ao filósofo, o que significa abandonar qualquer possibilidade de atingir o conhecimento no sentido que Platão emprega ao termo (distinguindo-o das opiniões).

Platão, pelo contrário, visa à verdade e, como um de seus aspectos, a concepção verdadeira da justiça. E importa termos claro, por fim, como esse propósito platônico de superar as diferentes posições e visões pode coadunar-se perfeitamente com o que se costuma considerar um dos fundamentos do Estado Democrático de Direito, a ideia de contraditório. Buscar a solução justa, a certeza da verdade, é algo que está em consonância com a exata e própria definição da República Federativa do Brasil, consoante o *caput* do art. 1º da Carta Magna.

Como se sabe, a democracia teve gênese na Grécia Antiga. A Atenas democrática não dotava a cidadania ativa apenas de *isegoria*, isto é, do privilégio legal de tomar a palavra na assembleia, pois a plena cidadania tinha outra condição de ordem moral, a de que todos os cidadãos fossem um *parrhésiastés*. *Parrhesia*, palavra grega, significa, literalmente, "falar com franqueza", "falar tudo", e essa prática discursiva envolve, logicamente, a responsabilidade de responder por aquilo que se diz ou também de incorrer no desagrado do interlocutor por lhe dizer uma verdade inconveniente.

É certo que essa possibilidade da crítica em contraditório sustenta a ética democrática e, como vimos, a filosofia de Platão, e ao mesmo passo evidencia a relevância do papel do *parrhésiastés*, que igualmente colabora, junto às leis, na disciplina dos poderes públicos (denunciando as suas faltas), sendo parte integrante da vivência mais plena da liberdade e da vida cívica desse regime, que pode ser caracterizado em linhas gerais, portanto, pela abertura ao confronto de opiniões e à disponibilidade comunicacional para ouvir.

O direito, enfim, parece perder muito daquilo que pode oferecer à sociedade se adotada a perspectiva delimitadora de Kelsen. Pior que isso, o direito se torna insuficiente: todos continuamos falando em normas justas e injustas no sentido moral da palavra "justiça", ou seja, adotar Kelsen parece implicar a renúncia da realidade que tencionamos a buscar cotidianamente.

Tome-se, por exemplo, o problema da efetividade do direito (que guia o programa de pós-graduação dessa Instituição). Admitidas as balizas de Kelsen e do positivismo, a questão fica reduzida, basicamente, a uma discussão sobre os diferentes critérios de decidibilidade. O virtuoso Platão, de outra feita, ajuda-nos a lembrar que, muito embora a querela da decidibilidade seja relevante, é preciso não esquecer que a resposta jurisdicional pode sempre melhorar se for mais justa – e só se pode ser justo buscando o conhecimento verdadeiro (no sentido rigoroso que Platão empresta à palavra, opondo-a à opinião) do que é a justiça, do que é a realidade.

O que Platão deixa de lição àqueles que se empenham na prática jurídica – como advogados, magistrados ou membros do Ministério Público – é que, talvez, antes de procurar a resposta na ficção que é o direito positivo, importa buscar se libertar e ir atrás do justo verdadeiro. Ainda que não seja possível alcançá-lo sempre, não é de somenos importância tê-lo como paradigma, para retomar a expressão de Platão nas linhas finais de *A República*: se é que devamos admitir, ceticamente, que não alcançaremos a realidade ideal de Platão. De outro lado, a tentativa de sempre chegar a ela pode tornar as sombras da caverna – a ficção do direito positivo – talvez mais claras em seus contornos e em seu vínculo com o real.

Ser um filósofo platônico significa, muitas vezes, conformar-se com o fato de que a evidência das dúvidas e dos problemas é muitas vezes mais forte do que a evidência das suas soluções. Kelsen parece querer recusar para o direito as perguntas para as quais este não tem respostas. Isso, defendemos, é antifilosófico: uma vida filosófica consiste, nesse sentido, em ter coragem para valer-se da racionalidade disponível ao homem em busca da justiça, ainda que a sensação de aporia prevaleça muitas vezes. De todo modo, essa é a vida – a filosófica – que, para relembrar e concluir com a clássica fala de Sócrates, vale a pena ser vivida.

REFERÊNCIAS

AGOSTINHO. *A cidade de Deus*. 4. ed. Lisboa: Fundação Calouste Gulbenkian, 2011.

AMARAL, F. A casuística romana. In: TAVARES, A. L. de L. *et al* (org.). *Direito público romano e política*. Rio de Janeiro: Renovar, 2005.

ANDRADE, R. G. de. *Platão*: o cosmo, o homem e a cidade – Um estudo sobre a alma. Petrópolis: Vozes, 1993.

ANNAS, J. *Platonic Ethics*: old and new. Cornell University Press, 1999.

ANNAS, J. *Introduction a la République de Platon*. Paris: PUF, 1994.

ARENDT, H. *A condição humana*. São Paulo: Forense Universitária, 2009.

ARENDT, H. *Entre o passado e o futuro*. 5. ed. São Paulo: Perspectiva, 2000.

ARISTÓFANES. As nuvens. In: *Sócrates*. São Paulo: Abril Cultural, 1983.

ARISTÓTELES. *Ética a Nicômaco*. Brasília: Ed. da UnB, 1997.

ARISTÓTELES. *Os pensadores*. Trad. Leonel Vallando e Gerd Bornhein. São Paulo: Nova Cultural, 1983.

ARISTÓTELES. *Política*. 3. ed. São Paulo: Martins Fontes, 2006.

ARNAOUTOGLOU, I. *Leis da Grécia Antiga*. São Paulo: Odysseus, 2003.

ATHÉNÉE ROYAL DE PARIS, 1819. 1980, Paris. *Da liberdade dos antigos comparada à dos modernos*. Trad. Loura Silveira. Trad. edição dos textos escolhidos de Benjamin Constant, organizada por Marcel Gauchet, intitulada *De la Liberté cliez les Modernes, Le Livre de Poche*, Collection Pluriel. Paris.

AZEVEDO, L. C. de. *Introdução à história do direito*. São Paulo: Revista dos Tribunais, 2005.

BARKER, Sir E. *Teoria política grega*: Platão e seus predecessores. Brasília: E. da UnB, 1978.

BARROS, G. N. M. de. *Sólon de Atenas*: a cidadania antiga. São Paulo: Humanitas, 1999.

BAZIN, A. *O cinema*: ensaios. São Paulo: Brasiliense, 1991.

BENARDETE, S. *Plato's Laws*: the discovery of being. Chicago: The University of Chicago Press, 2000.

BENOIT, H. *Sócrates*: o nascimento da razão negativa. São Paulo: Moderna, 2006.

BERNS, L. Thomas Hobbes. In: STRAUSS, L. & CROPSEY. J. (org.) *História da filosofia política*. Rio de Janeiro: Forense, 2013.

BIGNOTTO, N. *O tirano e a cidade*. São Paulo: Discurso Editorial, 1998.

BLOOM, A. Interpretative essay. In: *The Republic of Plato*. 2. ed. New York: Basic Books, 1991.

BOBBIO, N. *Direito e Estado no pensamento de Emanuel Kant*. São Paulo: Mandarim, 2000.

BOBBIO, N. *O positivismo jurídico*: noções de filosofia do direito. São Paulo: Ícone, 2006.

BOBBIO, N.; MATTEUCCI, N. & PASQUINO, G. *Dicionário de política*. São Paulo: Imprensa Oficial do Estado de São Paulo, 2001.

BOLZANI FILHO, R. *Ensaios sobre Platão*. 2012. 131 f. Tese (Livre-docência) – Universidade de São Paulo. São Paulo, 2012.

BRISSON, L. *Introdução à filosofia do mito*. São Paulo: Paulus, 2014.

BRISSON, L.; PRADEAU, J.-F. *As Leis de Platão*. São Paulo: Loyola, 2012.

BRISSON, L.; PRADEAU, J.-F. *Vocabulário de Platão*. São Paulo: Martins Fontes, 2010.

REFERÊNCIAS | 203

BRUNSCHWIG, J. & LLOYD, G. (orgs.). *Le Savoir Grec*. Paris: Flammarion, 1996.

BURNET, J. *L'aurore de la philosophie grecque*. Paris: Payot, 1952.

CAMUS, A. *Notebooks*: 1942-1951. New York: Paragon House, 1991.

CANFORA, L. *O mundo de Atenas*. São Paulo: Companhia das Letras, 2011.

CARPEAUX, O. M. *História da literatura ocidental*. São Paulo: Leya, 2011. v. I.

CARTLEDGE, P.; MILLETT, P. & TODD S. *Nomos*: essays in athenian law, politics and society. Cambridge: Cambridge University Press, 1990.

CASERTANO, G. La caverne: entre analogie, image, connaissance et praxis. In: DIXSAUT (org.). *Études sur la Republique de Platon 2: de la Science du bien et des mythes*. Paris: Vrin, 2005.

CASTORIADIS, C. *De Homero a Heráclito*: lo que hace a Grecia. Buenos Aires: Fondo de Cultura Económica, 2006.

CASTORIADIS, C. *La ciudad y las leyes*: lo que hace a Grecia. 2. ed. Buenos Aires: Fondo de Cultura Económica, 2012.

CHÂTELET, F. *El nacimiento de la historia*. Trad. César Suarez Bacelar. Madri: Siglo XXI de España Editores, 1985.

CHAUI, M. *Introdução à história da filosofia*. 2. ed. São Paulo: Companhia das Letras, 2009.

CHEVALLIER, J. J. *As grandes obras políticas de Maquiavel a nossos dias*. Trad. Lydia Cristina. 8. ed. Rio de Janeiro: Agir, 1999.

CÍCERO. *Os Pensadores*. São Paulo: Nova Cultural, 1978.

COMMELIN, P. *Mitologia grega e romana*. 4. ed. São Paulo: Martins Fontes, 2011.

COMPARINI, J. *Fundamentos do Direito nas Leis de Platão*. 2015. 109 folhas. Dissertação (Mestrado) – Faculdade de Filosofia, Letras e Ciências Humanas. Universidade de São Paulo. São Paulo, 2015.

CONSTANT, B. *Écrits politiques*. Paris: Gallimard, 1997.

CORNFORD, F. M. Plato's Commonwealth. In: *The Unwritten Philosophy and Other Essays*. Cambridge: The Cambridge University Press, 1967.

CROPSEY, J.; STRAUSS, L. *History of political philosophy*. 3. ed. Chicago: The University of Chicago Press, 1987.

204 | **O ERRO DE KELSEN** · *Alvaro de Azevedo Gonzaga*

DALLARI, D. de A. *As Leis*. 2. ed. São Paulo: Edipro, 2010.

DE CICCO, C. *História do pensamento jurídico e da filosofia do direito*. 7 . ed. São Paulo: Saraiva, 2013.

DESPOTOPOULOS, C. *La philosophie politique de Platon*. Bruxelles: Éditions Ousia, 1997.

DETIENNE, M. *Mestres da verdade na Grécia Arcaica*. São Paulo: Martins Fontes, 2013.

DEVEREUX, D. T. The Unity of Virtues in Plato's Protágoras and Laches. *The Philosophical Review*, v. 101, n. 4, out. 1992.

DIÈS, A. Introduction a Platon. In: *La République*. Paris: Les Belles Lettres, 1932.

DIXSAUT, M. *Métamorphoses de la dialectique dans les dialogues de Platon*. Paris: Vrin, 2001.

DRUMMOND DE ANDRADE, C. Fazendeiro do Ar ("Eterno"). In: DRUMMOND DE ANDRADE, C. *Poesia completa*. Rio de Janeiro: Nova Aguilar, 2002

ELLUL, J. *Histoire des institutions*. Paris: PUF, 1955. v. 1.

ENGELS, F.; MARX, K. *Manifesto comunista*. São Paulo: Boitempo, 1998.

EPICURO. Carta a Menequeu. In: MORAES, J. Q. de. *Epicuro*: as luzes da ética. São Paulo: Moderna, 1998.

ESPINOSA, B. de. *Tratado da reforma do entendimento*. Lisboa: Edições 70, 1999.

EURIPIDE. *Théâtre Complet*. IV. Paris: Flammarion, 1966.

FERJOHN, M. T. The Unity of Virtue the Objects of Socratic Inquiry. In: IRWIN, T. *Socrates contemporaries*. Classical Philosophy. New York & London: Garland Publishing, 1995. v. 2.

FERRAZ JR., T. S. Da liberdade como liberdade de consciência e seu percurso histórico. In: GONZAGA, A. de A. & GONÇALVES, A. (coords.). *(Re) pensando o direito*: estudos em homenagem ao Professor Cláudio De Cicco. São Paulo: Revista dos Tribunais, 2010.

FERRY, L. *Philosophie politique*. Paris: PUF, 1984. 2 v.

FRIEDLÄNDER, P. *Plato*: the dialogues, second and third periods. Princeton: Princeton University Press, 1960.

REFERÊNCIAS | **205**

FUSTEL DE COULANGES, N. D. *A cidade antiga*. 5. ed. São Paulo: Martins Fontes, 2004.

GADAMER, H. G. *Ideia do bem entre Platão e Aristóteles*. São Paulo: Martins Fontes, 2010.

GENTILE, M. *La Politica di Platone*. Padova: Cedam, 1939.

GERNET, L. *Droit et institutions em Grèce Antique*. Paris: Flammarion, 1982.

GERNET, L. *Droit et societé em Grèce Ancienne*. Paris: Dalloz, 1955.

GILISSEN, J. *Introdução histórica ao direito*. Trad. A. M. Hespanha e L. M. Macaista Malheiros. 4. ed. Lisboa: Calouste Gulbenkian, 2003.

GIORDANI, M. *Iniciação ao direito romano*. Rio de Janeiro: Lumen Juris, 1996.

GOLDSCHMIDT, V. *A religião de Platão*. 2. ed. São Paulo: Difusão Europeia do Livro, 1970.

GOMPERZ, T. *Griechische Denker*. Verlag: Walter de Gruyter, Berlin und Leipzig, 1925.

GONZAGA, A. de A. & GONÇALVES, A. B. *(Re)pensando o direito*: estudos em homenagem ao Professor Cláudio De Cicco. São Paulo: Revista dos Tribunais, 2010.

GONZAGA, A. de A. *O direito natural de Platão na República e sua positivação nas Leis*. 2011. 174 f. Tese (Doutorado em Direito) – Pontifícia Universidade Católica de São Paulo. São Paulo, 2011.

GOYARD-FABRE, S. *O que é democracia?* São Paulo: Martins Fontes, 2003.

GRIMAL, P. *Os erros da liberdade*. Campinas: Papirus, 1990.

GRISWOLD, C. Le Libéralisme Platonicien. In: *Contre Platon*: le platonisme renverse. Paris: Vrin, 1995.

GROTE, G. *History of Greece*. Cambridge: Cambridge University Press – Print On, 2010.

GUARINELLO, N. L. Cidades-estado na Antiguidade Clássica. In: PINSKY, J.; PINSK, C. B. (orgs.). *História da cidadania*. 2. ed. São Paulo: Contexto, 2003.

HADOT, P. *O véu de Isis*. São Paulo: Loyola, 2006.

HADOT, P. *Qu'est-ce que la philosophie antique*. Paris: Folio, 1995.

206 | O ERRO DE KELSEN · *Alvaro de Azevedo Gonzaga*

HANSEN, M. H. *La Démocratie Athénienne à l'Époque de Démosthène*. Paris: Les Belles Lettres, 1993.

HEGEL G., W. F. *Lições de história da filosofia*. Lisboa: Porto Editora, 1995.

HEIDEGGER, M. *Ser e verdade*. Petrópolis/Bragança Paulista: Vozes/Editora da Universidade São Francisco, 2007.

HERMAN, A. *The Cave and the Light*: Plato *versus* Aristotle, and the struggle for the soul of western civilization. New York: Random House Trade Paperbacks, 2010.

HERÓDOTO. *História*. 2. ed. Brasília: Ed. da UnB, 1988.

HESÍODO. *Os trabalhos e os dias*. Trad. Mary de Camargo Neves Lafer. São Paulo: Iluminuras, 1989.

HOBBES, T. *Leviatã*. Trad. João Paulo Monteiro e Maria Beatriz N. da Silva. São Paulo: Martins Fontes, 2003.

HÖFFE, O. *O que é justiça?* Trad. Peter Naumann. Porto Alegre: EDIPUCRS, 2003.

HOMERO. *Odisseia*. Trad. Donaldo Schüler. Telemaquia. Porto Alegre: L&PM, 2010. v. 1.

HOMERO. *Ilíada*. Trad. Frederico Lourenço. São Paulo: Penguin Classics/Companhia das Letras, 2013.

JAEGER, W. *Paideia:* a formação do homem grego. Trad. Artur M. Parreira. São Paulo: Martins Fontes, 2003.

JOLY, H. *Le renversement platonicien*: logos, episteme, polis. Paris: Vrin, 2000.

KANT, I. *Textos seletos*. 2. ed. Petrópolis: Vozes, 1985.

KANT, I. *Crítica da razão pura*. 8. ed. Lisboa: Fundação Calouste Gulbenkian, 2013.

KANT, I. *Crítica da razão pura*. Petrópolis/Bragança Paulista: Vozes/Editora Universitária São Francisco, 2012.

KELLY, J. *Uma breve história da teoria do direito*. São Paulo: Martins Fontes, 2010.

KELSEN, H. *O que é justiça*. São Paulo: Martins Fontes, 2001.

REFERÊNCIAS | **207**

KELSEN, H. *A ilusão da justiça*. 4. ed. São Paulo: Martins Editora, 2000.

KELSEN, H. *A justiça e o direito natural*. Lisboa: Almedina, 2001.

KELSEN, H. *O problema da justiça*. 5. ed. São Paulo: Martins Editora, 2011.

KELSEN, H. *Teoria pura do direito*. 8. ed. São Paulo: Martins Fontes, 2011.

KING, M. L. Letter from Birmingham Jail. In: *Herbert Storing What Country Have I? Political Writings by Black Americans*. New York: St Martin's Press, 1970.

KOYRÉ, A. *Introdução à leitura de Platão*. 3. ed. Lisboa: Editorial Presença, 1988.

KUNZMAN; BURKARD & WIEDMANN. *Atlas de la Philosophie*. Trad. francesa de DESANTI, DROIT *et al*. Paris: Librairie Genérale Française, 1993.

LAKS, A. Platão. In: RENAUT, Alain. *História da filosofia política*. Lisboa: Instituto Piaget.

LAFER, C. *A reconstrução dos direitos humanos*: um diálogo com o pensamento de Hannah Arendt. São Paulo: Companhia das Letras.

LAKS, A. *Méditation et coercition*: pour une lecture des Lois de Platon. Villeneuve-d'Ascq: Presses Universitaires du Septentrion, 2005.

LEISTER, A. C. C. da C.; CHIAPPIN, J. R. N. O direito como ciência e a interpretação jurídica de Hans Kelsen. *Revista do Instituto dos Advogados de São Paulo*, v. 24, p. 95-119, 2009.

LEQUAN, M. *La philosophie morale de Kant*. Paris: Seuil, 2001.

LESKY, A. *A tragédia grega*. São Paulo: Perspectiva, 2006.

LIDDELL, H. G.; SCOTT, R. *Liddell and Scott's Greek-English Lexicon, Abridged*: the Little Liddell. London: Simon Wallenberg Press, 2007.

LIMA FILHO, A. V. de. *O poder na Antiguidade*: aspectos históricos e jurídicos. São Paulo: Ícone, 1999.

LIMA, P. B. de. *Platão*: uma poética para a filosofia. São Paulo: Perspectiva, 2004.

LOPES, J. R. de L. *O direito na história*. 2. ed. São Paulo: Max Limonad, 2002.

208 | **O ERRO DE KELSEN** · *Alvaro de Azevedo Gonzaga*

LUCCIONI, J. *La pensee politique de Platon*. Paris: Presses Universitaires de France, 1958.

MAIA, A. C. Jurisconsultos romanos. In: *Direito público romano e política*. Rio de Janeiro: Renovar, 2005.

MAINE, H. J. S *Ancient law*: its connection with the early history of society, and its relation to modern ideas. Tucson: The University of Arizona Press, 1986.

MAQUIAVEL, N. *O príncipe*. São Paulo: Penguin Companhia, 2010.

MARROU, H.-I. *História da educação na Antiguidade*. São Paulo: Herder--EDUSP, 1969.

MARTINS, R. M. *Teoria jurídica da liberdade*. São Paulo: Contracorrente, 2015.

MARX, K. *O capital*. São Paulo: Boitempo, 2013.

MASCARO, A. L. *Filosofia do direito*. São Paulo: Atlas, 2010.

MATTÉI, J.-F. *Platão*. Trad. Maria Leonor Loureiro. São Paulo: Unesp, 2010.

MAZZEO, A. C. *O voo de Minerva*. São Paulo: Boitempo, 2009.

MCILWAIN, C. *Constitutionalism*: ancient and modern. Stevens Point: Worzalla Publishing Company, s/d.

MEIRELLES MATHEUS, C. E. A noção de justiça em Platão. In: PISSARRA, M. C. P. & FABRINI, R. N. (orgs.). *Direito e filosofia*: a noção de justiça na história da filosofia. São Paulo: Atlas, 2007.

MERLEAU-PONTY, M. *Elogio da filosofia*. Lisboa: Guimarães Editores, 1961.

MERLEAU-PONTY, M. *O visível e o invisível*. São Paulo: Perspectiva, 2005.

MORA, J. F. *Dicionário de filosofia*. São Paulo: Loyola, 2001. t. II.

MORALES, F. A. *A democracia ateniense pelo avesso*. São Paulo: EDUSP, 2014.

MOSSÉ, C. *A Grécia arcaica de Homero à Ésquilo*. Lisboa: Edições 70, s/d.

MOSSÉ, C. *Atenas*: a história de uma democracia. Brasília: Ed. da UnB, 1982.

MOSSÉ, C. *Dictionnaire de la civilisation grecque*. Paris: Éditions Complexe, 1998.

MOSSÉ, C. *Les Institutions politiques grecques à l'époque classique*. Paris: Armand Colin, 1967.

REFERÊNCIAS | 209

MOSSÉ, C. *Politique et ocieté en grèce ancienne*: le "modèle athénien". France: Aubier, 1995.

MOUZE, L. *Le legislateur et le poete*: une interprétation des Lois de Platon. Villeneuve-d'Ascq: Presses Universitaires du Septentrion, 2005.

MUÑOZ, A. A. *Transformações na teoria geral do direito*. São Paulo: Quartier Latin, 2008.

NALINI, J. R. *Por que filosofia?* São Paulo: Revista dos Tribunais, 2008.

NATORP, P. *Plato's Staat und Die Idee der Sozialpädagogik*. Berlin: C. Heymann, 1895.

NIETZSCHE, F. *Além do bem e do mal*: prelúdio a uma filosofia do futuro. São Paulo: Companhia das Letras, 2005.

NIETZSCHE, F. *Assim falou Zaratustra*. São Paulo: Companhia das Letras, 2011.

NIETZSCHE, F. *Sobre verdade e mentira*. São Paulo: Hedra, 2007.

OLIVEIRA, R. R. *Demiurgia política*: as relações entre a razão e a cidade nas *Leis* de Platão. São Paulo: Loyola, 2011.

OSTWALD, M. *Nomos and the Beginnings of the Athenian Democracy*. London: Oxford University Press, 1969.

PANGLE, T. Interpretative essay. In: *The Laws of Plato*. Chicago: The University of Chicago Press, 1988.

PASCAL, B. *Pensamentos*. 2. ed. São Paulo: Martins Fontes, 2005.

PEREIRA FILHO, G. *Uma filosofia da história em Platão*: o percurso histórico da cidade platônica de *As Leis*. 2. ed. São Paulo: Paulus, 2010.

PEREIRA, M. H. da R. Introdução. In: *A República*. 14. ed. Coimbra: Fundação Calouste Gulbenkian, 2014.

PINTO, E. V.-C. *Curso livre de ética e filosofia do direito*. Parede: Princípia, 2010.

PISSARRA, M. C. P.; FABRINNI, R. N. (orgs.). *Direito e filosofia*: a noção de justiça na história da filosofia. São Paulo: Atlas, 2007.

PLATÃO. *A República*. Trad. Carlos Alberto Nunes. Belém: UFPA, 2000. (Col. Diálogos.)

PLATÃO. *A República*. *Trad*. Anna Lia Amaral de Almeida Prado. São Paulo: Martins Fontes, 2006.

PLATÃO. *Apologia de Sócrates*. Trad. Márcio Pugliesi e Edson Bini. São Paulo: Hemus. (Col. Diálogos, série Ciências Sociais e Filosofia.)

PLATÃO. *As Leis*. 2. ed. Trad. Edson Bini. Prefácio de Dalmo Dallari. São Paulo: Edipro, 2010.

PLATÃO. *Carmides*. 2. ed. Trad. Edson Bini. São Paulo: Edipro, 2016.

PLATÃO. *Críton*. Trad. Márcio Pugliesi e Edson Bini. São Paulo: Hemus. (Col. Diálogos, série Ciências Sociais e Filosofia.)

PLATÃO. *Fedão*. Trad. Carlos Alberto Nunes. Belém: UFPA, 2002. (Col. Diálogos.)

PLATÃO. *Fedro*. Trad. Carlos Alberto Nunes. Belém: UFPA, 2002. (Col. Diálogos.)

PLATÃO. *Górgias*. Trad. Carlos Alberto Nunes. Belém: UFPA, 2002. (Col. Diálogos.)

PLATÃO. *Hípias Maior*. Trad. Carlos Alberto Nunes. Belém: UFPA, 2002. (Col. Diálogos.)

PLATÃO. *Hípias Menor*. Trad. Carlos Alberto Nunes. Belém: UFPA, 2001. (Col. Diálogos.)

PLATÃO. *La République*. Trad. Émile Chambry. Paris: Les Belles Lettres, 1981.

PLATÃO. *Laques*. Trad. Edson Bini. 2. ed. São Paulo: Edipro, 2016.

PLATÃO. *Laws*. Trad. Benjamin Jowett. Cambridge: Cambridge University Press, 2010.

PLATÃO. *Laws*. Trad. R. G. Bury. Cambridge: Harvard University Press, 1961.

PLATÃO. *Laws*. Trad. Thomas Pangle. Chicago: The University of Chicago Press, 1988.

PLATÃO. *Lois*. Trad. Émile Chambry. Paris: Les Belles Lettres, 1982.

PLATÃO. *Lois*. Trad. Luc Brisson et Jean-François Pradeau. Paris: Flammarion, 2006.

PLATÃO. *Lois*. Trad. Victor Cousin. Paris: Rey et Gravier Libraires, 1851.

REFERÊNCIAS | **211**

PLATÃO. *Parmênides*. Trad. Carlos Alberto Nunes. Belém: UFPA, 1980. (Col. Diálogos.)

PLATÃO. *Político*. Trad. Jorge Paleikat e João Cruz Costa. São Paulo: Abril Cultural, 1972.

PLATÃO. *Protágoras*. Trad. Carlos Alberto Nunes. Belém: UFPA, 2002. (Col. Diálogos.)

PLATÃO. *Sofista*. Trad. Jorge Paleikat e João Cruz Costa. São Paulo: Abril Cultural, 1972.

PLATÃO. *Teeteto*. Trad. Carlos Alberto Nunes. Belém: Ed. UFPA, 1988.

PLATÃO. *The Republic*. 2. ed. Trad. Allan Bloom. New York: Basic Books, 1991.

PLATÃO. *As Leis*. Trad. Carlos Alberto Nunes. Belém: UFPA, 1980.

PLATÃO. *Eutífron*. Trad. Marcio Pugliesi e Edson Bini. 4. ed. São Paulo: Hemus. (Col. Diálogos, série Ciências Sociais e Filosofia.)

PLATÃO. *O banquete*. *Trad. José Cavalcante de Souza*. São Paulo: Abril Cultural, 1972.

PLOTINO. *Enéadas*: Libros III y IV. Madrid: Biblioteca Clásica Gredos, 1985. v. V.

POPPER, K. *The Open Society and Its Enemies*. London: Taylor & Francis, 2011.

PRADEAU, J.-F. & BRISSON, L. *As Leis de Platão*. São Paulo: Loyola, 2012.

PRADEAU, J.-F. & BRISSON, L. *Vocabulário de Platão*. São Paulo: Martins Fontes, 2010.

PRADEAU, J.-F. *Platon et la cité*. Paris: PUF, 1997.

PUGLIESI, M. *Filosofia geral e do direito*: uma abordagem contemporânea. 2009. Tese (Doutoramento em Filosofia) – Pontifícia Universidade de São Paulo. São Paulo, 2009.

PUGLIESI, M. *Teoria do direito*. 2. ed. São Paulo: Saraiva, 2009.

PUGLIESI, M. *Mitologia greco-romana*: arquétipos dos deuses e heróis. 2. ed. São Paulo: Madras, 2005.

RADBRUCH, G. *Filosofia do direito*. *Trad*. Marlene Holzhhausen. São Paulo: *Martins Fontes*, 2004.

212 | O ERRO DE KELSEN · Alvaro de Azevedo Gonzaga

REALE, M. *Filosofia do direito*. 20. ed. São Paulo: Saraiva, 2009.

REALE, M. *Formação da política burguesa*. Brasília: Ed. da UnB, 1983. (Reedição da obra de 1934.)

RECÁSENS SICHES, L. *Tratado de sociologia*. Trad. João Baptista Coelho Aguiar. Rio de Janeiro: Globo, 1965. v. 1.

RENAUT, A. (org.). *História da filosofia política*: a liberdade dos antigos. Lisboa: Piaget, 2001. v. 1.

ROBINSON, R. *Plato's Earlier Dialectic*. 2. ed. Oxford: Oxford at the Clarendon Press, 1962.

ROMILLY, J. De. *La loi dans la penseé grecque. Des origines à Aristote*. Paris: Les Belles Lettres, 1971.

ROMILLY, J. de; GRANDAZZI, A. *Une certaine idee de la Grèce*. Paris: Fallois, 2003.

ROMILLY, J. *La Grèce Antique à la découverte de la liberté*. Paris: Fallois, 1989.

ROMILLY, J. *La Grèce Antique contra la violence*. Paris: Fallois, 2000.

ROMILLY, J. *La loi dans la pensee grecque*. Paris: Les Belles Lettres, 2002.

ROMILLY, J. *Les grands sophistes dans L'Athènes de Péricles*. Paris: Fallois, 1988.

ROMILLY, J. *Pourquoi la Grèce?* Paris: Fallois, 1992.

ROMILLY, J. *Problèmes de la democratie grecque*. Paris: Hermann, 1975.

ROMILLY, J. *Rencontres avec la Grèce Antique*. Paris: Fallois, 2005.

ROSEN, S. *Plato's Republic*: a study. New Haven: Yale University Press, 2005.

ROSEN, S. *Plato's Republic*: a study. New Haven: Yale University Press, 2005.

ROUSSEAU, J.-J. *Discurso sobre a origem da desigualdade*. São Paulo: Abril Cultural, 1973.

RUSSELL, B. *The practice and theory of bolshevism*. The Echo Library, 1980.

SANDEL, M. *Justiça*: o que é fazer a coisa certa. Rio de Janeiro: Civilização Brasileira, 2012.

SCOTT, R. & LIDDELL, H. G. *Liddell and Scott's greek-english lexicon, abridged*: the little Liddell. London: Simon Wallenberg Press, 2007.

REFERÊNCIAS | **213**

SERRANO, P. E. A. P. *A justiça na sociedade do espetáculo*. São Paulo: Alameda, 2015.

SINCLAIR, T. A. *Histoire de la pensée politique grecque*. Paris: Payot, 1953.

SKINNER, Q. *Four essays on liberty*. London: Oxford University Press, 1969.

SNELL, B. *A cultura grega e as origens do pensamento europeu*. São Paulo: Perspectiva, 2012.

SÓFOCLES. *Édipo Rei. Antígona*. Trad. Jean Melville da versão inglesa de Sir Richard Jebbs. São Paulo: Martin Claret, 2005.

STARR, C. G. *O nascimento da democracia ateniense*: a assembleia no século V a.C. São Paulo: Odysseus Editora, 2005.

STEFANINI, L. *Platone*. Padova: Cedam, 1935.

STONE, I. F. *O julgamento de Sócrates*. Trad. Paulo Henrique Britto. São Paulo: Companhia das Letras, 2007.

STRAUSS, L. *Direito natural e história*. Lisboa: Edições 70, 2010.

STRAUSS, L. *La cité et l'homme*. Paris: Le livre de Poche.

STRAUSS, L. *Qu'est-ce que la philosophie politique?* Paris: PUF, s/d.

STRAUSS, L. *The argument and the action of Plato's Laws*. Ed. Univ. de Chicago, s/d.

STRAUSS, L. *The city and man*. Chicago: The University of Chicago Press, 1978.

STRAUSS, L. The Three Waves of Modernity. In: *Political philosophy*: six essays. Indianapolis: Pegasus-Bobbs-Merrill, 1975.

TAYLOR, T. *Introduction to the Philosophy and Writings of Plato*. Cambridge: The Cambridge University Press, 2010.

TODD, S. C. *The Shape of Athenian Law*. New York: Oxford University Press, 1993.

TRABATTONI, F. *Platão*. Trad. Rineu Quinalia. São Paulo: Annablume, 2010.

VASCONCELOS DINIZ, M. A. de. A teologia de Platão. Disponível em: http://www.buscalegis.ufsc.br/revistas/index.php/buscalegis/article/viewDownloadInterstitial/25297/24860. Acesso em: 14 abr. 2011.

214 | **O ERRO DE KELSEN** · *Alvaro de Azevedo Gonzaga*

VECCHIO, G. Del. *Lições de filosofia do direito*. Coimbra: Arménio Amado Editor, 1979.

VEGETTI, M. *A ética dos antigos*. Trad. José Bortolini. São Paulo: Paulus, 2014.

VEGETTI, M. *Guida alla lettura della Repubblica di Platone*. Roma: Laterza, 1999.

VEGETTI, M. *Um paradigma no céu*: Platão Político, de Aristóteles ao século XX. São Paulo: Annablume, 2010.

VERNANT, J. P. *As origens do pensamento grego*. Trad. Isis Borges B. da Fonseca. 7. ed. São Paulo: Bertrand Brasil, 1992.

VERNANT, J. P. *Mito e pensamento entre os gregos*. Trad. Haiganuch Sarian. São Paulo: Difel/EDUSP, 1973.

VILLEY, M. *Filosofia do direito*: definições e fins do direito. Os meios do direito. Trad. Márcia Valéria Martinez de Aguiar. São Paulo: Martins Fontes, 2003.

VILLEY, M. *Le droit romain*. Paris: PUF, 1957.

VILLEY, M. *Leçons d'Histoire de la philosophie du droit*. Paris: Dalloz, 1957.

VLASTOS, G. *Platonic's studies*. 2. ed. Princeton: Princeton University Press, 1973.

VLASTOS, G. *Socratic Studies*. Cambridge: The Cambridge University Press, 1994.

VOEGELIN, E. *Ordem e história*: Platão e Aristóteles. Trad. Cecília Camargo Bartalotti. São Paulo: Loyola, 2009. v. 3.

WAGNER, E. S. *Hannah Arendt*: ética e política. São Paulo: Ateliê Editorial, 2006.

WALTON, D. *Lógica informal*: manual de argumentação crítica. 2. ed. São Paulo: Martins Fontes, 2012.

WATANABE, L. A. *Platão por mitos e hipóteses*. 2. ed. São Paulo: Moderna, 2006.

WILAMOWITZ, U. Von. *Platon*. Berlin: Weidmann, 1919.

WINTON, R. I. & GARNSEY, P. Teoria política. In: FINLEY, M. *O legado da Grécia*: uma nova avaliação. Trad. Yvette Vieira Pinto de Almeida. Brasília: Ed. da UnB, 1998.

REFERÊNCIAS | 215

WOLFF, F. A invenção da política. In: NOVAES, A. (org.). *A crise do Estado nação*. Rio de Janeiro: Civilização Brasileira, 2003.

WOLFF, F. Filosofia grega e democracia. *Revista Discurso*, São Paulo, v. 14, jan.-jun. 1983.

WOLFF, F. *Sócrates*. 4. ed. São Paulo: Brasiliense, 1987.

WOOD, E. M. *Democracia contra capitalismo*. Trad. Paulo Cesar Castanheira. São Paulo: Boitempo, 2011.

WOOD, E. M. *Peasant-Citizen & Slave*: The foundations of Athenian democracy. London/New York: Verso, 1989.

XENOFONTE. *Memoráveis*. Coimbra: Fundação Calouste Gulbenkian, 2009.

ZELLER, E. *Platonische Studien*. Ulan Press, 2011.

POSFÁCIO

Alysson Leandro Mascaro
Professor da Faculdade de Direito
da USP (Largo São Francisco)

As encruzilhadas da filosofia do direito no século XX foram muitas. A relação entre direito e política se apresenta, frequentemente, como elemento explosivo da reflexão jusfilosófica. Perguntar-se acerca da legalidade é indagar-se a respeito do poder que o impõe, diretamente por meio do Estado, mas também, principalmente, por detrás dele. No capitalismo, a exploração e a dominação só podem se dar mediante formas sociais específicas, como a forma política estatal, terceira aos agentes da produção, e a forma de subjetividade jurídica: tudo o que se tem e não se tem e todos os vínculos que se estabelecem são medidos por direito, a partir da circulação de direitos subjetivos, dos deveres, das obrigações e das responsabilidades.

Nesse sentido, a contemporaneidade é embebida das formas sociais capitalistas, tornando-se muito insigne em face de toda a história anterior. Quando se volta à política antiga com o olhar contemporâneo, tende-se a medir a democracia de lá a partir da que hoje temos. Ocorre que a experiência dos atenienses, por exemplo, é radicalmente outra em face da nossa. Quando se pensa o direito antigo com os filtros contemporâneos, também ressaltam graves problemas: enquanto a métrica hodierna via de regra é normativa, técnica, a dos gregos e romanos era situacional, casualística, escorada na prudência ou no equitativo, tratando aqui nos termos aristotélicos.

218 | O ERRO DE KELSEN · *Alvaro de Azevedo Gonzaga*

O atrito entre o hoje e o ontem é rico não só para estabelecer a distinção de leituras, mas para permitir, a partir dessa multiplicidade, o fincar da própria historicidade como pressuposto do fenômeno jurídico. Os encontros e desencontros entre passado e presente revelam, cabalmente, que o direito é histórico, haurido da sociabilidade, de suas determinações, de suas contradições e do fluir variado de sua dinâmica. É verdade que a filosofia do direito bebe diretamente dessa fonte, mas tal procedimento é valioso tanto para a própria política do direito quanto para a prática jurídica: esta última revela as modulações da argumentação e da decisão quando de um direito do caso ou de um direito da normatividade; a política do direito demonstra que são distintos os proveitos do antigo apelo ao justo situacional e do contemporâneo apego à segurança dos vínculos jurídicos autômatos da circulação mercantil sem fim. Com tal historicidade, então, passa-se a se exigir, para nosso tempo, um enfrentamento político estrutural.

Alvaro de Azevedo Gonzaga dedica-se, nesta obra, a estabelecer os liames entre o presente e o passado a partir de dois autores fundamentais, Hans Kelsen e Platão. Seguindo as trilhas da leitura kelseniana acerca do pensamento platônico, feita em especial no livro *A ilusão da justiça*, Gonzaga investe no atrito entre tais dois monumentos do pensamento jusfilosófico. As dificuldades de Kelsen ao transplantar um padrão juspositivista, pretensamente universal, às paragens platônicas tornar-se-ão patentes. Passando pelo conjunto da obra de Platão, mas com mais destaque detendo-se em *As Leis*, Gonzaga situa sua *démarche* teórica por duas obras que não são as mais popularizadas de seus autores e faz brotar, delas, perspectivas originais. Se *A República* consagra o projeto platônico do justo político, *As Leis*, na fase derradeira de seu pensamento, é obra peculiar, sempre tida como estranha ao corpo principal dos escritos de Platão, porque pretensamente mais legalista. Exatamente tal livro é que dará base à comparação com Kelsen, mas não o da *Teoria pura do Direito*, campeão do juspositivismo. Gonzaga buscará em *A ilusão da justiça* o Kelsen que deliberadamente se abriu aos demais pensamentos jusfilosóficos na história. O empreendimento gonzaguiano, então, generosamente, fará encontrar o Platão mais kelseniano e o Kelsen mais platônico. Dando a um a arma do outro, mesmo assim se revela o contraste: antiguidade e contemporaneidade estabelecem dois padrões muito específicos e insignes acerca do direito e do justo. Fazer ressaltar a diferença é valor político patente deste livro.

Esta obra avança num trajeto empreendido por Alvaro Gonzaga desde suas pesquisas de mestrado e doutorado, dedicando-se a Platão e ao pensamento antigo em suas relações com a contemporaneidade. Fui examinador tanto de sua tese de doutorado quanto de sua tese de livre-docência,

POSFÁCIO | 219

ambas na Pontifícia Universidade Católica de São Paulo, sendo esta última a base do presente livro. Acompanho já de há muito a docência e a produção intelectual de Gonzaga, que, em sua dúplice formação de jurista e filósofo, caminha pela inquirição jusfilosófica refinada, que vai ao passado para volver com ainda mais força ao presente.

Nesta obra, descortina-se o arco da história, cujo devir, com suas diferenças e contradições, é um dos guias para as lutas do hoje.

São Paulo, 2019.